———————— 님의 소중한 미래를 위해

이 책을 드립니다.

# 왜 나는 사람들과
## 어울리지 못하는 걸까

The Seven Levels of Intimacy: The Art of Loving and the Joy of Being Loved by

Matthew Kelly

# 왜 나는 사람들과
# 어울리지 못하는 걸까

**매슈 켈리** 지음
**신봉아** 옮김

사람들 사이에
친밀감을 얻는
7가지 방법

소울메이트

소울메이트 우리는 책이 독자를 위한 것임을 잊지 않는다.
우리는 독자의 꿈을 사랑하고,
그 꿈이 실현될 수 있는 도구를 세상에 내놓는다.

# 왜 나는 사람들과 어울리지 못하는 걸까

**초판 1쇄 발행** 2013년 12월 2일 ┃ **지은이** 매슈 켈리 ┃ **옮긴이** 신봉아
**펴낸곳** (주)원앤원콘텐츠그룹 ┃ **펴낸이** 강현규 · 박종명 · 정영훈
**책임편집** 이현실 ┃ **편집** 봉선미 · 김나윤 · 장미연 · 이예은
**디자인** 윤수경 · 윤지예 · 홍경숙 ┃ **마케팅** 박성수 · 김서영 · 박지영
**등록번호** 제301-2006-001호 ┃ **등록일자** 2013년 5월 24일
**주소** 100-826 서울시 중구 다산로22길 10. 4층(신당동, 재덕빌딩) ┃ **전화** (02)2234-7117
**팩스** (02)2234-1086 ┃ **홈페이지** www.1n1books.com ┃ **이메일** khg0109@1n1books.com
**값** 16,000원 ┃ **ISBN** 978-89-6060-312-7 03180

소울메이트는 (주)원앤원콘텐츠그룹의 인문 · 사회 · 예술 · 실용 브랜드입니다.

이 도서의 국립중앙도서관 출판시도서목록(CIP)은 e-CIP홈페이지(http://www.nl.go.kr/ecip)에서
이용하실 수 있습니다.(CIP제어번호 : CIP2013024059)

인생에서 가장 큰 행복은
우리가 사랑받고 있다는 확신이다.

• 빅토르 위고(프랑스의 작가) •

# 사랑은 선택이다.
# 사랑은 의지의 행위다!

데이비드 앤더슨은 아내 사라와 세 자녀 레이첼, 새넌, 요나와 함께 보스턴에 산다. 그는 큰 성공을 거둔 사업가이며 마서스비니어드 섬에 별장도 한 채 소유하고 있다. 사라와 아이들은 여름 내내 별장에서 생활하고, 데이비드는 주말에 잠깐씩만 가다가 7월 첫째 주와 둘째 주에는 반드시 그곳에서 휴가를 보낸다.

몇 해 전 여름, 데이비드는 7월 초 휴가를 맞아 해변으로 차를 몰고 가던 중 자기 자신과 한 가지 약속을 했다. 앞으로 2주 동안 사랑과 배려심이 넘치는 남편이자 아빠가 되겠다는 약속이었다. 그는 가족에게만 집중할 생각이었다. 휴대전화를 끄고, 이메일을 확인하고 싶어도 참고, 가족에게만 신경 쓰며 진정한 휴가를 맛보기로 결심했다.

데이비드는 그동안 일만 너무 열심히 해왔다. 자신뿐만 아니라 주변 사람들도 그 사실을 잘 알고 있었다. 일을 너무 사랑하는 것은 위험하다. 자신의 정체성을 오로지 일에서만 찾으려고 하는 것도 위험하다. 데이비드는 일에만 매달리는 것에 죄책감을 느꼈지만 그럴 수밖에 없다고 스스로 위안했다. 가끔은 죄책감을 떨쳐버리기 위해 그가 열심히 일한 대가로 아내와 아이들이 누리게 된 호화로운 생활과 다양한 기회를 떠올렸다.

데이비드의 이러한 정당화가 통했을까? 아주 잠깐 통했을 뿐이다. 하지만 이번 휴가에는 가족에게만 집중하기로 했으니 모든 것이 달라질 참이었다.

데이비드는 친구에게 선물로 받은 강연 CD를 차 안에서 듣다가 이런 결심을 하게 되었다. 그는 강연 CD나 책을 선물로 많이 받는데, 그런 선물을 받으면 항상 부담스러웠다. 선물을 준 사람이 나중에 만나면 내용이 어땠냐고 물어보기 때문이었다. 하지만 이번에는 무슨 이유에서인지는 몰라도 큰 부담을 느끼지 않고 차를 타고 나오면서 가벼운 마음으로 선물 받은 CD를 틀게 되었다.

역동적인 관계에 관한 내용이었다. 마음이 불편해진 데이비드가 CD를 끄려고 하는 순간 강사는 이런 말을 했다. "사랑은 선택입니다. 사랑은 의지의 행위입니다. 사랑하는 쪽을 선택하세요."

그 순간 데이비드는 그동안 자신이 이기적인 남편이었고 아내에 대한 배려가 부족했으며 바쁜 일정 탓에 그녀와의 사랑이 예전 같지 않다는 점을 인정할 수밖에 없었다. 데이비드의 자기중심적인 면은 보통 아주 사소한 부분에서 드러났다. 가령 이런 것들이다.

아내와 함께 있을 때면 그는 항상 자신이 보고 싶은 텔레비전 프로그램을 틀어놓았다. 아내에게 제시간에 준비를 못 마친다고 화를 내며 구박했고 늘 일이 가족보다 우선이었다. 사라가 신문 읽는 것을 좋아한다는 사실을 뻔히 알면서도 집에 있던 신문을 회사로 가지고 가기 일쑤였다. 회사에서는 정작 신문 읽을 시간이 없는데도 말이다. 아이들이 부탁을 하면 항상 "나중에!"라고 말했고 아내가 부탁을 하면 "지금은 안 돼!"라고 했다.

하지만 앞으로 2주 동안은 모든 것을 바꿀 생각이었다. 그리고 그 기간에 데이비드는 실제로 자신의 결심을 실천으로 옮겼다. 데이비드는 별장 현관문을 열고 들어가서 아내에게 키스한 뒤 이렇게 말했다. "새로 산 스웨터가 아주 잘 어울려. 당신에게 잘 어울리는 색깔이네." 사라는 이런 데이비드의 행동에 너무 놀랐고 대체 무슨 일인가 당혹스러워했다. 처음에는 또 옷을 샀다고 남편이 빈정대는 것이 아닐까 생각했다. 그러나 그가 웃으면서 "그동안 무슨 일이 있었어?"라고 묻자 그제야 자신을 칭찬하는 말인 것을 깨닫고 행복한 기분을 느꼈다.

교통 체증에 시달리며 별장에 도착했기 때문에 데이비드는 좀 앉아서 쉬고 싶었지만 사라는 해변으로 산책을 나가자고 했다. 데이비드는 그 제안을 당장 거절하려다가 갑자기 이런 생각이 들었다. '사라는 일주일 내내 이곳에서 혼자 아이들을 돌보았으니까 이제 나와 단둘이 시간을 보내고 싶어 하는 거야.' 그래서 두 사람은 아이들이 연을 날리는 동안 손을 잡고 해변을 걸었다.

다음 날 아침 데이비드가 아침 식사를 대령했을 때 사라는 놀란 나머지 침대에서 떨어질 뻔했다. 물론 데이비드 혼자 준비한 것은 아니고 큰딸 레이첼이 도와주기는 했지만 아무리 그래도 정말 놀라운 일이었다. 아침을 먹으며 데이비드는 사라에게 어젯밤 꾸었던 꿈 이야기를 들려주고는 이렇게 물었다. "오늘은 뭐 하고 싶어?"

사라는 이 질문을 데이비드가 가장 마지막으로 했을 때가 언제인지 기억조차 나지 않았다. "따로 할 일이 있는 거 아니야?" 사라가 걱정하며 물었다. 그러자 데이비드가 "없어. 당신이 원하는 걸 할 거야."라고 대답했다.

그날 하루 종일 데이비드는 자신에게 이런 말을 했다. "사랑은 선택이다. 사랑은 선택이다. 사랑은 선택이다."

그렇게 시간이 흘렀다. 2주 동안 그들은 느긋하게 휴식을 즐겼고 정말 행복했다. 꿈만 같은 여름 휴가였다. 2주 내내 휴대전화나 이메일에 전혀 시달리지 않았다. 데이비드는 박물관을 좋아하지 않았지만 가족과 해양박물관에 다녀왔다. 아이들이 원하면 언제든지 아이스크림도 먹게 해주었다. 심지어 아내가 늦장을 부리는 바람에 친한 친구 생일 파티에 늦었는데도 꾹 참고 잔소리를 하지 않았다.

"아빠한테 무슨 일 있었어요?" 하루는 둘째 딸 새넌이 사라에게 물었다. 사라는 그냥 웃었지만 혹시나 남편에게 무슨 일이 일어난 것은 아닌지 궁금하기는 마찬가지였다.

휴가 마지막 날, 점심 식사를 마친 뒤 데이비드는 가족을 두고 혼자 해변을 걸었다. 그는 2주 전 차 안에서 했던 자신과의 약속을 떠올렸고 이제 집으로 돌아간 뒤에도 계속해서 사랑하는 쪽을 선택하겠다고 굳게 다짐했다.

그날 밤 데이비드와 사라가 잠자리에 들 준비를 하고 있을 때 사라가 갑자기 멈칫하더니 너무도 슬픈 표정을 지으며 데이비드를 바라보았다. 데이비드는 당황하고 걱정되어 물었다. "무슨 일이야?"

"당신, 내가 모르는 걸 알고 있어?"

"무슨 말이야?"

사라는 말했다. "몇 주 전에 건강검진을 했는데…. 루이스 선생님한테 무슨 소리 들었어? 데이비드, 당신이 너무 잘해주어서 그래.

혹시 나 죽는 거야?"

그 순간 데이비드의 눈에는 눈물이 맺혔다. 그는 아내를 두 팔로 끌어안으며 말했다. "아니야, 여보. 당신은 안 죽어. 이제야 내가 제대로 살기 시작했을 뿐이야."

# 차례

친밀함에 대한
중요한 진실들

# 01 | 친밀함을
## 섹스와 동일시하지 마라

섹스는 친밀함을 의미하지 않는다. 물론 친밀함을 느끼는 요소가 될 수 있으나 친밀함의 동의어는 아니다. 섹스는 친밀함을 보장하지 않으며 친밀함이 반드시 필요하지도 않다. 하지만 현대 대중문화에서 친밀함을 논할 때면 늘 섹스가 등장한다. 친밀함을 제대로 경험하려면 '섹스와 친밀함은 같다.'는 유치한 생각부터 떨쳐버려야 한다.

인간은 친밀함 없이 행복하게 살 수 없다. 당신의 주변에서 가장 행복한 사람, 진정 즐거운 삶을 사는 사람이 누구인지 생각해보라. 섹스만 하는 사람인가? 아니면 친밀함을 나누는 사람인가? 친밀함을 나누는 사람들일 것이다. 물론 그들도 섹스를 할 수 있겠지만 친밀함이 삶의 기반이다.

우리는 새 차나 명품 옷 없이도 행복하게 살 수 있고, 으리으리한 집 없이도 즐겁게 살 수 있으며, 근사한 휴가지에서 휴식을 취하지 않더라도 만족하며 살 수 있다. 하지만 친밀함 없이는 행복하게 살 수 없다. 친밀함은 인간의 자연스러운 욕망이자 행복의 전제 조건이다. 다시 말해 친밀함 없이 생존할 수는 있으나 번영할 수는 없다.

인간은 다른 어떤 것보다도 친밀함을 갈구한다. 우리 인간은 행복하기를 바라는데, 이러한 행복에 대한 욕망과 쾌락이나 소유에 대한 욕망을 구별하지 못하는 경우가 있다. 이런 경우 쾌락이나 소유의 욕망이 채워져도 계속 무언가를 갈구하게 된다. 그 무언가가 바로 친밀함이다.

행복에 대한 욕망은 궁극적으로 친밀함에 대한 욕망이다. 친밀함이 있다면 가진 것이 별로 없어도 행복할 수 있다. 그러나 친밀함이 없다면 세상의 부<sub>富</sub>를 다 가진다 할지라도 굶주린 마음을 채울 수 없다. 친밀함을 경험하기 전까지 우리는 항상 마음이 심란하고 불만으로 가득찬 까칠한 태도를 보인다.

## 친밀함이란 무엇인가?

인생은 곧 자기표현이다. 다시 말해 자신을 드러내는 것이 인생이다. 우리는 세상을 살아가며 주변 사람들에게 매일 수많은 방식으로 자신의 존재를 드러낸다. 말과 행동을 통해 우리가 어떤 사람인지 다른 사람들은 알게 된다. 우리가 지양하는 말과 행동 역시 우리가 어떤 사람인지를 보여준다. 인생이란 동시대를 살아가는 사람들과 우리의 모습을 나누는 것이다.

관계 역시 자기표현의 한 과정이다. 하지만 우리는 타인과의 관계 속에서 너무 많은 시간과 에너지를 들여 타인에게 진짜 내 모습을 숨기려 하는 경우가 많다. 이럴 때 친밀함을 둘러싼 거대한 역설에 직면하게 된다. 인간의 모든 경험은 결국 충돌하는 요소들 사이에서 조화를 찾기 위한 여정인데, 친밀함을 찾기 위한 여정도 크게 다르지 않다.

우리는 친밀함을 갈구하는 동시에 회피한다. 친밀함을 애타게 원하면서 그것으로부터 도망친다. 마음 깊숙한 곳에서는 친밀함의 필요성을 매우 잘 인식하고 있지만 정작 친밀해지는 것을 두려워한다. 친밀해진다는 것은 우리의 비밀을 공개해야 함을 뜻하기 때문이다.

친밀함이란 우리 마음, 의식, 영혼의 비밀을 우리만큼이나 나약하고 불완전한 타인과 공유하는 것을 뜻한다. 친밀함은 우리를 감동시키고 자극하고 채찍질하고 지치게 하는 것이 무엇인지, 우리가 향하는 곳과 도망치고 싶은 곳이 어디인지, 우리를 조용히 갉아먹는 내부의 적과 우리가 품고 있는 원대한 꿈이 무엇인지를 타인이 알아채도록 내버려둘 것을 요구한다.

타인과 진정 친밀해지려면 자신의 모든 면을 나누어야 한다. 가면을 벗고 벽을 허물고 가식을 버리고 우리의 본질과 인생의 목표를 타인과 공유할 준비가 되어 있어야 한다. 타인에게 줄 수 있는 최고의 선물은 우리의 강점, 약점, 잘못, 결함, 결점, 재능, 능력, 성공, 가능성을 보여줌으로써 우리가 누구인지 알려주는 것이다.

친밀함은 우리로 하여금 타인에게 마음, 의식, 육체, 영혼을 허락하라고 요구한다. 가장 순수한 형태의 친밀함은 본인의 모습을 있는 그대로 타인과 공유하는 것이다. 모든 관계에서 그럴 필요는 없겠지만 가장 가까운 관계의 사람들과는 친밀함을 온전히 나눌 수 있어야 한다.

## 내 이야기를
## 타인과 공유하기

우리는 누군가에게 알려지고 싶은 욕구가 있다. 그리고 누군가에게 들려주고 싶은 이야기가 있다. 친밀함은 우리의 이야기를 나누는 것을 의미한다. 대화를 통해 우리가 누구인지, 어디에서 왔는지, 무엇을 중요시하는지 기억할 수 있게 된다. 이야기를 나눔으로써 우리는 온전한 정신을 유지할 수 있다.

정신병원에서 알게 되는 사실은 환자들 대부분이 자신의 이야기를 잊어버렸다는 것이다. 정신장애인들은 과거에 일어난 일을 논리적이고 일관된 형태로 정리해서 기억하지 못한다. 그래서 미래를 계획하는 데 반드시 필요한 과거의 사건을 볼 수 없게 된다. 우리는 자신의 이야기를 잊어버릴 때 남은 인생을 살아갈 실마리를 잃고 결국 미치게 된다. 정도의 차이야 있겠지만 다들 살면서 자신의 이야기를 차츰 잊어버리는데, 그 정도에 발맞추어 조금씩 미쳐가고 있다고 말할 수도 있다.

타인과 좋은 관계를 맺는 것은 우리의 이야기, 다시 말해 우리가 누구이며 어디서 왔는지를 기억할 수 있도록 도와준다. 다소 이상하고 신기하게 들리겠지만 우리는 자신의 이야기를 기억함으로써 아주 건강한 방식으로 스스로를 축복할 수 있다.

- 당신의 이야기는 무엇인가?
- 당신 가족의 이야기는 무엇인가?
- 당신이 맺고 있는 관계의 이야기는 무엇인가?

언제 봐도 놀라운 일이 하나 있다. 결혼식 전날 만찬에서 예비부부에게 언제 어떻게 만났고, 언제 어디에서 청혼을 했는지 연애담을 들려달라고 하면 그들은 열과 성을 다해 이야기를 자세히 풀어놓는다. 하지만 몇 년이 지나면 "두 사람은 어디서 만났어요?"라는 질문에 대한 대답은 "도서관이요." "비행기 안이요." "술집에서요." 등 단답형으로 바뀐다. 이런 상황은 세월이 흐름에 따라 우리가 이야기를 잊어버리거나 이야기의 마력에서 무덤덤해지는 전형적인 예로 볼 수 있다.

이야기를 타인과 공유할 때 비로소 자신이 특별하게 알려지는 기분을 맛보게 된다. 이야기를 공유하지 않는다면 단언하건대 우리는 단 한 명에게도 알려지지 못한 채 인생을 마치고 저승으로 가게 될 것이다. 인생을 살면서 그 누구에게도 제대로 알려지지 못하는 삶을 상상해보라.

또한 우리는 타인과의 관계에 대한 이야기를 공유해야 한다. 자신의 이야기를 잊어버리는 사람이 미치는 것처럼 둘 사이의 이야기를 잊어버리는 연인도 미치고 만다. 물론 그들이 미치광이로 변해 정신병원에 갇히는 것은 아니지만 두 사람은 서로의 관계를 붕괴로 이끌 온갖 미친 짓을 시작하게 된다. 그들이 관계에서 실마리를 다시 찾지 못한다면 관계의 붕괴는 필연적으로 관계의 소멸로 이어질 것이다. 혹은 이미 미쳐버린 관계 속에서 소리 없이 절망하는 삶만 남게 될 것이다.

## 관계를 통해 환상에서 벗어난다

관계는 우리를 솔직하게 만든다. 자신을 들여다보고 파악할 수 있는 거울을 제공한다. 우리는 사람들과 떨어져 홀로 있을 때 말도 안 되는 자신만의 이야기를 굳게 믿게 되는데, 이때 타인은 상상의 세계에서 우리를 끌어내 현실을 보도록 만든다. 그 덕분에 우리는 자신을 기만하지 않고 자신에게 솔직할 수 있게 된다. 이렇듯 관계는 우리가 환상에서 벗어나 현실로 뛰어들 수 있도록 돕는다.

나는 '관계가 환상에서 벗어나게 한다.'는 사실을 나의 형제들과 시간을 보내면서 느끼고는 한다. 우리 일곱 형제는 한 달에 한 번 일명 '형제의 밤'을 보낸다. 여자친구, 아내, 자녀, 친구 없이 우리 형제끼리만 오붓한 시간을 보내는 것이다. 레스토랑을 선정한 후 이메일로 소식을 전하고 참여 의사를 확인한다. 내가 고향인 호주를 떠나 있을 때 가장 그리웠던 것도 바로 한 달에 한 번 열리는 이 형제의 밤이었다. 어찌되었든 모임에 참여할 때마다 그 역동성에 놀라고는 한다. 우리 형제들은 테이블에 앉아 직장, 연애, 가족 문제, 포부와 계획 등 우리 인생에서 일어나는 모든 일에 대해 이야기한다.

그 자리에서 우리는 때때로 서로에게 꼭 필요하지만 잔인할 만큼 정직한 조언을 아끼지 않는다. 우리 형제들의 말이 다 옳은 것은 아니겠지만 거침없이 생각을 나누는 행위 자체는 아주 건전하고 서로에게 도움이 된다. 잔인할 만큼의 정직한 조언을 매일 듣는다면 너무 피곤하겠지만 한 달에 한 번 정도 그런 자리를 경험하면 아주 건설적인 방식으로 자신에게 의문을 제기할 수 있다.

이와 같은 잔인한 정직함은 우리의 환상이나 자기기만을 만천하에 공개함으로써 우리가 스스로에게 솔직해지도록 만든다. 또한 잔인한 정직함을 통해 환상의 세계에서 벗어날 수 있고, 자신의 거짓된 이미지나 모든 오점이 제거된 이미지를 떨쳐버릴 수 있다. 다소 불편하게 느껴질 수 있는 이러한 정직함은 성장에 꼭 필요한 역동적인 환경을 조성해준다.

이와 같은 이치에서 친밀함은 진정한 자신의 모습을 반영하는 거울이다. 일상에서 다양한 사람과 대화를 나누고 교류함으로써 스스로 만들어낸 환상은 결국 만천하에 공개된다. 혼자만의 세상에서 살 때 우리는 자신을 기만하고 자신의 이미지를 만들어낸다. 자신이 창조한 이미지는 지극히 일차원적이다. 친밀함은 우리가 만들어낸 가짜 세상에서 우리를 구해준다. 이는 우리가 친밀함을 피하는 이유이기도 하다. 진짜 세상보다는 환상 속에서 사는 것이 더 편한 경우가 많기 때문이다. 타인은 우리를 상상 속의 세계에서 끌어내고 우리 자신을 비추는 거울을 제공한다.

짜증이 나는 행동을 하는 사람을 만난다면 한발 물러서서 그 사람을 유심히 관찰해보자. 어느 순간 그 사람에게서 당신의 모습을 발견한 것일지도 모른다. 짜증을 유발하는 그의 행동은 혹시 당신이 가끔씩 하는 행동 아닌가? 그리고 당신이 하고 싶은 행동은 아닌가? 당신이 과거에 자주 했던 행동은 아닌가? 비슷한 이치로 누군가를 바라볼 때 마음속에 뜨거운 존경심이 샘솟는다면 당신의 모습을 한번 살펴보기 바란다. 당신도 그 존경하는 사람과 비슷한 자질을 지니고 있지 않은가? 당신의 자질이 좀더 축복받기를 희망하는 것은 아닌가?

사람들을 통해 우리의 모습을 볼 수 있다. 타인과 자신의 모습을 공유함으로써 자신을 많이 이해하게 되는 것이다. 그 과정에서 우리는 타인에게 우리의 모습을 드러낼 뿐만 아니라 타인이 자신의 모습을 발견하도록 돕는다. 마치 의존성이 수치스럽고 치명적인 약점이라도 되는 양 대부분의 사람들은 자신이 지극히 독립적인 존재라고 여긴다. 하지만 현실에서 우리는 생각보다 훨씬 상호의존적이며 사람들과 깊은 관계를 맺고 있다.

20세기 동안 인류는 독립성을 얻기 위한 여정에 집착하는 모습을 보였다. 21세기는 상호의존성의 세기가 될 것이고, 그렇지 않다면 어마어마한 인간 고뇌의 세기가 될 것이다. 한 가지 중요한 진실은 이 같은 여정을 우리 모두 함께 떠난다는 것이다. 개인적인 관계에서든 국가 간의 관계에서든 인류 진보에 가장 크게 기여한 것은 '우리는 이 여정을 함께한다.'라는 믿음이다.

우리는 남의 힘을 빌리지 않고 운명에 따라 삶을 산다고 너무 쉽게 자신을 기만한다. 하지만 우리의 운명은 우리 손에 달려 있지 않은 경우가 많다. 일부만이 우리 손에 달려 있다. 또한 여러모로 우리는 독립적이지 않고 상호의존적이다. 그래서 독립성을 지향하는 경향이 있는데, 독립성은 우리가 깊은 관계에 빠지는 것을 방해하는 환상 중 하나다.

## 우리는
## 왜 두려워하는가?

역동적이고 활기찬 관계를 맺으면 더이상 환상을 가지지 않게 되고, 완벽하지는 않지만 현실에 더욱 만족할 수 있게 된다. 문제는 우리의 두려움이다. 우리 모습을 드러내고 자신의 마음과 정신, 영혼을 타인에게 허락하는 일을 두려워한다. 자신 본연의 모습을 보여주기가 두려운 것이다. 내 본연의 모습을 본 사람들이 나를 사랑하지 않을까 봐 두려운 것이다. 이는 모든 인간의 마음속 깊은 곳에 자리 잡은 가장 근본적인 두려움이다.

그래서 우리는 의식적으로 혹은 무의식적으로 항상 이런 질문을 던진다. "그들이 진짜 나에 대해 알고 나서도 나에 대한 마음이 변하지 않을까? 나를 고용할까? 나와 함께 시간을 보내고 싶을까?"

우리는 누군가를 간절히 사랑하고 또 누군가에게 사랑받기 원한다. 그것도 있는 모습 그대로 자신의 결점까지 사랑받기를 원한다. 거절당할 위험 때문에 자신을 드러내지 못하는 경우도 있지만 진정으로 사랑받으려면 본연의 모습을 드러내는 수밖에 없다. 이때 거절에 대한 두려움에서 거대한 기만이 시작된다. 이 두려움 때문에 계속 속임수를 쓰게 된다. 인간이라면 누구든지 결점이 있고 실수를 저지르기 마련이다. 누구도 완벽하지 않다. 하지만 우리는 늘 좋은 모습을 먼저 보여주고 자신 없는 부분은 감추려 한다.

한번 생각해보라. 당신이 누군가를 처음 만날 때, 연애를 시작한 지 얼마 되지 않았을 때, 취업 면접을 볼 때, 애인의 친구들을 처음 만날 때는 자신의 좋은 면만 보여주고 싶을 것이다. 이는 상대방도 마찬가지다. 그러다가 시간이 점차 흘러 경험이 쌓이고 친밀해지는 과정 속에서 서로의 진짜 모습이 드러난다.

자신의 모습을 드러내지 않으면 본래의 모습 그대로 사랑받을 수 없다. 그러면 늘 혼자일 수밖에 없다. 친밀함은 우리가 모습을 드러내는 정도와 비례한다. 그런데 우리는 모두 사랑받기 원하지만 자신의 결점 탓에 누군가에게 버림받을 수도 있다는 걱정을 하며 주춤한다. 그리고 다음과 같은 걱정이 마음속에 늘 가득하다.

- 그가 진짜 내 모습을 안다면….
- 그녀가 그 사실을 안다면….

흔히 사람들이 자신의 진면목을 알아버리면 사랑이 식을 것이라 걱정하며 숨는다. 하지만 실제로는 정반대인 경우가 많다. 그러니 위험을 무릅쓰고 진짜 모습을 드러내자. 그러면 사람들은 인간미를 느끼고 안심하게 될 것이다. 왜냐하면 그들도 두려움을 느끼는 인간이기 때문이다. 이렇듯 사랑을 잃게 될까 봐 숨겨왔던 문제가 밝혀짐으로써 더 큰 사랑을 받게 될 때가 많다.

인간성에는 눈부시게 아름다운 무언가가 있다. 인간은 약한 존재임과 동시에 강한 존재라는 것은 참으로 놀라운 사실이다. 우리의 인간성은 아름다우며 축복받아 마땅하다. 또한 우리가 우리의 고통을 드러낼 때 타인도 자신의 고통을 드러낼 수 있는 용기를 얻게 될 것이다. 우리가 약함을 드러내면 사람들은 오히려 그것을 거부하지 않고 더욱 편하게 받아들이며 우리 곁에 남으려고 한다.

모든 사람에게는 어두운 면이 있지만 다들 그렇지 않은 척 연기를 하며 산다. 이것 역시 속임수에 해당한다. 친밀함은 내면의 어두운 면을 드러내라고 우리에게 요구한다. 이러한 요구는 타인에게 충격이나 상처를 주기 위한 것이 아니라 내면의 악마와 싸울 때 타인에게 도움을 받기 위함이다.

내 경험에 따르면 자신의 약점을 타인과 나누는 행위는 대단한 신뢰가 형성되었음을 의미하며, 타인은 이로써 경계를 늦추게 된다. 우리가 약점 때문에 힘들어하는 모습을 보이면 어려움을 겪고 있는 타인은 이 모습을 보고 위안을 받는다. 약점을 극복하고 최고 수준의 자아를 실현하기 위해 진심으로 노력한다면 오히려 그 약점 덕분에 더 많은 사랑을 받을 수 있다는 놀라운 사실을 발견하게 된다. 인간이 가장 사랑스럽게 보이는 순간은 모든 것을 다 가진 척 연기할 때가 아니라 불완전하고 정제되지 않은 인간적인 면모를 그대로 드러낼 때다.

정말 웃긴 일 아닌가? 우리는 사랑받기를 원하지만 진면목을 드러냈다가 거절당하는 것이 두려워 내가 아닌 남을 연기하며 사랑받는 쪽을 택한다. 하지만 우리는 자신을 아끼는 법을 터득하는 순간에 성숙해진다. 성숙해지는 그 순간부터 우리는 남을 연기하며 사랑받는 대신 진짜 모습을 드러냈다가 거절당하는 쪽을 택하게 된다. 이것이 바로 자아존중감이다. 물론 기분이 아주 좋지만은 않다. 대신 실용적이고 현실적이며 본연의 모습을 보일지 말지에 관한 어려운 선택의 기로에서 본질적인 방향으로 나아갈 수 있다.

이러한 측면에서 저명한 상담가인 휴 프레이더Hugh Prather의 강력하고 심오하며 웃음이 날 정도로 명쾌한 명언은 나에게 항상 큰 감동으로 다가온다. "어떤 사람은 나를 좋아하고 어떤 사람은 나를 싫어할 것인데, 그렇다면 나는 그저 내 모습을 유지하겠다. 그래야만 나를 좋아하는 사람들이 내 진짜 모습을 좋아한다고 확신할 수 있을 테니까." 우리 모두는 있는 모습 그대로 사랑받기를 갈망한다. 그렇기 때문에 긴장을 풀고 자기 자신을 드러냄으로써 친밀함을 경험하는 것이 중요하다.

## 도처에 도사린 외로움, 그리고 중독

거절에 대한 두려움을 극복하려고 노력하지 않는다면 인생을 살면서 늘 외로움을 느낄 것이다. 외로움은 다양한 형태를 띠고 있다. 타인과의 교류가 없어서 외로운 사람도 있고, 군중 속에서 외로움을 느끼는 사람도 있다. 싱글이기 때문에 외로운 사람도 있고, 배우자가 있어도 외로운 사람도 있다. 자신의 본래 모습을 잃어버리고서는 그 모습을 그리워하며 외로움을 느끼는 사람도 있다. 이와 같이 도처에 숨어 있는 외로움은 인간이 절대 정복할 수 없는 삶의 경험이며 영원히 극복할 수 없는 것이다.

외로움 중에서도 가장 무서운 형태는 '나의 진짜 모습을 아는 사람이 아무도 없다.'라는 느낌이다. 이러한 외로움은 특히 우리가 본래의 모습을 드러내지 않으려 할 때 더욱 강해진다. 우리는 본연의 모습으로 알려지고 사랑받기를 원한다. 하지만 거절당할까 봐 자신을 감출 수밖에 없는 역설 때문에 인생이 너무나도 외로워진다. 이는 악순환의 굴레다. 친밀함을 원하면서 친밀함으로부터 달아나고, 감정으로부터 자유로워져야 한다고 말하면서 결국 감정의 노예로 전락한다.

우리는 결코 편안하지만은 않은 친밀함을 거부하고 친밀함의 부재로 생겨난 공백을 다른 무언가로 메우려 한다. 이때 중독 현상이 나타난다. 친밀함의 부재로 만들어진 끝이 보이지 않는 구덩이는 반드시 무언가로 채워져야 하는데, 적당한 해결책을 찾지 못한다

우리는 본연의 모습으로 알려지고 사랑받기를 원한다.
하지만 거절당할까 봐
자신을 감출 수밖에 없는 역설 때문에
인생이 너무나도 외로워진다.

면 자기 파괴적인 방식을 이용할 수밖에 없다. 친밀함의 부재로 생긴 공백을 술로 채우는 사람도 있고, 쇼핑이나 마약으로 채우는 사람도 있고, 짧은 연애를 반복하는 사람도 있다. 친밀함과 섹스가 동의어가 된 세태의 영향을 받아 성행위로 공백을 메우려는 이들도 늘고 있다. 하지만 이렇게 해서 얻는 것은 더 커진 공허함뿐이다. 이 모든 예는 진정한 친밀함의 부재로 생겨난 공백을 채우려는 다양한 시도에 불과하다. 불건전한 방식으로 이 공백을 메우려다가는 중독 상태에 빠지고 만다.

중독은 인간의 경험 중에서 자기기만적인 성격이 가장 강하다. 자기기만으로 만들어진 중독은 더 강한 자기기만으로 이어진다. 중독은 인간을 현실과 유리시킨다.

왜 우리는 중독의 대상에게 더 깊이 빠져드는 것일까? 그 이유는 간단하다. 그것에 중독됨으로써 우리 자신에 대한 생각이 달라지기 때문이다. 중독은 우리를 자기중심적인 상상의 세계로 이끈다. 반면 친밀함은 우리를 자아도취로부터 끌어내 자신과 타인이 공존하는 진짜 경험의 세계로 데려간다. 중독은 환상의 불꽃이 꺼지지 않도록 한다. '내가 우주의 중심이다.'라는 믿음이 중독으로 생겨나는 가장 강력한 환상이다.

진정한 친밀함은 외로움에서 우리를 해방시킨다. 하지만 친밀함으로부터 도망치려는 순간에 우리는 중독의 노예가 된다.

# 친밀함과
# 인간의 4가지 측면

친밀함은 순전히 육체적이거나 정서적이지 않다. 친밀함은 다차원적이며 인간의 육체적·정서적·지적·영적 영역이 모두 포함되어 있다. 그렇기 때문에 친밀함이 인간의 4가지 영역에 어떤 영향을 주고 그 4가지 영역으로부터 어떤 영향을 받는지 잘 이해하는 것이 중요하다.

### 첫 번째 측면: 육체적 친밀함

육체적 친밀함은 단순하다. 우선 악수와 미소, 볼에 하는 키스로 시작된다. 이러한 육체적 친밀함은 쉽게 조작할 수 있다. 유능한 정치인들은 이 점을 누구보다 잘 파악하고 있다. 그들은 늘 남들과 악수를 하고 아기에게 뽀뽀를 하는데, 아주 사소한 육체적 친밀함도 친근감과 소속감으로 이어진다는 점을 알기 때문이다.

타인을 잘 챙기는 사람은 짧은 만남에도 양손으로 어떠한 제스처를 취하며 반가움을 드러내고는 한다. 이를테면 한 손으로 악수를 하면서 다른 손으로 상대방의 팔이나 어깨를 가볍게 만진다. 그렇게 하면 더욱 가까워진 듯한 느낌이나 심지어 하나가 된 것 같은 느낌을 줄 수 있다.

이렇듯 작은 접촉도 하나가 된 듯한 기분을 불러일으키는 것을 감안하면 남녀가 섹스를 하며 하나가 된 기분은 몹시 특별할 것이다. 이는 사랑의 행위를 통해 형성되는 남자와 여자 사이의 유대감을 잘 설명해준다. 또한 성적인 관계를 맺고 있던 대상과 헤어졌을 때 인간이 느끼는 고통 역시 유대감을 잘 말해준다. 둘은 하나가 되었다가 다시 둘로 찢어진 것과 같다. 사람들은 몇 년이 흐른 뒤에도 이별의 고통과 방향감각 상실에 시달린다. 섹스라는 아주 사실적인 방법으로 둘은 하나가 되는데, 하나가 되는 것은 둘로 나뉘는 것보다 훨씬 쉬운 일이다.

섹스가 끝난 뒤 방향감각 상실을 경험하는 사람들은 혼란의 원인을 모르는 경우가 많다. 섹스 파트너가 여러 명이라면 더욱 심각하게 방향감각을 상실할 수 있다. 섹스를 맺을 때마다 우리가 가진 무언가를 상대방에게 남겨놓고 오게 되는데, 이로 인해 각각 다른 방향으로 당겨지고 둘로 쪼개지는 느낌을 받는 것은 물론 방향감각까지 상실하게 된다.

섹스 자체가 친밀함을 의미하지 않는다는 사실만큼이나 우리의 성性은 단순히 육체적인 수준을 넘어선다는 사실도 중요하다. 20세기 후반에 성이라는 주제를 충분히 탐색하기는 했지만 섹스가 인간에게 미치는 다차원적인 영향은 아직 모두 밝혀지지 않았다고 생각한다. 우리의 성은 최고 수준의 자아실현을 위한 여정에서 중요한 도구 역할을 한다. 그러나 여느 도구와 마찬가지로 성이라는 도구는 최고 수준의 자아실현을 도울 수도 있고 방해할 수도 있다.

모든 관계에는 육체적인 측면이 있다는 사실을 알아야 한다. 전화나 인터넷을 기반으로 한 관계라고 해도 우리는 말하고 듣기, 혹은 앉아서 타자를 치고 글을 읽기 등 감각을 통해 다른 사람을 경험한다.

인간과 신의 관계에는 육체적 부분이 없다고 주장하는 사람이 있을지도 모른다. 비록 인간과 신은 대부분 영적인 관계를 맺지만 그 속에도 육체적인 면이 있다. 어떤 사람은 무릎을 꿇고 기도하고, 어떤 사람은 명상 자세를 취한다. 손을 모으는 사람도 있고, 걸으면서 영적인 의식을 행하는 사람도 있고, 엎드려 기도하는 사람도 있다. 결국 육체는 생의 모든 것을 경험하는 매개체다.

### 두 번째 측면: 정서적 친밀함

인간의 두 번째 측면은 정서적인 면이다. 정서적 친밀함은 육체적 친밀함보다 훨씬 도달하기 어렵다. 정서적 친밀함은 겸손하고 약점을 드러낼 줄 아는 사람만이 얻을 수 있는데, 대부분의 사람들에게는 이런 면이 부족하다. 그렇기 때문에 정서적으로 친밀해지는 속도는 매우 느리다. 진실한 상대와 좋은 관계를 맺을 때조차도 서로 긴장의 끈을 놓을 때까지는 시간이 걸린다. 과거에 상처받은 경험이 있거나 배신당한 경험이 있는 경우에는 더 오래 걸릴 수도 있다. 우리의 의견, 감정, 두려움, 꿈이 복잡하게 뒤섞여 있는 정서상의 미로를 단단히 보호해야 한다는 데는 이견의 여지가 없다.

하지만 자신을 드러내는 것에 대한 두려움이 일반적인 정서 상태가 되도록 두어서는 안 된다. 친밀함의 7단계를 살펴보면서 설명하겠지만 이차적인 관계에서도 상대나 자신에게 부담이 되지 않는 선에서 자기 모습을 드러낼 수 있는 방법이 있다. 삶은 자기표현이다.

우리는 누군가를 만날 때마다 그 사람에게 우리 모습을 보여준다. 미소를 지으며 "감사합니다." 혹은 "좋은 아침이에요."라고 말을 건네면 당신의 이름을 모르는 사람조차도 당신에 대한 무언가를 알게 된다. 공손하고 정중하고 친근한 면이 상대에게 전해지기 때문이다. 긍정적이고 건강한 방식으로 우리를 드러내는 것이 친밀함의 핵심이다.

정서적인 영역에서는 관찰을 통해 자신과 타인에 대한 친밀함을 얻을 수 있다. 먼저 자기 관찰을 할 때는 어떠한 사람, 상황, 환경, 기회가 당신을 어떤 정서 상태로 이끌고 가는지 파악해야 한다. 타인을 관찰할 때는 눈과 귀와 가슴을 열고 당신에 대한 사람들의 반응을 살펴야 한다.

- 그들은 어떤 보디랭귀지를 사용하는가?
- 사람들은 당신을 편하게 느끼는가?
- 당신을 불편해한다면 그 이유는 무엇인가?
- 그들과의 관계에서 당신이 바꿀 수 있는 부분은 없는가?

정서적인 친밀함은 다른 3가지 영역의 친밀함과 분리되어 있지 않다. 우리가 아직 이해하지 못하는 수많은 방식으로 인간의 육체적·정서적·지적·영적 영역은 서로 연결되어 있다.

### 세 번째 측면: 지적 친밀함

인간의 세 번째 측면은 지적인 영역이다. 지적 친밀함은 정서적 친밀함과 마찬가지로 육체적 친밀함에 비해 도달하는 데 시간이 많이 걸린다. 지적 친밀함이 형성되려면 다양한 경험이 필요하다. 지적 친밀함은 대화를 통하거나, 다양한 문화적·정치적 사건을 경험하거나, 개개인의 삶의 철학이 형성되는 과정을 통해 만들어진다.

비슷한 견해를 가진 사람은 초반에 더 빨리 지적 친밀함을 나누게 되지만 반드시 상대와 모든 문제에 대해 동일한 시각을 가지고 있어야만 좋은 관계를 맺을 수 있는 것은 아니다. 물론 관계의 목적이라고 믿고 있는 주제에 대해서는 비슷한 시각을 가지는 것이 중요하다. 이는 관계가 발전하는 데도 필수적이다. 하지만 비슷한 견해 자체가 관계 유지에 해가 되는 경우도 있다. 두 사람이 어떤 사안에 대해 같은 견해를 갖고 있다 하더라도 그 견해가 편견이거나 오판일 가능성이 있다. 둘의 생각이 같기 때문에 둘 다 그 의견에 대해 의문을 제기하지 않아서 편견의 원인이 되었던 편협함은 더 굳건해진다.

지적 친밀함은 일방적인 판단을 하지 않는 환경에서 더 화려하게 꽃필 수 있다. 사람들은 저마다 다양한 사상을 가지고 있다. 자신의 사상만이 늘 옳은 것은 아니며, 남의 사상이라고 해서 늘 그른 것은 아니다. 그러므로 지적 친밀함을 얻기 위해서는 반드시 마음을 열어야 한다.

인간의 사고방식이 가진 아름다움과 미스터리를 제대로 이해하려면 사상 너머를 보려는 자세가 필요하다. 사상이 우리에게 알려주는 것보다 더 많은 것을 사랑하는 사람에게서 발견해야 한다. 그런데 우리는 사상만을 보고 그 사람을 속단하는 경우가 많다. 사상 자체를 초월해서 어떤 사람이 그 사상을 옳은 것, 참된 것, 고귀한 것, 정당한 것, 혹은 아름다운 것으로 여기게 된 이유를 파악할 수 있어야 한다. 사람의 사상이나 신념 자체가 아니라 그들이 그러한 사상이나 신념을 갖게 된 원인이 중요하다.

지적 친밀함은 다양한 주제에 관한 어떤 사람의 사상이나 신념에 대해 단순히 아는 것 이상을 의미한다. 지적 친밀함을 느끼는 것은 그 사람이 어떤 방식으로 사고하는지, 또 무엇이 그의 사상과 의견에 영향을 끼치고 자극을 주는지에 대해 아는 것을 의미한다.

### 네 번째 측면: 영적 친밀함

인간의 네 번째 측면은 영적인 영역이다. 영적 친밀함은 친밀함 중에서도 가장 드물고 이해하기 어렵다. 영적 친밀함을 나누는 연인 중에는 같은 신앙과 믿음을 가진 경우가 많지만 신앙이나 그 표현 방식이 서로 다른 경우도 드물게 존재한다.

영적 친밀함은 서로에 대한 존중에서 시작되고, 내가 최고 수준의 자아를 실현할 수 있도록 상대가 힘껏 도와줄 것이라는 믿음 속에서 더욱 화려하게 꽃핀다. 영적 친밀함에서는 사랑하는 상대가 내게 해가 되거나 나의 가능성을 짓밟는 일을 하지 않으리라는 확신을 갖게 된다. 이것이 영적 친밀함의 첫 번째 원칙이다. 영적 친밀함을 얻으려면 상대와 모든 문제에 대해 의견이 같을 필요는 없지만 적어도 근본적인 목적에 관해서는 의견이 같아야 한다.

근본적인 목적은 열정과 목적으로 충만한 삶을 가꾸기 위한 기반이 된다. 우리는 최고 수준의 자아를 실현하기 위해 이 땅에 태어났다. 이 근본적인 목적은 모든 관계를 위한 공동 목표를 제공한다. 다시 말해 모든 관계의 첫 번째 목표는 서로가 최고 수준의 자아를 실현할 수 있도록 돕는 것이다. 이는 남편과 아내, 부모와 자식, 친구나 이웃, 기업 운영자와 고객의 관계에 모두 적용된다. 관계의 첫 번째 목적과 의무, 책임은 이 근본적인 목표를 달성할 수 있도록 서로 돕는 것이다.

이러한 공동 목표는 영적 친밀함을 위한 기반을 제공한다. 이제까지 인간의 육체적 측면, 정서적·심리적 측면, 그리고 지적 능력과 역량에 대해서는 충분히 살펴보았고 이해하게 되었다고 말할 수 있을지 모른다. 하지만 영적 측면의 구성 요소와 잠재력에 대해서는 아직 거의 밝혀진 바가 없다. 인간의 영적 잠재력이 워낙 연구하기 어려운 분야이며 간과하기 쉬운 분야이기 때문이다.

자신을 영적인 존재라 여기는 사람이든 그렇지 않은 사람이든 영적 친밀함의 영역에서 우리가 빠지기 쉬운 함정이 있다. 아주 특별하게 느끼는 관계 속에서 우리는 희귀한 형태의 우상 숭배를 경험하게 된다. 우상 숭배는 과거의 유물이 아니며 우리가 우선순위를 잘못 매길 때 그 모습을 드러낸다. 대부분의 사람들이 따르고 있는 일반적인 순서는 신, 가족, 친구, 일, 오락 등이다. 하지만 이전까지 알지 못했던 방식으로 우리를 채워주는 사람을 만났을 때 선물을 가져다주는 사람보다 선물 자체를 사랑하게 될 위험이 있다.

영적 친밀함을 얻기 위한 가장 좋은 방법은 마음을 열고 모든 상황 속에서 진실을 찾아내려 노력하면서 그 진실을 이용해 상대가 최고 수준의 자아를 실현할 수 있도록 돕는 것이다.

이 세상은 너무 정형화되어 있고 식상한 이미지로 넘쳐나기 때문에 우리는 영성靈性에 대해 논할 때면 늘 향을 태우는 장면이나 잔잔히 흐르는 음악을 떠올린다. 이것은 영성의 실질적 존재를 간과하는 행위다. 정형화된 영성은 미덕 속에서 성장하며 우리가 최고 수준의 자아에 도달하는 근본적 목적을 달성할 수 있도록 도울 뿐이다. 관계 안에서의 영성은 우리가 미덕 속에서 성장하기 위해 필요한 도구 역할을 한다.

모든 훌륭한 관계를 가능하게 하는 것이 바로 미덕이다. 인내할 줄 아는 사람은 조급한 사람보다 더 나은 관계를 맺을 것이다. 너그러운 사람은 이기적인 사람보다 더 나은 관계를 맺을 것이다. 용서할 줄 아는 사람은 앙심을 품고 용서를 베풀지 않는 사람보다 더 나은 관계를 맺을 것이다. 사려 깊은 연인은 생각이 짧은 연인보다 더 나은 관계를 맺을 것이다. 서로에게 충실한 사람은 부정한 사람보다 더 나은 관계를 맺을 것이다. 절제하는 사람은 절제하지 않는 사람보다 더 나은 관계를 맺을 것이다.

훌륭한 관계에는 미덕이 필요하다. 미덕은 인격의 기반이 되기 때문이다. 인내, 겸손함, 친절함, 다정함, 용서, 사랑이라는 기반 위에 삶을 구축하는 사람도 있고 충동이나 지나친 갈망, 변덕스러운 바람, 부당한 욕구, 이기적인 욕망의 기반 위에 삶을 구축하는 사람도 있다. 전자는 열정과 목적으로 충만한 삶을 살게 되고 후자는 조급하고 불안하고 불만스러운 삶을 살게 될 것이다.

미덕은 시대에 뒤떨어진 것일까? 훌륭한 관계를 맺을 마음이 없는 사람에게는 그렇게 여겨질 수도 있다. 우리는 관계에서도 반드시 결정을 내려야 한다. 미덕의 기반 위에 관계를 쌓아올릴 것인가? 아니면 이기심의 기반 위에 관계를 구축할 것인가? 최고 수준의 자아실현이라는 공동 목표를 관계의 기반으로 삼고 그 목표를 달성하기 위한 최고의 방법은 미덕 속에서 성장하는 것이라는 사실을 이해하는 것이다. 그래야 관계에서 기쁨과 만족감을 충분히 느낄 수 있다. 우리가 변덕, 지나친 갈망, 자기중심적인 욕망의 기반을 선택한다면 그 관계에서는 조급하고 불안하고 불만스러운 감정을 느끼게 될 것이다.

이미 공동 목표라는 단단한 기반 대신 쾌락이라는 허술한 기반 위에 관계를 맺기 시작했다면 더 튼튼한 기반을 마련하기 위해 기존의 관계를 어느 정도 허물 필요가 있다. 이는 고통스러운 과정이며 자신은 물론 상대방에게도 엄청난 자제력과 결단력을 요구한다. 예전의 상태로 돌아가고 싶은 유혹을 받기 때문이다.

영적 친밀함은 친밀함 중에서 가장 얻기 힘든 대신 가장 만족도가 높다. 물론 육체적·정서적·지적 친밀함도 나름의 가치를 지니고 있지만 영적 친밀함을 맛본 사람은 다른 어떤 것도 영적 친밀함에 비할 바가 아니라는 사실을 알게 된다. 연인이 영적 친밀함 속에서 함께 성장한다면 둘의 육체적·정서적·지적 친밀함 역시 더욱 강해질 것이다. 인간의 중심에는 영혼이 존재하며 이 영혼에게는 반드시 영양분이 필요하기 때문이다.

친밀함을 찾기 위한 여정에서 우리는 육체에 대한 집착에서 벗어나 친밀함의 4가지 영역이 관계에 미치는 영향을 제대로 이해해야만 한다. 육체적 친밀함에는 한계가 있다. 하지만 정서적·지적·영적 친밀함은 한계가 없으며, 이제까지 비교적 많이 다루어지지 않았다. 솔직히 말하자면 가장 궁극적인 육체적 친밀함을 맛보기 위해서는 우선 깊이 있는 정서적·지적·영적 친밀함을 경험해야만 한다.

특히 이제 막 관계가 시작된 경우에는 4가지 영역에서 친밀함이 골고루 자라날 수 있도록 주의를 기울여야 한다. 다른 영역에 비해 특정한 한 가지 영역에서만 친밀함이 유독 빨리 커지는 것은 위험할 수 있다. 이와 같은 불균형은 관계 속에서 왜곡 현상을 만들어낸다.

예를 들어 한 젊고 아름다운 여성은 사람들이 자신의 미모에 관심을 보이고 자신을 많이 도와주고 비위를 맞춰주고 원하는 것은 다 들어준다는 사실을 알게 된다. 그녀는 이러한 관심을 기분 좋게 여기고 친구들도 내심 그녀를 질투한다. 하지만 그것은 다른 영역에 있어 그녀의 성장을 가로막는다. 그녀는 자신의 몸에 지나친 가치를 부여해 집착하고, 현실을 육체적 아름다움과의 관계에서만 보기 시작한다. 그 결과 다른 영역에서 더디게 성장하게 되면서 인격은 왜곡된다.

인간은 4가지 측면에서 골고루 성장해야 한다. 4가지 영역에서 모두 성숙해질 때 하나의 조화롭고 온전한 인간이 탄생할 수 있기 때문이다.

종교를 믿거나 영성을 추구하는 사람들에게서도 비슷한 문제가 발생한다. 그들은 지나치게 영성만을 강조하고 육체적·정서적·지적 측면을 소홀히 하는 경향이 있다. 이러한 경우에도 인격이 왜곡될 수 있다.

관계에서도 비슷한 일이 벌어진다. 육체적으로 빨리 친밀해지는 것이 멋진 일이라고 생각할지도 모르겠지만 자칫 관계의 성장을 방해할 수도 있다. 육체적으로 급히 친해지면 육체적 친밀함을 과대평가하고 집착하며 육체적 친밀함의 잣대로 관계를 평가하고 가치를 매기게 된다. 그 결과 관계에서의 정서적·지적·영적 영역을 돌보지 않게 되는데, 이는 시간이 흐름에 따라 관계의 왜곡으로 이어진다.

친밀함은 최고 수준의 자아실현을 위한 여정을 타인과 함께하는 것이다. 서두르지 않고 서서히 상대에게 자신을 드러내며 함께 보내는 시간이 있어야만 친밀함을 얻을 수 있다. 무엇보다 친밀함은 단순히 육체적 영역이나 다른 하나의 영역에 국한되지 않는다는 점을 명심해야 한다.

우리는 이 책의 2부에서 친밀함의 7단계를 자세히 알아볼 것이다. 이때 친밀함의 7단계 하나하나는 우리 관계의 육체적·정서적·지적·영적 영역에 어떤 영향을 미치는지 주의 깊게 살펴볼 필요가 있다.

## 자기 자신을
## 편안하게 받아들이기

나는 매년 100개가 넘는 미국 도시를 다니며 강연을 하는데, 특히 고등학교를 많이 찾아간다. 고등학교 강연 때 내가 제일 좋아하는 주제는 '우리의 선택과 그 선택이 삶에 미치는 영향'이다. 주제를 짧게 소개한 다음, 학생들에게 앞으로 15년을 통틀어 인생에서 가장 중요한 선택이 무엇이 될 것 같은지 묻는다. 입학하는 대학과 직업, 배우자 등 대답은 항상 거의 비슷하다.

그런 다음 학생들에게 어떤 방식으로 대학과 직업, 배우자를 선택할 것인지를 묻는다. 배우자 선택 기준으로 늘 거론되는 것은 '멋진 몸매' '재력' '공통 관심사' '유머 감각' 등이다. 그러나 놀라운 것은 과거 어느 세대보다 기회가 많아진 세상에서 살고 있는 오늘날의 어린 학생들이 너무 쉽게 친구에게 영향을 받고 스스로에 대한 확신이 없다는 점이다.

꽤 오래전에 켄터키 주 루이스빌의 한 여고에서 '자기 자신을 편안하게 받아들이기'라는 주제로 토론을 했다. 오늘날의 문화는 남에게 어떻게 비추어질 것이며 어떤 행동을 하고 살아야 하는지에 대해 젊은이들에게 왜곡된 메시지를 보내고 있다. 특히 젊은 여성들에게 더 잔인하다. 영화, 잡지, 텔레비전에서 쉴 새 없이 쏟아지는 메시지는 젊은 여성의 의식과 자아에 엄청난 피해를 준다.

한 여학생이 질문했다. "어떻게 하면 자기 자신을 더 편하게 받아들일 수 있죠?" 나는 대답했다. "우선 혼자 있는 시간을 즐길 줄 알아야 합니다. 다른 사람과 함께 있는 법을 배우기 전에 혼자 있는 법을 배워야만 합니다. 혼자 있는 상태가 편안하지 않으면 늘 혼자 남는 것을 두려워하게 될 것입니다. 혼자 있는 것이 편안하고 즐겁지 않다면 단지 혼자 있기 싫어서 질 나쁜 친구들과 어울리게 될 위험이 있습니다. 게다가 혼자 있는 것을 즐길 줄 모르면 나쁜 남자와 연애를 하거나 결혼을 할지도 모릅니다. 혼자 있기가 무서워 섣부른 판단을 내리기 때문이죠."

내가 이런 말을 하면 여학생들은 항상 까르르 웃는다. "혼자 있는 것을 편안하게 느끼고 즐길 줄 알게 되면 대부분의 남자들은 만날 가치도 없다는 사실을 깨닫게 될 겁니다. 그런 남자를 만나느니 따뜻한 욕조에서 좋은 책이나 읽는 편이 낫다는 걸 알게 될 테니까요."

이것은 여고생뿐만 아니라 당신과 나에게도 적용되는 이야기다. 또한 여자는 물론 남자도 자기 자신과 친숙해지는 법을 배워야 한다. 타인과 친숙해지는 첫걸음은 자기 자신과 친숙해지는 것이다. 친밀함의 7단계로 자기 자신을 편안하게 느끼지 못한다면 타인과도 친숙해질 수 없다.

자신을 편안하게 받아들이는 것은 자기 자신에게 친숙해지기 위한 첫 번째 단계다. 최고 수준의 자아실현을 막는 행동의 종류는 다양하다. 우리가 자아실현을 스스로 막는 이유는 남과 달라지는 것을 두려워하기 때문이다. 그런 측면에서 한 인간은 최고 수준의 자아실현을 위해 군중으로부터 멀어질 때 많이 성장한다. 남들에게서 멀어지고 자기 자신에게 더 가까워지는 일은 관계 형성에서 특히 중요하다. 많은 사람이 잘못된 관계를 맺는 이유는 혼자 있는 것을 불편하게 느끼고 두려워하기 때문이다.

아직 질문의 답은 아직 나오지 않았다. 어떻게 하면 스스로를 편안하게 받아들이는 법을 배울 수 있을까?

첫째, 인간의 상태에 대한 근본적인 진실을 받아들이려는 의식적인 노력이 필요하다. 인간에게는 대단한 일을 해낼 수 있는 능력이 있지만 우리는 모두 어딘가 부서지고 망가진 존재다. 우리는 불완전하다. 모두가 결점과 결함을 가지고 있다. 하지만 우리가 멸시하는 단점은 사실 인류가 가진 최고의 장점이기도 하다.

인간의 한계와 불완전함을 인식하면 몹시 특별한 개개인도 실질적으로는 다 똑같다는 위대한 진리에 도달할 수 있다. 본질적으로 다른 인간보다 더 나은 인간이란 존재하지 않는다. 권력이나 빈부의 격차가 너무 크기 때문에 간과하기 쉽지만 이것은 여전히 인간의 상호작용과 관계된 중요한 진리로 남아 있다.

모든 사람에게는 결점과 결함이 있다는 진리를 받아들인다면 우리 스스로를 더 편안하게 느낄 수 있다. 상대가 왕이든 군중이든 그 누구이든 간에 다른 누군가와 함께 있는 것도 더 편하게 느낄 것이다. 원래보다 더 대단한 사람인 척 연기하는 사람은 자기 자신을 절대로 편안하게 받아들일 수 없다. 우리에게는 장단점이 모두 있다는 것을 인식할 때 비로소 스스로를 편안하게 느낄 수 있다.

평생 자신의 약점을 감추려고 애쓰는 사람들이 많은데, 이 과정에서 아주 많은 에너지를 소모한다. 자신의 불완전함과 약점을 겸허히 받아들일 때 우리는 이 거대한 속임수로부터 해방될 수 있다. 그래야만 실제와 다른 모습을 연기하는 데 에너지를 쏟는 대신 우리의 약점을 드러내놓고 극복하려고 노력하든지 아니면 그냥 껴안고 사는 법을 배우려 할 것이다.

글로 적어놓으니 아주 간단하고 쉬워 보이지만 세상사가 다 그렇듯 글로 풀어놓는 것보다는 현실에서 실천하는 것이 훨씬 더 어렵다. 다시 우리의 질문으로 돌아가도록 하자. 자기 자신을 편하게 받아들이는 법을 어떻게 배울 수 있을까? 혼자 시간을 보내는 방법밖에 없다. 큰 성공을 거둔 사람들이 모두 섭렵한 분야가 있으니, 바로 '혼자만의 시간 보내기'다. 예전에 침묵에 대해 긴 글을 쓴 적이 있는데 지금 생각해보니 그때 홀로 보내는 시간의 놀라운 가치에 대해서는 언급하지 않은 점이 아쉽다.

우리는 조용히 혼자만의 시간을 가질 때 자신에 대해 가장 많이 배울 수 있다. 복잡한 세상으로부터 방해받지 않는 그 귀한 순간에 우리의 정당한 욕구, 가장 깊은 욕망, 재능과 능력이 무엇인지 알게 된다. 그러므로 매일 몇 분씩이라도 홀로 조용히 시간을 보내며 자기 자신과 교류를 나눌 필요가 있다.

역설적으로 들릴 수도 있겠지만 타인과 친밀함을 나누기 위해서는 먼저 자기 자신을 편안하게 받아들일 수 있어야 한다. 사람들은 대부분 자기 자신을 편안하게 받아들이지 못한다. 나 역시 나 자신이나 타인을 편하게 받아들이지 못하는 상황이 있다. 나는 낯선 사람과 함께 있을 때 수줍음을 많이 탄다. 직업 특성상 매일 그런 상황에 노출되기 때문에 내가 그 순간을 불편해한다고 말하면 다들 이상하게 생각한다. 물론 아는 사람이 한 명이라도 있거나 누군가 대신 내 소개를 해주면 아무런 문제가 없다. 하지만 나는 지난 10년 동안 낯선 사람에게 직접 내 소개를 한 적이 없다.

대부분의 사람들은 나의 이런 면을 잘 모른다. 그들은 터무니없는 소리라며 "당신은 수천 명 앞에서 연설을 하잖아요."라고 말한다. 하지만 그건 상관없는 별개의 문제다. 나와 가까운 사람들만이 오랜 시간이 흐른 뒤에 내가 수줍음을 탄다는 사실을 알아차린다.

이 책을 쓰면서 앞으로 며칠 혹은 몇 주 동안 낯선 사람에게 억지로라도 내 소개를 해보아야겠다는 생각이 떠올랐다. 아마도 내가 성장하고 나 자신과 친숙해지는 데 도움이 될 것이다.

어떤 방식으로든 사람들은 대부분 자신을 편안하게 받아들이지 못한다. 자신을 편안하게 받아들일 때 생기는 불편함 때문에 친밀함을 경험하는 방식은 제한당한다. 친밀함, 즉 우리 자신을 드러내는 일을 어느 정도 경험하고자 한다면 우리는 자신에 대해 잘 알고 자신을 편안하게 받아들일 수 있어야 한다. '어느 정도'라는 말을 넣은 이유는 누구도 자신을 완벽하게 이해할 수 없으며, 100% 편안하게 받아들일 수 없기 때문이다.

진정한 자신의 모습을 알아내려는 노력은 평생 계속되는데, 이것은 최고 수준의 자아실현을 위한 우리의 여정과 아주 비슷하다. 진정한 친밀함을 경험하기 위한 첫걸음은 자기 자신을 편안하게 받아들이고 혼자만의 시간을 즐기는 것이다.

## 친밀함을 섹스와
## 동일시하는 일차원적 시각

친밀함의 7단계는 현대 문화에서 태어난 관계에 관한 미신과 환상을 넘어설 수 있도록 도와줄 것이다. 이러한 미신과 환상에서 자유로워지면 삶 속에서 진정한 의미의 친밀함을 이해하고 경험하는 단계로 나아갈 수 있다. 친밀함에 대한 물리적 일차원적인 시각을 넘어서서 우리 자신과 타인의 육체적·정서적·지적·영적 영역을 탐험하는 법을 배운다면 우리는 마침내 그 사람과 평생을 함께해야만 하는 이유를 발견하게 될 것이다.

친밀함을 섹스와 동일시하는 일차원적 시각은 관계를 유지하는 데 적합하지 않다. 물론 관계에서 중요한 목표는 단순히 관계를 오랫동안 유지하는 것이 아니지만 진정한 친밀함은 수년에 걸쳐 쌓아 올린 관계 안에서만 형성된다.

친밀함은 서로에게 자신을 내보이고 두 사람이 지속적으로 서로를 발견하고 재발견하며 얻을 수 있다. 사람의 성격은 수없이 많은 겹으로 이루어져 있기 때문에 친밀감을 얻는 여정에는 끝이 없다. 대화를 하고 경험을 공유하고 함께 시간을 보내며 성격의 껍질이 하나씩 벗겨지고 우리의 다른 면이 드러난다. 우리의 취향과 희망, 꿈은 바뀌기 마련이고 그 결과 우리가 삶을 사는 방식도 변하기 때문에 친밀함은 서로에 대한 계속적인 재발견을 의미하기도 한다. 그렇기 때문에 친밀해지는 일은 시간이 많이 걸린다. 친밀함은 섹스의 동의어라는 미신을 떨쳐버리고 가능한 한 모든 방식으로 타인을 발견하는 일을 즐기면 다른 일을 통해서는 얻기 힘든 수준의 성취감과 만족감을 얻을 수 있다.

저니Journey라는 밴드의 노래 중에 〈페이스풀리Faithfully〉라는 곡이 있다. 길에서 많은 시간을 보내는 뮤지션의 삶을 노래한 고곡이다. '한밤의 태양midnight sun' 아래에서 버스를 타고 오랜 시간을 보내며 가족과 친구와 떨어져서 지낼 수밖에 없는 처지에 관한 가사가 인상적이다. 이 노래 가사 중에 인상적인 부분이 있다. 공연을 다니느라 밖에서 오랜 시간을 보내면 사랑하는 사람과의 관계를 지키기가 힘들 것이라는 생각이 들지만 "나는 당신을 재발견하는 기쁨을 맛본다."라고 노래한다.

가끔 누군가를 이미 완벽하게 파악했다는 무시무시한 착각에 빠지는 사람들이 있다. 이러한 착각은 관계의 성장을 방해하고 상대방의 성장을 가로막을 수 있다. 인간은 지속적으로 변하기 때문에 우리를 사랑하는 사람들은 우리에게 계속 새로운 면을 발견할 수 있는 것이다.

진정한 비극은 우리가 상대를 다 안다고 생각하며 그들에게서 새로운 면을 발견하려는 노력을 중단할 때 시작된다. 그들의 행동이 예상과 맞아떨어지지 않을 때 우리는 이렇게 말한다. "왜 그랬어? 그건 너답지 않아!" 관계 속에서 상대의 새로운 모습을 발견하는 과정은 끝이 없다. 서로를 발견하고 재발견하는 것이 친밀함이다. 이것은 어딘가에서 끝맺고 다음으로 넘어갈 수 있는 과제가 아니다. 그 자체로 즐겨야 할 과정이다.

당신은 상대에 대한 모든 것을 이미 알고 있다고 생각할지도 모른다. 하지만 마음의 문을 열고 다른 시각으로 상대를 본다면 얼마나 많은 부분을 놓치고 있는지 깨닫고 놀라게 될 것이다. 그렇기 때문에 이따금씩 마치 처음 보는 사람처럼 서로에게 다가가보는 것도 도움이 된다. 그렇게 하면 재발견의 기쁨을 맛볼 수 있다.

친밀함은 항상 새로운 부분을 발견하는 것을 의미하지는 않는다. 늘 내 눈앞에 있었던 것을 색다른 측면과 새로운 시각에서 보는 것을 의미하기도 한다.

· 가장 순수한 형태의 친밀함은 본인의 모습을 있는 그대로 타인과 공유하는 것이다.

· 이야기를 타인과 공유할 때 비로소 자신이 특별하게 알려지는 기분을 맛보게 된다.

· 거절당할 위험 때문에 자신을 드러내지 못하는 경우도 있지만 진정으로 사랑받으려면 본연의 모습을 드러내는 수밖에 없다.

· 서두르지 않고 서서히 상대에게 자신을 드러내며 함께 보내는 시간이 있어야만 친밀함을 얻을 수 있다. 무엇보다 친밀함은 단순히 육체적 영역이나 다른 하나의 영역에 국한되지 않는다는 점을 명심해야 한다.

· 진정한 친밀함을 경험하기 위한 첫걸음은 자기 자신을 편안하게 받아들이고 혼자만의 시간을 즐기는 것이다.

· 진정한 비극은 우리가 상대를 다 안다고 생각하며 그들에게서 새로운 면을 발견하려는 노력을 중단할 때 시작된다.

# 02 | 공통 관심사만으로는
충분하지 않다

공통의 관심사만으로는 상대와 역동적인 관계를 만들어낼 수 없다. 공통 관심사는 분명 역동적인 관계에 도움이 될 수 있겠지만 관계의 성공을 보장하지는 않는다. 관심사는 변하기 마련이다. 관심사가 같은 사람과 지금 당장 가장 가까운 관계를 맺고 있다 해도 그의 관심사가 변하는 순간에 상대는 당신에게서 흥미를 잃을 것이다.

날마다 관계는 깨지고 사람들도 매일 헤어진다. 어떤 사람은 만족감을 못 느껴서 헤어지고, 어떤 사람은 성장하지 않기 때문에 헤어진다. 상대방이 성장을 요구하지만 본인은 바뀔 마음이 없어서 이별하기도 하고, 더 매력적인 사람을 만나서 이별하기도 하고, 단순히 지겨워서 이별하기도 한다. 자신도 잘 모르는 이유나 혹은 어렴풋이 알고는 있지만 정확히 설명할 수 없는 이유 때문에 헤어지는 사람도 있다.

이별 후에 우리는 왜 그 관계에 문제가 생겼는지 자신에게 질문을 던진다.

- 왜 관계는 끝나는 것일까?
- 왜 사람들은 헤어지는 것일까?

이러한 질문은 매우 중요한 질문이다. 하지만 더 중요한 질문은 "사람들을 헤어지지 못하게 하는 것은 무엇인가?"이다. 단순히 헤어지지 못해 함께하는 수준을 넘어서 역동적인 관계를 유지하도록 만드는 비결은 무엇일까? 관계의 일차적인 목표는 단지 함께 있는 것이 아니다. 몸은 함께 있지만 썩 좋지 않은 관계를 유지하는 사람들이 많다. 그들의 관계는 겨우겨우 이어지고는 있으나 발전하지는 못한다.

공통 관심사는 훌륭한 관계를 구축하기 위한 기반으로 충분하지 않다. 우리는 누군가와 함께 등산이나 여행, 자전거 타기나 공연을 즐긴다. 그리고 다른 사람과 영화, 박물관, 예술 작품, 반려동물을 비롯한 다양한 관심사를 나눈다. 하지만 이러한 공통 관심사가 오랫동안 지속되는 관계를 쌓아 올리기 위한 단단한 기반을 제공한다고 생각한다면 착각이다. 사실 공통 관심사는 가짜 기반으로 드러나는 경우가 많으며, 관계를 실제보다 더 깊어 보이게끔 만드는 역할을 한다.

공통 관심사는 역동적이고 오랫동안 지속되는 관계 구축을 위한 토대로는 충분하지 않다. 이러한 관계에는 공동 목적이 필요하다. 관계를 더 깊이 이해하기 위해서는 "왜 사람들이 헤어지나?"와 "사람들이 헤어지지 못하게 하는 것은 무엇인가?"라는 중요한 질문 2개를 던져야 한다. 관계의 의미와 목적을 묻는 가장 근본적인 질문을 하지 않고, 관계에 관한 더 깊은 진실을 경험하려는 것은 부질없는 짓이다. 이 질문에 대해 고민하지 않고 관계에 대해 더 배우고 더 깊은 관계를 경험하려는 시도는 아무런 의미가 없다.

역동적인 관계에서 사람들을 하나로 묶는 것은 무엇일까? 공동의 목적이다. 왜 사람들은 헤어질까? 공동의 목적의식이 없기 때문이다. 혹은 그들의 공동 목적이 사라졌거나 중요성을 잃었기 때문이다. 아주 특별한 관계를 만들려면 공동의 목적을 잘 이해해야 한다. 하지만 관계의 목적을 이해하기 전에 먼저 개인이 가지고 있는 삶의 목적을 이해해야만 한다.


## 삶의 의미는 과연 무엇인가?

삶의 의미는 무엇인가? 우리는 왜 이곳에 있는 것일까? 존재의 이유는 무엇인가? 현대 대중문화는 우리에게 인생이 단순히 쾌락 추구에 불과하다는 메시지를 직간접적으로 보낸다. 오늘날에는 "좋을 대로 해라."라는 말이 신조가 되어버린 것 같다. 이러한 대중문화의 영향으로 섹스와 친밀감, 공통 관심사와 역동적인 관계의 의미가 뒤섞여버렸다. 수많은 미신과 환상을 통해 나타나는 이와 같은 혼란은 사람들을 목적의식 부재의 더 절망적인 상태로 이끌고 있다. 자신의 목적에 대해 모르는 것만큼 우울한 일도 없다.

우리의 근본적인 목적은 최고 수준의 자아실현이다. 이 한 가지

원칙은 이제껏 배운 다른 모든 것보다 당신의 인생에 더 큰 명확성을 부여할 것이다. 또한 당신이 삶의 여정에서 배운 모든 위대한 지식을 잘 활용할 수 있도록 도울 것이다.

모든 것은 우리의 근본적인 목적과의 관계에서 의미를 갖는다. 어떤 친구가 좋은 친구인가? 종이를 꺼내서 친구 이름을 적어보자. 이름을 적은 목록을 보며 당신이 최고 수준의 자아를 실현할 수 있도록 도움을 주는 친구 옆에 표시를 하자.

그리고 다시 목록에서 최고 수준의 자아를 실현할 수 있도록 당신이 도움을 주고 있는 사람의 이름 옆에 표시를 하자. 그것이 당신을 좋은 친구로 만드는 자질이기 때문이다.

어떤 영화가 좋은 영화인가? 액션 장면이 많고 할리우드의 유명 배우가 나오는 영화가 좋은 영화인가? 아니다. 좋은 영화는 끝까지 보고나서 "이 영화를 보니 최선을 다해 살고 싶어졌어."라고 말할 수 있는 영화다.

어떤 책이 좋은 책인가? 표지가 멋진 책? 줄거리가 흥미로운 책? 아니면 베스트셀러 순위 안에 들어 있는 책? 아니다. 끝까지 읽은 뒤 "이 책을 읽었더니 최고 수준의 자아를 실현하고 싶어졌어."라고 말할 수 있는 책이 좋은 책이다.

우리는 왜 일을 할까? 단지 돈을 벌기 위해서 일을 할까? 물론 노동의 가치를 그런 식으로 평가할 수도 있다. 하지만 노동의 근본적인 목표를 발견한다면 돈을 버는 것은 이차적인 가치라는 것을 알게 된다. 노동의 일차적인 가치는 세심한 주의를 기울이고 최선을 다해 일함으로써 인격을 함양할 수 있다는 점에 있다. 우리에게 노동은 근본적인 목적을 달성할 수 있는 하나의 기회다. 정직한 노동을 통해 우리는 미덕을 쌓을 수 있는 기회를 얻는데, 이러한 미덕은 최고 수준의 자아실현을 위해 필요한 요소다.

결혼의 의미와 목적은 무엇인가? 단순히 두 사람이 동거하며 각종 공과금을 함께 내는 것인가? 아니다. 결혼의 의미와 목적은 최고 수준의 자아를 실현할 수 있도록 서로 자극하고 격려하는 동시에 두 사람이 낳은 아이가 최고 상태의 자아를 실현할 수 있도록 양육하고 교육하는 것이다.

인간은 왜 스포츠를 보며 자극받을까? 스포츠는 인간 경험의 축소판이기 때문이다. 스포츠에서는 경쟁 상대를 통해 스스로 변하고, 성장하고, 더 나은 상태가 되고, 잠재력을 발휘하게 된다. 우리가 직접 스포츠를 하는 것은 물론 남들이 뛰는 것을 보는 것도 좋아하는 이유는 스포츠를 통해 눈앞에서 펼쳐지는 한 편의 휴먼 드라마를 감상할 수 있기 때문이다.

이러한 드라마는 우리가 스스로 더 단련하고 한계를 넘어서고 최고 상태의 자아를 실현하고 근본적 목적을 달성하기 위해 필요한 여정을 의미한다. 경기장을 채운 수천 명의 관중이 야구나 축구, 농구를 관람하는 모습에서 우리는 잃어버린 무언가를 갈망하는 다양한 사람들의 모습을 볼 수 있다. 그 잃어버린 무언가는 바로 근본적인 목적이다. 특정 스포츠를 좋아하는 사람은 그 스포츠가 다른 스포츠보다 본질적으로 낫다고 주장할지도 모른다. 하지만 내가 보기에 스포츠는 다 똑같다. 모든 스포츠가 인간에게 성장할 수 있는 기회를 제공한다고 생각하기 때문이다.

어떤 음식이 좋은 음식인가? 그냥 하루 종일 먹고 싶었던 음식? 아니다. 좋은 음식은 당신이 최고 수준의 자아를 실현할 수 있도록 돕는 음식이다.

어떤 음악이 좋은 음악인가? 최고 수준의 자아실현을 돕는 음악이 좋은 음악이다.

근본적 목표와 관련을 지으면 모든 것의 의미가 통하게 된다. 그러므로 무언가를 받아들이거나 거부할 때 그것이 최고 수준의 자아실현에 미치는 영향을 기준으로 삼아야 한다. 즉 최고 수준의 자아실현을 방해하는 것들은 거부하고 피해야만 한다. 인생은 선택이다. 모든 순간에 우리가 던져야 할 질문은 한 가지다. "어떤 선택을 해야 최고 수준의 자아실현을 도울 수 있을까?" 이 질문은 세계관과 삶의 철학을 모두 담고 있으며 궁극적인 의사 결정 수단이 되기도 한다.

부조리로 가득한 세상에서 우리의 근본적 목적을 이해하면 모든 것의 의미가 통하게 된다. 혼란스럽고 복잡한 세상에서 우리의 근본적 목적을 이해하면 우리의 일상을 더욱 명확하게 파악할 수 있게 된다. 전문가와 그들의 충돌하는 이론이 넘쳐나는 세상에서 우리의 근본적 목적을 이해하면 내면의 조용한 목소리에 다시금 귀를 기울일 수 있게 된다.

현대 대중문화는 우리의 존재에 공통적이고 보편적인 의미가 있을지도 모른다는 주장에 회의적이고 냉담한 반응을 보인다. '삶의 의미'라는 말은 이제 진부한 표현이 되었으며, 존재의 의미를 진지하게 고찰할 때가 아니라 말장난을 할 때 이용되는 경우가 많아졌다. 하지만 우리의 근본적 목적을 정확하게 이해하지 않는다면 우리 인생은 그 어떤 목표도 뿌리도 없이 표류하게 될 것이다.

당신의 근본적 목적은 최고 상태의 자아실현이다. 인생을 살면서 이 말 하나만 명심하기 바란다. "모든 결정을 내릴 때 최고 상태의 자아실현이라는 근본적 목적을 기준으로 삼고 선택의 기로에서 늘 삶의 목적을 유념하라." 이 말 한마디를 가슴 한가운데 새겨놓는다면 당신은 왜 생각이 세상을 바꾸는지 금방 이해하게 될 것이다. 특히 다른 사람과의 관계는 근본적 목적의 연관성 속에서만 의미를 얻는다.


## 어떤 관계가
## 좋은 관계인가?

관계는 인생의 전반적인 목적과의 연관성 속에서 비로소 의미를 얻는다. 그러므로 우리 인생의 근본적인 목적을 제대로 정립할 수 없다면 관계에 초점을 맞추는 일은 더 어려워진다. 하지만 이제 인생의 근본적인 목적을 확실히 정했으니 관계의 의미와 목적을 이해하는 일이 쉬워졌다. 관계의 목적은 당신이 상대방의 최고 수준의 자아실현을 돕는 것이고 상대방이 당신의 최고 수준의 자아실현을 돕는 것이다. 편한 사이든 불편한 사이든, 오래된 사이든 스쳐 지나가는 사이든, 모든 관계는 인간에게 있어 최고 수준의 자아를 실현함으로써 남들까지 최고 수준의 자아에 도달하도록 자극하고 도울 수 있는 기회를 제공한다.

어떤 관계가 좋은 관계인가? 좋은 관계는 우리 스스로 최고 수준의 자아를 실현할 수 있도록 격려와 자극을 받는 동시에 상대방이 최고 수준의 자아를 실현할 수 있도록 우리가 도울 수 있는 관계다. 좋지 않은 관계란 어떤 것일까? 좋지 않은 관계는 우리를 본질적 목적으로부터 멀어지도록 하고 지금보다 덜 훌륭한 상태로 끌어내리는 관계를 말한다. 그러므로 역동적이고 충만한 관계를 경험하기 위해서는 우리의 본질적인 목적을 명확하게 이해하고 있어야 한다.

그렇다면 어디서부터 시작해야 할까? 당신의 고민은 이미 시작되었을지도 모른다. 바로 당신의 일차적인 관계와 관련된 문제에서 시작해보자. 남편이나 아내, 여자친구나 남자친구, 약혼자 등 누가 되었든 질문은 똑같다.

- 당신의 일차적인 관계는 당신이 최고 수준의 자아를 실현하는 데 도움을 주는가?
- 당신은 상대방이 최고 수준의 자아를 실현할 수 있도록 돕고 있는가?
- 상대방은 당신이 최고 수준의 자아를 실현할 수 있도록 돕고 있는가?

곧바로 "그렇지 않다."는 대답이 나올지도 모른다. 하지만 자세히 들여다본다면 그 관계가 어떤 방식으로든 우리가 최고 수준의 자아를 실현할 수 있도록 돕고 있음을 발견할 수도 있다. 물론 명백히 아무런 도움이 되지 않는 관계도 있다.

두 사람이 연인으로서의 본질적인 목적이 무엇인지 한 번도 고민해보지 않았을 가능성도 고려해야 한다. 서로의 성장을 돕는 것이 관계의 일차적인 목표임을 대충 이해하고 있지만 둘이 함께 구체적으로 이야기를 나눈 적이 없을지도 모른다. 그런 경우라면 두 사람에게 있어 이와 같은 본질적인 목적은 아주 중요한 발견이 될 것이고, 본질적인 목적 설정을 통해 둘의 관계는 놀라운 단계로 접어들게 될 것이다.

결혼생활을 35년간 한 사람이든 이제 막 연애를 시작한 사람이든 관계의 중심에는 본질적인 목적이 존재해야 한다. 본질적인 목적을 모든 의사결정의 기준점으로 삼아야 한다.

삶은 선택이다. 선택의 기로에서 우리는 최고 수준의 자아나 2등급 수준의 자아 중 하나를 택하게 된다. 우리는 선택을 통해 관계를 발전시키거나 약화한다. 우리는 선택에 직면했을 때, 기회가 눈앞에 펼쳐졌을 때, 결정의 순간이 왔을 때 스스로에게 이런 질문을 해야 한다. "어떤 선택이 내가 최고 수준의 자아를 실현하도록 도울 것인가?" 매순간 반복적으로 이런 질문을 던지고 그에 따라 선택을 한다면 본질적인 목적을 우리 삶의 중심, 우리 관계의 중심에 둘 수 있게 된다.

관계가 악화되고 깨지는 순간에 이렇게 말하는 사람이 많다. "모든 상황이 말이 안 돼." 왜 모든 상황이 말이 안 되는 것일까? 먼저 이런 질문을 해야 할 것 같다. 어떤 상황이든 그것이 언제 말이 되었던 적이 있었던가?

　모든 상황이 말이 안 되는 이유는 관계 안에서 본질적 목적이 사라졌기 때문이다. 우리는 이 대단한 목적에 대해 의식하지 못하는 경우가 많다. 이는 연인과 함께 공통 관심사와 즐거움을 나누면서도 위대한 관계를 위한 거대한 야망, 즉 본질적 목적을 함께 추구하는 단계까지 성숙하지 못한 경우에 해당한다.

　잠깐 생각해보자. 미국에서 결혼하는 부부 중 절반은 이혼이나 별거를 한다. 이로 인해 '약속의 위기crisis in commitment'와 관련된 문화적 논쟁이 벌어지기도 했다. 여러 전문가는 할아버지 세대보다 우리 세대가 직업을 바꿀 확률이 6배나 높다는 사실에 주목했다. 또한 통계를 살펴보면 요즘 사람들은 결혼을 더 늦게 하거나 아예 안 하는 경우도 많다. 간단한 식단이나 운동 일정을 지키는 것조차 어려워 보이는 사람도 많다. 이렇듯 현대인은 자기와의 약속조차 지키지 못한다는 주장은 시간이 흐를수록 더 큰 지지를 얻었다. 하지만 진짜 위기는 약속에 관한 것이 아니라 목적에 관한 것이다.

　목적을 정확하게 이해하지 못하면 어떤 것에도 헌신하지 못하며 당연히 헌신하겠다는 약속도 지킬 수 없다. 우리가 약속을 지킬 수 있도록 돕는 것이 바로 목적이다. 그래서 우리가 겪고 있는 것은 약속의 위기가 아니라 목적의 위기다. 우리의 관계를 유지하는 것은 무엇인가? 공동의 목적의식이다. 관계는 언제 무너지는가? 공동의 목적의식이 사라질 때다.

어떤 관계에서는 쾌락만이 공동의 목적이다. 그래서 쾌락이 사라지거나 다른 곳에서 더 큰 쾌락을 발견할 때 그 관계는 끝난다. 공통 관심사가 공동의 목적이 되는 관계도 있지만 그러한 관계는 관심사가 바뀔 때 소멸하게 된다. 최근 몇 년간 내가 관심을 가지고 지켜봤던 사회현상이 하나 있다. 바로 25년, 30년, 심지어 35년을 함께한 부부가 이혼하는 경우인데, 이러한 일은 요즘 더 자주 발생한다.

나는 오랜 시간 머리를 싸매고 이들을 이해하기 위해 노력했는데, 원인은 놀라울 정도로 간단했다. 이러한 커플들은 '자녀 양육'이라는 공통 관심사를 공유하다가 아이들이 다 성장하니 더이상 서로에게서 접점을 찾을 수 없기 때문에 헤어진 것이다. 일시적인 성격을 띤 그들의 공통 관심사가 사라지자 그들의 관계도 소멸하게 된 것이다.

관계의 목적에 대해 서로 이야기를 나누든 안 나누든 간에 사실상 모든 관계에는 공동의 목적이 존재한다. 단순히 편의성을 공동 목적으로 삼는 관계도 있고, 돈이나 섹스 혹은 자녀 양육이 공동 목적인 관계도 있다. 최고 수준의 자아실현이 공동 목적인 관계는 극히 드물다.

우리의 일차적인 관계에는 분명 공동 목적이 필요하지만 아무 목적이든 다 괜찮은 것은 아니다. 이러한 공동 목적과 본질적 목적의 차이는 무엇일까? 앞서 언급한 목적은 일시적인 성격을 띠지만 본질적인 목적은 절대 변하거나 약화되지 않는다. 우리는 매 순간 최고 수준의 자아를 실현하기 위해 노력할 것이다. 이것은 언젠가 끝나버리는 연구 과제가 아니며, 이러한 노력은 우리에게 생명력과 활력을 불어넣는다.

당신이 맺고 있는 일차적인 관계의 기반이 일시적인 공동 목적이라면, 당신의 일차적인 관계 역시 일시적인 것에 불과할지도 모른다. 일차적인 관계의 기반이 지속적이고 변하지 않는 것이라면 그 관계 역시 지속적일 것이다. 이것은 단순히 유지되는 관계가 아니라 발전하는 관계를 의미한다. 당신의 본질적 목표를 관계의 중심 축으로 삼아야 한다. 이것만 제대로 실천한다면 다른 많은 일이 저절로 해결될 것이다.

좋은 관계를 맺기 위해서는 적극적인 협력이 필요하다. 스스로 최고 상태의 자아를 실현하려 노력하면서 타인의 자아실현을 도움으로써 역동적인 관계를 만들어낼 수 있다. 역동적 관계란 서로 더욱 성장할 수 있도록 돕고, 어려움을 겪을 때 격려와 위로의 말을 건네고, 기쁜 일이 있을 때 진심으로 축하할 수 있는 관계를 말한다.

본질적 목표를 이해할 때 다른 종류의 가치와 우선순위가 눈에 들어온다. "나에게 도움이 되는 점은 뭐가 있지?" "내가 무엇을 얻을 수 있지?" 같은 질문에 덜 집착하게 되고 대신 "나는 어떻게 하면 당신이 최고 상태의 자아를 실현할 수 있도록 도울 수 있을까?" "어떻게 하면 당신을 더욱 온전하고 맹목적으로 사랑할 수 있을까?" "당신의 재능을 최대한 이용할 수 있도록 도울 방법은 없을까?" "당신은 무엇을 필요로 하며 내가 어떻게 도움을 줄 수 있을까?" 같은 질문에 더 집중하게 된다. 누군가를 진심으로 사랑하면 그 사람이 모든 가능성을 펼칠 수 있기를 바라게 되고, 그가 본질적 목적을 달성하도록 어떤 식으로든 돕고 싶어진다.

결혼과 같은 관계는 개인이 성장할 수 있는 아주 강력한 무대가 될 수 있다. 다만 당신과 배우자가 성장에 대한 부분에서 생각이 같을 때만 그렇다. 반드시 두 사람이 성장을 원해야 하고 스스로 규제할 수 있어야 한다. 우리가 관계 향상을 위해 의식적인 노력을 기울이지 않는다면 시간이 갈수록 그 관계는 우리의 개인적 성장에 엄청난 해를 끼칠 것이다. 다른 모든 것과 마찬가지로 관계는 우리의 성장에 놀라운 혜택을 가져올 수도 있지만 상상을 초월하는 파괴를 불러올 수도 있다. 언제나 그렇듯 선택은 우리 몫이다.

관계는 '서로 최고 상태의 자아실현을 돕는 여정'이라는 단순한 비전을 통해 발전해야 한다. 이렇듯 단순하고 명확한 비전이 우리 인생과 관계에 더 큰 영향력을 발휘할수록 우리는 더욱 열정적이고 목적의식으로 가득한 삶을 살게 될 것이다.

관계의 위대한 여정이란 '나와 너'로 시작해 '우리'로 나아가는 것이다. 이는 두 사람이 공동 목적을 위해 하나가 되는 것을 의미한다. 이 여정의 첫 단계는 양쪽이 동의하는 목표를 설정하는 일이다. 공동 목표가 정해지면 적극적인 협력 작업이 시작된다. 목표가 숭고하고 장기적일수록 그 관계 역시 숭고하고 장기적이게 된다. 가장 숭고하고 장기적인 목표는 서로가 최고 상태의 자아를 실현할 수 있도록 돕는 것이다. 이것은 관계의 가장 궁극적인 목적이자 궁극적 목표다.

관계의 위대한 여정이란 '나와 너'로 시작해
'우리'로 나아가는 것이다.
이는 두 사람이 공동 목적을 위해
하나가 되는 것을 의미한다.

# 자아에 대한 배신은
# 심각한 문제다

관계에서 가장 큰 문제는 자아에 대한 배신이다. 많은 사람들은 상대의 본래 모습을 바꾸려고 한다. 개인적인 쾌락이나 이득 때문에 돈 등의 대가를 지불하고 상대의 본래 모습을 매수하려는 것이다. 그렇기 때문에 우리는 더욱더 진정한 자아를 철저히 지켜야 한다. 하지만 이것은 어디까지나 스스로 진정한 자아를 가장 소중하게 여길 때만 가능한 일이다.

- 쾌락보다 진정한 자아를 소중하게 여기는가?
- 돈이나 물건보다 진정한 자아를 소중하게 여기는가?
- 인기나 지위보다 진정한 자아를 소중하게 여기는가?

진정한 자아보다 더 소중한 것은 무엇인가? 그런 것은 없다. 진정한 자아는 명예와 고결성, 그리고 존엄성을 지켜준다. 이러한 가치가 없다면 우리는 다른 사람의 계획이나 장난에 놀아나는 꼭두각시에 불과하다. 자아가 없다면 아무것도 없는 것이나 마찬가지다. 우리가 자아를 배신하면서 과연 다른 사람이나 어떤 대상에게 진실할 수 있을까?

자신의 가치와 믿음, 원칙에 반하는 행동을 하면 내적 갈등과 수치심이 따라온다. 이때 내적 갈등을 해결하는 방법으로는 이제부터라도 가치와 믿음, 원칙에 근거한 삶을 사는 것과 수반되는 수치심으로부터 도망치는 것이 있다. 수치심으로부터의 도주는 우리 자신으로부터의 도주를 의미하기 때문에 사실상 불가능하다. 사람들의 인생 이야기는 자아에 대한 배신과 수치심으로부터의 도주라는 2가지 부분으로 정리되는 경우가 많다. 우리가 우리 자신을 배신할 경우, 용기를 내어 그 잘못을 겸허히 인정하지 않는다면 계속해서 수치심으로부터 달아나는 수밖에 없다.

우리가 옳고 진실하고 정당하다고 믿는 것에 반하는 행동을 할 때, 죄책감과 수치심은 우리에게 경고의 메시지를 보낸다. 윌리엄 셰익스피어William Shakespeare의 글에서 가장 진실에 가까운 것은 바로 이것이다. "자신에게 진실하라. 그러면 마치 밤이 낮을 따르듯 남에게도 거짓을 행하지 못하게 된다." 그러므로 관계 속에서 가장 중요한 일은 자신에게 진실해지는 것이다. 그다음으로 중요한 일은 사랑하는 상대가 스스로에게 진실할 수 있도록 돕는 것이다. 우리는 자신에게 진실해야만 사랑하는 상대에게도 진실할 수 있다.

문제는 상대방이 자아를 배신하도록 만드는 일이 매우 쉽다는 것이다. 이는 상대에게 거짓말을 하게 만드는 것처럼 간단한 일로 시작할 수도 있다. 그 거짓말은 아주 사소해 보이고 심지어 불가피한 일처럼 보일 수 있지만 그 작은 거짓말로부터 자아에 대한 배신이 시작되고 인격이 황폐화된다. 한번 거짓을 내뱉은 이상 우리는 그 거짓을 떠안고 살아야 한다. 우리가 자아를 배신하는 경우, 자신의 실수를 겸허히 받아들이지 않는 한 수치심으로부터 달아나는 수밖에 없다.

인간의 진정한 자아는 가치, 원칙, 도덕, 윤리 속에 존재한다. 이러한 가치와 인간을 분리해놓는다면 그는 본연의 모습을 유지할 수 없다. 당신이 이러한 가치로부터 누군가를 떨어뜨려놓는다면 얼마 지나지 않아 그는 진정한 자아를 찾아 당신을 떠나버릴 것이다.

그가 그의 가치, 원칙, 도덕, 윤리를 찾아 떠나는 이유는 이것들 없이는 살 수 없기 때문이다. 물론 숨은 쉴 수 있겠지만 절대 행복하지 않을 것이다. 이러한 가치와 분리되어 있으면 인간이라면 누구나 갈망하는 평화를 절대 얻을 수 없다. 우리의 삶은 그러한 평화를 찾아가는 지속적인 과정이다. 그것은 인간이 진정한 자아를 따를 때 얻게 되는 평화이며, 모든 사람이 원하지만 정작 얻는 사람은 거의 없는 평화다.

우리 모두는 이 세상의 쾌락을 경험하고자 하고 실제로 많은 쾌락을 경험한다. 하지만 쾌락 없이 살 수는 있어도 진정한 자아 없이는 살 수 없다. 그리고 진정한 자아는 삶의 가치, 원칙, 도덕, 윤리를 통해서만 찾을 수 있다.

그러므로 당신이 누군가를 이러한 가치로부터 떨어뜨려놓는다면 그는 곧 당신을 떠날 것이다. 물론 그의 가치와 원칙으로부터 그를 멀어지게 만든 장본인이 당신이 아닐 수도 있다. 그가 스스로 자신의 가치와 원칙에서 멀어졌을 수도 있고, 당신은 그저 그가 자아를 배신하는 현장을 목격한 사람에 불과할 수도 있다. 하지만 우리는 우리의 범죄 현장을 목격한 사람과 한방에 있는 것을 좋아하지 않는다. 목격자와 같이 있으면 마음이 심란하고 불편하며 자기를 기만할 수 없기 때문이다. 모든 인간은 자신의 부정을 목격한 사람에게서 벗어나려 한다.

설령 물리적으로 떠나지 않는다고 해도 그는 정신적으로 당신을 떠나려 할 것이다. 마치 자아 배신의 현장으로부터 도주하는 것처럼 당신에게서 멀어지고 거리를 두게 될 것이다. 그가 굳이 당신의 곁에 머문다 해도 당신은 차라리 그냥 떠났으면 하고 바랄지도 모른다. 떠나지 않는 것이 떠나는 것보다 끔찍한 경우도 있기 때문이다. 그는 진정한 자아를 찾기 위해 아주 다양한 방식을 이용해 수차례에 걸쳐 육체적 · 감정적 · 지적 · 영적으로 당신을 떠나려 할 것이다. 당신 없이 살 수 있지만 진정한 자아 없이는 살 수 없기 때문이다. 그는 곧 당신이 그와 그의 자아를 분리시켰으며 당신은 가치와 원칙에 반하는 삶의 상징이라고 경멸과 분노를 쏟아놓을 것이다. 가치와 원칙에 반하는 삶을 통해 일시적인 쾌락을 맛볼 수는 있겠지만 인간은 진정한 자아와 너무도 동떨어진 삶을 감당할 수 없다.

누군가의 분노를 사고 싶다면 그가 믿고 있는 신, 도덕, 윤리, 가치, 원칙으로부터 떨어뜨려놓으면 된다. 그렇게 하면 언젠가 그는 자신의 신과 진정한 자아에게로 돌아가기를 원하게 될 것이다. 누구든 쾌락과 소유욕, 인기 때문에 진정한 자아와 신을 잠시 저버릴 수는 있겠지만 시간이 지나면 원래 자리로 돌아가려 한다. 이것보다 자명한 사실은 없다. 물론 그 상황을 이해하는 데 10년의 세월이 걸릴 수도 있다. 하지만 당신은 언젠가 당신이 뿌린 씨앗을 그대로 거두어들이게 될 것이다.

타인에게 그의 원칙과 가치에 반하는 행동을 요구하기 전에 심각하게 고민해보기 바란다. 그 사람은 언제든 진정한 자아를 버릴 준비가 되어 있는 것처럼 보일 수도 있다. 아니, 기꺼이 자아를 버리겠다고 발 벗고 나설지도 모른다. 당신 역시 그가 원하는 일이라고 생각할지도 모른다. 자아에 대한 배반은 애초에 그의 생각이며 그의 계획이라고 생각할지도 모른다. 하지만 그런 경우에도 그는 당신에게 화를 낼 것이고, 심지어 당신을 비난하며 당신의 존재를 지우려 할 것이다. 당신은 이제 그에게 자신의 약점과 실패, 수치심을 상기시키는 존재이기 때문이다. 당신을 보면 얄팍한 현실 때문에 자아를 버렸던 수치스러운 순간이 떠오르기에 그는 당신에게서 멀어지려 할 것이다. 당신이 직접 잘못을 저지르지 않았더라도 당신을 볼 때면 그때의 잘못이 떠오르기 때문이다.

그렇기 때문에 인생에 대해 고민해본 사람, 자신의 존재와 욕구를 이해하는 사람, 자신의 가치와 원칙이 무엇인지 알고 현실적으로 그것을 실천할 줄 아는 사람을 곁에 두는 것이 중요하다.

지금 당신과 상대의 관계에서 한쪽 혹은 양쪽 모두가 진정한 자아를 배신하고 있을지도 모른다. 그녀가 당신을 떠나게 될까? 당신이 그를 떠나게 될까? 두말할 것도 없이 그럴 것이다. 두 사람이 힘을 합쳐 각자의 진정한 자아를 축복하고 자신을 배반하는 행위를 멈추지 않는다면 둘은 함께할 수 없을 것이다. 둘이 계속 함께하려면 무엇이 필요할까? 바로 겸허함이다. 모든 문제에 대한 해답의 중심에는 미덕이 존재한다. 이 경우에는 우리가 스스로의 가치와 원칙, 도덕, 그리고 어쩌면 우리가 사랑하는 사람의 가치와 원칙, 도덕을 저버렸을 수도 있음을 인정할 줄 아는 겸허함이 필요하다.

우리는 항상 주변 사람들이 자신의 진정한 자아를 축복할 수 있도록 도와야 한다. 사람을 처음 만나면 그의 가치와 원칙이 무엇인지 이해하고 자신의 진정한 자아를 지키는 동시에 상대방이 진정한 자아를 저버리지 않도록 돕는 것을 우선 과제로 삼아야 한다. 자아마저 배신하는 사람이 과연 다른 사람이나 대상에게 진실할 수 있을까?

•

## 인생과 관계를 제대로 이해하기

엇갈리는 정보가 마구 쏟아지는 세상에서 인생과 관계를 이해하는 것은 여간 힘든 일이 아니다. 그렇기 때문에 우리에게는 입력되는 자료의 타당성을 점검할 수 있는 마음속의 나침반이 필요하다. 자료의 타당성이란 무엇을 뜻할까? 최고 상태의 자아실현을 도와준다면 그것이 바로 타당성을 지닌 자료다.

이제부터 일정을 짜기 전에 자문해보기 바란다. "이 일정은 내가 최고 상태의 자아를 실현할 수 있도록 도울 것인가?" 이 한 가지 질문을 통해 모든 것이 명확해진다는 사실은 정말 놀랍다.

본질적 목적을 인생의 중심축으로 삼으면 어느새 당신의 인간관계는 더욱 명확해지고 방향성도 얻게 될 것이다. 매일 아침 이런 질문을 던져보자. "배우자가 최고 수준의 자아를 실현할 수 있도록 오늘 나는 어떤 도움을 줄 수 있을까?" 슈퍼마켓 점원, 자녀, 직장 동료, 친구 등 다른 사람을 만날 때마다 이런 질문을 던져보자. "이 사람이 최고 수준의 자아를 실현하는 데 내가 어떤 도움을 줄 수 있을까?"

당신의 본질적 목적은 최고 수준의 자아실현이다. 그것을 인생의 중심축으로 삼도록 하라. 관계의 의미와 목적은 다른 사람이 최고 수준의 자아를 실현할 수 있도록 돕고 자극하고 격려하고 영감을 주는 것이다. 이것은 인간관계의 중심축으로 삼도록 하라. 이것만 잘 지킨다면 다른 일은 모두 덩달아 잘 풀리게 된다.

- 아주 특별한 관계를 만들려면 공동의 목적을 잘 이해해야 한다. 하지만 관계의 목적을 이해하기 전에 먼저 개인이 가지고 있는 삶의 목적을 이해해야만 한다.

- 인생은 선택이다. 모든 순간에 우리가 던져야 할 질문은 한 가지다. "어떤 선택을 해야 최고 수준의 자아실현을 도울 수 있을까?"

- 좋은 관계는 우리 스스로 최고 수준의 자아를 실현할 수 있도록 격려와 자극을 받는 동시에 상대방이 최고 수준의 자아를 실현할 수 있도록 우리가 도울 수 있는 관계다.

- 사람을 처음 만나면 그의 가치와 원칙이 무엇인지 이해하고 자신의 진정한 자아를 지키는 동시에 상대방이 진정한 자아를 저버리지 않도록 돕는 것을 우선 과제로 삼아야 한다.

- 당신의 본질적 목적은 최고 수준의 자아실현이다. 그것을 인생의 중심축으로 삼도록 하라. 관계의 의미와 목적은 다른 사람이 최고 수준의 자아를 실현할 수 있도록 돕고 자극하고 격려하고 영감을 주는 것이다. 이것을 인간 관계의 중심축으로 삼도록 하라.

# 03 | 관계를 강하게
## 만드는 것들은 무엇인가?

뿌리 깊은 나무는 거센 폭풍을 견딜 수 있다. 우리의 관계에서 진짜 중요한 질문은 "폭풍이 몰려올 것인가?"가 아니라 "다음 폭풍은 언제 올 것인가?"다. 다음 폭풍이 도착한 뒤에 뿌리를 깊이 내리려고 하면 이미 늦는다. 폭풍이 왔을 때는 당장 깊은 뿌리가 있는지 없는지에 따라 모든 것이 판가름 난다.

관계도 마찬가지다. 관계라는 나무에 폭풍이 몰아칠 때 뿌리가 있으면 견딜 수 있고 뿌리가 없으면 나무가 뽑힌다. 이러한 폭풍에 대응하는 방식은 사람마다 천차만별이다. 어떤 사람들은 도망을 친다. 누구에게나 이처럼 비겁한 면이 있는데, 달아나는 겁쟁이의 마음을 돌리는 것은 사실상 불가능하다. 어떤 사람들은 급히 뿌리를 내리려고 애를 쓰는데, 이는 자연스럽고도 고귀한 반응이다. 반면에 어떤 사람들은 수년 동안 관계를 맺으며 깊이 박아놓았던 뿌리를 통째로 뽑아버리기도 한다. 이는 미친 짓이지만 위기 상황에서는 미치광이로 변하는 사람이 적지 않다.

우리의 관계가 피할 수 없는 폭풍 속에서 통째로 뽑히지 않도록 도와주는 뿌리는 무엇인가? 대화, 감사, 존경, 서로를 도우려는 마음, 매년 떠나는 휴가 등을 예로 들 수 있으며 이러한 예가 수없이 많다. 관계를 강하게 만드는 뿌리의 종류는 식단과 마찬가지로 수백 가지, 수천 가지에 달한다. 어떤 종류가 가장 효과적일까? 대부분이 효능을 가지고 있다. 식단은 사람을 배신하지 않고 사람이 식단을 배신할 뿐이다. 다시 말하자면 게으름을 피우고 규칙을 지키지 않는 것은 항상 인간이다.

## 둘만의 시간을 보내려는 마음이 중요하다

우리의 관계가 피할 수 없는 폭풍을 견딜 수 있도록 도와주는 뿌리로는 산책, 데이트하기, 휴가, 함께 기도하기, 감사, 존경, 건전한 대립, 규율 등이 있다. 사랑하는 사람과 함께 운동을 하는 것도 큰 도움이 된다. 매일은 힘들겠지만 일주일에 한 번 정도는 함께 운동을 하는 것이 좋다. 간단한 활동을 통해 두 사람은 함께 변화하고 성장하는 것은 물론 숨겨진 잠재력을 확인할 수 있다. 둘이 함께 본질적 목표 달성을 돕는 활동을 많이 할수록 각 개인은 최고 상태의 자아에 한층 가까워질 것이고, 서로를 더욱 잘 이해하게 될 것이다.

우리는 일상적인 걱정에 파묻혀 서로의 존재를 무시하기 쉽다. 이럴 때 정기적으로 데이트를 하면 어떨까? 우리의 삶은 제멋대로 계속 굴러가는 경향이 있다. 그러니 가끔 잠시 숨을 돌리며 혹시 우리가 석양을 보겠다고 하면서 서쪽이 아닌 동쪽으로 달려가고 있지는 않은지 점검할 필요가 있다. 충동적인 성향이 강한 사람들에게는 정기적인 데이트가 조금 갑갑해 보일 수도 있다. 하지만 그것은 세상에서 가장 소중한 사람과 정기적으로 저녁을 먹고 영화 보는 간단한 일조차도 귀찮아하는 게으름뱅이의 변명에 불과하다. 대부분의 관계에서는 일대일로 보내는 시간이 더 많이 필요한데, 둘만의 시간을 보내려는 마음이 무엇보다 중요하다. 우리는 그 무엇보다도 우리의 반려자와 함께하는 시간을 귀하게 여겨야 한다. 둘만의 시간을 보내기 위해 다른 부분은 기꺼이 희생하려는 의지가 필요하다. 인생은 결국 선택인데, 그렇다면 우리는 둘만의 시간을 선택해야 한다.

너무 진부하게 들릴 수도 있겠지만 진정한 친밀감을 경험하려면 영적인 경험을 공유해야 한다. 즉 함께 기도해야 한다. 함께 기도하는 커플은 거의 없다는 사실을 알고 있는가? 당신의 관계를 완전히 새로운 단계로 끌어올리고자 한다면 함께 기도를 하라. 일요일에 같이 교회에 가라는 뜻이 아니다. 교회에서는 각자의 자리에 앉아 각자 설교를 듣고 각자 기도를 한다. 함께하는 것처럼 보이지만 실은 아닌 경우가 많다. 당신은 당신의 배우자에게 신이 어떠한 자극을 주는지 알지 못하고 당신의 배우자도 당신이 무슨 생각을 하는지 전혀 알지 못한다. 하지만 내심 교회에 함께 가는 방법을 선호할 수도 있다. 서로가 서로에 대해서 그 어떤 책임을 질 필요도 없기 때문이다. 물론 당신에게는 신에 대한 책임이 있지만 그것은 당신 옆에서 숨 쉬고 있는 누군가가 당신의 성장을 돕는 것과는 다르다.

그런 의미에서 함께 기도하라는 말은 상대와 영성을 기꺼이 공유하라는 뜻이다. 물론 영적인 부분에 접근하는 방식은 사람마다 크게 차이가 난다. 하지만 친밀감을 얻기 위한 위대한 여정에는 서로가 신이나 영적인 대상에게 접근하는 방식을 알아가는 것도 포함해야 한다.

## 사랑하는 사람에게 감사해하고 칭찬하자

우리는 매일 감사를 통해 정서적·심리적 영양분을 얻지 못한다면 절대 행복할 수 없다. 상대방의 장점을 제대로 이해하고 고마워하지 않는다면 결코 훌륭한 관계를 맺을 수 없다. 또한 인생의 여정을 다른 사람과 함께하는 것에 대해 고마워할 줄 모르면 깊이 있는 친밀감을 절대 경험할 수 없다.

내 친구 할 어반Hal Urban은 캘리포니아 북부 고등학교와 샌프란시스코 대학교에서 35년 이상 학생들을 가르쳤다. 그는 나에게 감사를 습관으로 만드는 이야기를 들려주었다.

"여러분은 하루에 몇 번이나 불평을 합니까?" 그는 이런 질문으로 수업을 시작한다. 그러고는 웅성웅성하며 투덜거리는 학생들에게 앞으로 24시간 동안 절대 불평하지 말고 지내보라고 말한다. 이유야

어찌되었든 아예 불평을 하지 말라는 것이다. 물론 이 과제에 대한 학생들의 첫 번째 반응은 불평이다. 이때 학생들은 24시간 동안 종이와 펜을 들고 다니며 불평이 나올 때마다 그 내용을 적어야 한다.

다음 날 할은 학생들에게 몇 명이나 종일 불평 없이 지냈을 것 같은지 묻는다. 학생들과 할은 빈 종이에 숫자를 적는다. 30명의 학생들은 대부분 6에서 12 사이의 숫자를 적고 할은 항상 0을 적는다. 그가 이 과제를 실시한 23년 동안 그의 예측은 빗나간 적이 거의 없었다. 할은 세미나와 프레젠테이션을 통해 다양한 연령대의 사람들 7만여 명에게 이와 같은 과제를 냈는데, 24시간 동안 불평 없이 지낸 사람은 그동안 단 4명에 불과했다.

하지만 이 실험은 이것으로 끝이 아니다. 할은 간단한 질문을 2개 더 던진다. "이 과제의 목적은 무엇이었을까?" "이 과제를 통해 무엇을 배웠나?" 참여하는 사람은 달라도 매번 나오는 답은 똑같다. 첫 번째 질문에 대한 답은 "우리가 얼마나 불평을 많이 하는지 알려주기 위해서."다. 두 번째 질문에 대한 답은 대부분 "불평할 일이 많이 없다는 걸 배웠다. 나의 불평은 바보 같다." 정도다.

우리에게는 불평이 너무 많은데, 그것은 대부분 지극히 사소하며 우리가 우리에게 주어진 기회와 삶의 기적에 대해 얼마나 무지한지를 보여준다. 우리는 누구에게 가장 많이 불평할까? 바로 가장 많이 사랑해야 하는 사람들이다. 우리는 누구에 대해 가장 많이 불평할까? 바로 우리가 가장 많이 사랑해야 하는 사람들이다. 불평은 우리 관계에 독이 된다. 24시간 동안 불평 없이 살려고 노력해보라.

할의 감사 과제의 두 번째 부분에 대해서도 이야기해보자. 토론을 마친 뒤 할은 '내가 감사하게 느끼는 대상'이라고 적힌 종이를 나눠 준다. 아래에는 칸이 3개 있다. '사물'이라고 적힌 첫 번째 칸에는 학생들이 감사하게 느끼는 물건의 목록을 적어야 한다. '사람'이라 적힌 두 번째 칸에는 과거와 현재를 통틀어 감사하게 느끼는 사람의 이름을 적어야 한다. 세 번째 칸에는 '기타'라고 적혀 있는데, 첫 번째나 두 번째 항목에 포함되지 않는 것을 적어야 한다.

학생들은 처음에는 세 번째 항목을 이해하지 못한다. 학생들이 할에게 질문하면 할 역시 학생들에게 이런저런 질문을 던진다. 그리고 얼마 지나지 않아 '기타'라고 적힌 칸은 자유, 기회, 우정, 지성, 사랑, 평화, 건강, 가족, 재능과 능력, 믿음, 신, 아름다움, 친절함 등의 말로 채워진다.

감사 과제의 세 번째 부분은 앞으로 24시간 동안 점심 식사 후, 저녁 식사 전, 취침 전, 다음 날 아침 등교 전에 감사하게 느끼는 대상 목록을 읽어보는 것이다. 다음 날 교실에서 만난 학생들은 평소와 조금 달라 보인다. 평소보다 더 환한 미소를 짓고 있고, 눈이 더 초롱초롱하며, 몸짓이 더욱 활기가 넘친다. 할은 이렇게 말한다. "잘못된 것보다 잘된 것에 초점을 맞추기 시작하면 인생은 놀랍도록 멋지게 바뀐다."

앞으로 3일 동안 이 과제를 수행해보기 바란다. 24시간 동안 불평하지 않는 삶을 살려고 노력해보자. 종이에 '내가 감사하게 느끼는 대상' 목록을 만들되 뒷면에 당신의 반려자에 대해 감사하게 느끼는 목록을 만들기 바란다. 다음 주에 그 목록을 복사해서 반려자에게 우편으로 보내자. 같은 집에서 같은 침대를 쓰는 사람이라도 반드시 우편으로 보내야 한다.

감사는 우리의 인생을 바꾼다. 감사는 우리 자신과 인생, 그리고 타인에 대한 우리의 감정을 바꾸어놓는다. 우리가 용기를 내서 다른 사람에게 감사의 말을 전한다면 그 사람은 최고 상태의 자아를 실현하는 데 필요한 힘을 얻게 될 것이다. 어른이든 아이든 뭔가 잘한 일을 칭찬해주면 얼굴에서 빛이 난다. 60억 명 지구 인구 중에서 아마 59억 명 정도는 매일 밤 감사의 말 한마디에 굶주린 채 잠자리에 들 것이다.

사랑하는 사람에게 감사하고 그들을 칭찬하는 법을 배우자. 우리 모두에게는 격려가 필요하다. 최고 상태의 자아실현은 아주 힘든 과제다. 적어도 일주일에 한 번은 당신의 반려자에게 감사의 말을 전하도록 하자. 감사라는 튼튼한 뿌리를 통해 관계가 더욱 단단해질 수 있도록 하라.

나는 호주에서 자랐고 22살이 되어서야 처음으로 뉴저지 주 메드퍼드 레이크스에서 대가족과 미국식 추수감사절을 보냈다. 식탁에 둘러앉은 가족들이 한 명씩 감사의 말을 했는데, 그때 내 눈에는 눈물이 맺혔다. 이제 막 말을 배우기 시작한 아이부터 매일 삶의 무게와 씨름해야 하는 어른까지 모두에게서 감사의 말을 듣는 것은 참으로 놀라운 경험이었다.

감사의 말은 우리의 영혼을 따뜻하게 덥혀주고 인생은 놀라움으

사랑하는 사람에게 감사하고
그들을 칭찬하는 법을 배우자.
우리 모두에게는
격려가 필요하다.

로 가득하다는 사실을 상기시킨다. 기쁨은 소유 자체가 아니라 소유에 대한 감사에서 비롯된다. 세상의 모든 보물, 쾌락, 축복을 소유하더라도 그것에 대해 감사할 줄 모르면 절대 진정한 만족을 느낄 수 없다. 기쁨은 감사의 열매다.

## 신뢰의 기반이 되는 존경심을 키우자

"루트비히 베토벤Ludwig Beethoven." 이 이름을 들었을 때 무엇이 떠오르는가? 어떤 느낌과 생각, 감정이 떠오르는가? 베토벤의 존재와 그의 업적을 떠올릴 때 경외심을 느끼는가? 내 경우에는 일단 베토벤의 음악이 떠오르고, 그 음악이 얼마나 새롭고 흥미로운 방식으로 사람들에게 감동을 주었는지가 떠오르고, 수백 년이 지나도 변하지 않고 사람들에게 감동과 영감을 주는 그 음악의 힘이 떠오른다. 베토벤이라는 이름은 이제 '천재' '탁월함' '찬란함' '아름다운 음악'의 대명사가 되어버렸다.

베토벤의 고향인 독일 본에는 개장한 지 100년이 넘은 기념박물관이 있다. 그 박물관의 한 전시실에는 베토벤이 명곡을 작곡하는 데 이용했던 피아노가 전시되어 있다. 줄로 막아두었기 때문에 박물관을 찾는 수천 명의 관람객들은 그 피아노를 만질 수 없다. 그 피아노 한 대의 금전적 가치는 5천만 달러 이상이라고 한다.

몇 년 전 바사 대학교 학생들을 이 박물관에 찾아왔다. 한 학생이 피아노가 있는 방에서 애틋한 눈빛으로 피아노를 바라보다가 경비원에게 잠간만 칠 수 있게 해달라고 부탁했다. 그 학생에게 팁을 넉넉하게 받은 경비원은 학생이 줄 안으로 들어가는 것을 허락했다.

피아노에 앞에 앉은 학생은 피아노 소나타 〈월광〉 몇 마디를 연주했다. 연주를 마치자 주변에 있던 친구들이 박수를 보냈다. 진심으로 감동받아 손뼉을 치는 사람도 있었고, 조롱하는 의미로 손뼉을 치는 사람도 있었다. 줄 바깥으로 나오며 그 여학생은 경비원에게 물었다. "지금까지 훌륭한 피아니스트들이 이 피아노를 많이 쳤죠?"

"아니요." 경비원은 답했다. "2년 전 이그나치 파데레프스키Ignacy Paderewski가 왔을 때 저는 이 자리에 있었어요. 박물관 관장님과 국제 기자단을 대동하고 왔는데 다들 그가 이 피아노가 치기를 바랐죠. 파데레프스키는 방에 들어온 뒤 지금 학생 친구들이 서 있는 저곳에서 거의 15분 동안 조용히 명상에 빠진 채 피아노를 바라봤어요. 박물관 관장님이 피아노를 한번 쳐달라고 했지만 파데레프스키는 눈물을 머금은 채 거절했어요. 자신은 이 피아노를 만질 만한 가치가 없다고 하면서요."

우리로 하여금 잠시 숨을 죽이고 겉모습 이면에 숨겨진 가치를 발견하게 만드는 깊은 존경심, 이것이 바로 경외심이다. 경외심 가득한 눈으로 사랑하는 사람을 마지막으로 쳐다본 것이 언제인가? 그 사람이 없는 당신의 인생이 어떠했을지 잠시라도 생각해본 적이 있는가? 우리는 매일 거리에서 수십 명과 스쳐 지나가고 운동경기를 관람할 때는 수만 명의 사람 속에 파묻히기도 한다. 어쩌면 그래서 인간의 절대적인 경이로움에 대해 둔감해진 것은 아닐까?

사색하는 사람은 인간에 대해 경외감을 느낀다. 하지만 우리는 바쁜 일상에 사로잡혀 사는 동안 자기중심적으로 바뀌고 당장 급한 일에 집착한다. 그리고 놀라움과 경이로움, 경외심을 잘 느끼는 아이 같은 마음을 잃어버린다. 놀라움과 경이로움을 잘 느끼지 못할 때 우리는 무언가를 잃게 된다.

자연의 아름다움, 인간의 놀라움, 우리가 가진 사랑하고 사랑받을 줄 아는 특별한 능력에 대해 사색할 때 자연스럽게 경외심이 생긴다. 이러한 경외심을 통해 모든 성공적인 관계에서 반드시 필요한 요소인 존경심이 탄생한다.

존경한다는 것은 그 사람과 사물에 합당한 수준의 가치를 부여하는 것이다. 존경은 관계에서 주춧돌과 같은 역할을 한다. 존경은 신뢰의 기초가 되고 사람들에게 열린 마음과 정직함을 가져다준다. 우리는 누군가가 딱히 존경받을 만한 일을 하지 않아도 단순히 그가 인간이라는 이유만으로 그를 존경해야 한다. 존경은 잊고 지냈던 사람들의 내재적이고 특별한 가치를 일깨워준다. 동시에 우리는 항상 다른 사람에게 존경받기 위해 노력해야 한다.

나는 사람들에게서 테레사 수녀Mother Theresa of Calcutta나 마하트마 간디Mahatma Gandhi처럼 위대한 지도자를 만났던 경험담을 종종 듣는데, 그들은 항상 똑같은 말을 한다. "그 순간 이 세상에는 우리 두 사람과 우리의 대화만 남아 있고 나머지는 전부 사라진 듯했어요. 그분에게는 다른 일정이 많았고 사람들이 우리를 마구 잡아당겼지만 그분은 다른 것은 전혀 중요하지 않다는 듯, 마치 이 세상에 저 하나만 존재하는 것처럼 제 눈을 그윽하게 바라보셨어요."

이런 대접을 받고 싶지 않은 사람이 어디 있을까? 어떻게 그들은 이럴 수 있는 것일까? 존경이라는 외적인 행동은 경외라는 내적인 자질에서 비롯되며, 이러한 경외심은 사람과 사물의 진가를 알아보도록 돕는 사색을 통해 얻어질 수 있다. 내심 누군가를 무가치하게 여긴다면 당신은 그 사람에게 대접받는 기분을 느끼게 해줄 수 없다. 오만하고 자기 잇속만 챙기는 정치인을 보면 그 점을 분명히 확인할 수 있다. 우리는 멀리서도 그런 사람들을 한눈에 알아보며 본능적으로 그들을 신뢰하지 않는다.

존경은 신뢰의 기반이 된다. 이러한 존경심을 키우는 방법은 2가지다. 첫 번째 방법은 단순히 사람 자체를 즐기는 것이다. 천천히 상대에 대해 알아가고, 내 말은 적게 하면서 상대의 말을 많이 듣고, 이해받기보다는 이해하려고 노력해야 한다. 상대의 기벽까지도 있는 그대로 받아들이고, 그가 나와 다른 인생을 경험했으며 그 경험으로 인해 오늘날의 모습으로 완성되었다는 사실을 인정해야 한다. 누군가를 만날 때마다 누구인지, 어디서 왔는지, 어떤 사연을 가지고 있는지, 무엇을 열망하는지, 희망과 꿈은 무엇인지 등 그에 대해 알아가려고 노력해야 한다.

존경심을 키우는 두 번째 방법은 매일 침묵의 교실에서 인간과 사물의 진가에 대해 곰곰이 생각해보는 것이다. 한적한 산책로를 침묵의 교실로 삼는 사람도 있고, 조용한 교회를 침묵의 교실로 삼는 사람도 있고, 방 한구석에 위치한 편안한 의자를 침묵의 교실로 삼는 사람도 있다. 하지만 우리 모두에게 공통으로 적용되는 사실 한 가지가 있다. 우리는 침묵 속에서 우리의 정체성과 고향, 관계와 사물의 가치에 대해 고찰하게 된다는 점이다.

어린아이는 물건의 가치와 그 물건을 얻기 위한 고된 노동의 시간을 모르기 때문에 자기 물건을 함부로 다루는 경우가 많다. 그런 면에서 우리는 아직 어린아이다. 우리는 우리 인생의 어떤 관계나 사물의 진정한 가치에 대해 무지하다. 그 진가를 아예 인식하지 못하는 경우도 있으며, 또한 자기중심적인 성향 때문에 사물과 인간, 기회의 가치를 망각하거나 등한시하는 경우도 있다. 이러한 진가를 망각할 경우 우리 자신, 다른 사람, 우리가 가진 재능, 소유물, 기회, 그리고 삶 그 자체에 대한 존경심을 잃게 된다.


## 규율이라는 기반이 없다면 사랑도 없다

'규율'이라는 단어를 생각하면 무엇이 떠오르는가? 엄한 선생님이나 부모님을 떠올리는 사람이 많을 것이다. 그런 종류의 규율은 잠시 잊고 운동선수가 최고의 성적을 내기 위해 자발적으로 선택하는 규율을 생각해보자. 자발적 규율은 누구도 강요할 수 없고, 그 규율을 따르게 만들 수 없다. 자발적 규율은 우리 자신에게 줄 수 있는 선물이다.

인간은 규율이라는 기반 위에서 번영할 수 있는데, 관계 역시 마찬가지다. 규율은 행복을 위해 반드시 지불해야 하는 대가다. 여기에서 말하고자 하는 행복은 쾌락이 아니라 변화하는 세상에서의 지속적인 행복이다. 규율 없이는 행복이 오랜 시간 유지될 수 없다. 규율은 충만한 삶으로 통하는 길이다.

앞서 소개한 인간의 육체적·정서적·지적·영적 측면을 생각해보자. 우리는 잘 먹고 자주 운동을 하고 규칙적으로 잘 때 육체적으로 가장 충만한 기분을 느낀다. 우리는 사랑할 때, 인생의 중요한 인간관계를 우선 과제로 삼을 때, 최선을 다해 다른 사람을 도울 때 정서적으로 가장 충만한 기분을 느낀다. 우리 자신과 이 세상에 대한 비전을 확장시켜주는 좋은 책을 읽을 때 지적으로 충만한 기분을 느낀다. 침묵의 방에 들어가서 모든 것을 터놓고 정직하게 신 앞에서 기도할 때 우리는 영적으로 충만한 기분을 느낀다.

이처럼 우리에게 활력을 주는 각각의 노력에는 규율이 필요하다. 훌륭한 식단에도 규율이 필요하고, 규칙적인 운동에도 규율이 필요하며, 자신보다 남의 욕구를 먼저 고려하는 태도에도 규율이 필요하다. 최고 상태의 자아실현에 도움이 되는 활동들은 절대 우연히 이루어지지 않는다. 우리가 적극적으로 그런 활동을 선택해야만 하는데, 그 선택에도 규율이 필요하다.

당신은 발전하고 있는가? 아니면 그저 생존하기에 급급한가? 우리는 언제 가장 충만한 기분을 느낄까? 바로 규율이 존재하는 삶을 받아들일 때다. 인간은 규율이 있을 때 비로소 발전할 수 있다.

규율은 현대 대중문화라는 쾌락으로부터 우리를 일깨우고, 인간의 모든 측면을 정교하게 다듬어준다. 규율은 우리를 노예로 만들지 않고 우리의 목을 조르지 않는다. 오히려 우리를 자유롭게 만들어 이전까지 상상할 수 없었던 곳까지 높이 날아오르도록 한다. 규율을 통해 인간의 감각은 예민해지며 삶의 경험으로부터 아주 미묘한 맛까지 구분할 수 있게 된다. 그 경험이 육체적이든 정서적이든 지적이든 영적이든 규율은 그것을 가장 극적인 수준까지 끌어올린다. 인간의 모든 경험과 모든 능력을 향상시키는 것이다. 우리의 최고 상태의 자아실현이라는 본질적인 목적을 달성하려면 활력을 주는 규율을 받아들여야 한다.

그렇다면 규율을 인간 경험의 본질로 간주해도 무방할까? 그렇지 않다. 규율이 존재하는 삶은 그 자체로 중요한 것이 아니라 우리를 해방하는 열쇠 역할을 수행하기 때문에 중요한 것이다. 규율은 자유로 통하는 열쇠다. 세상에는 쉽게 얻을 수 있는 순간의 쾌락이 너무 많지만 모든 위대한 인물들은 지연된 만족의 가치를 잘 알고 있었다. 역사책에 나오는 영웅, 지도자, 전설적 인물, 챔피언, 성현들은 규율을 받아들이는 방법을 잘 알고 있었다.

우리에게 규율을 적용하는 방법을 배우는 것은 삶의 기술에서 가장 어려운 부분이다. 게다가 오늘날에는 즉각적인 만족감이 사람들 대부분의 마음·정신·육체·영혼을 지배하는 것처럼 보인다. 우리는 수없이 다양한 종류의 변덕·욕구·중독·애착의 노예로 전락했다. 또한 언제 어디서든 아무런 방해도 받지 않고 하고 싶은 일을 하는 것이 자유라는 유치한 생각에 사로잡혀 살고 있다. 현대 철학의 무모함이 이보다 잘 드러나는 부분이 또 어디 있을까?

자유는 원하는 것을 모두 할 수 있는 능력이 아니다. 자유는 선하고 참되고 고귀하고 옳은 일을 행하는 인격의 힘을 의미한다. 자유는 모든 순간에 기꺼이 최고 수준의 자아를 선택하고 축복할 수 있는 능력을 뜻한다. 그렇기 때문에 규율이 없는 자유는 불가능하다.

그렇다면 우리가 삶이라 부르는 인간 경험의 중심에는 자유가 존재하는 것일까? 그렇지 않다. 삶의 핵심은 사랑이다. 사랑은 삶의 큰 기쁨이며 가장 큰 교훈이다. 사랑은 삶을 다 바쳐도 아깝지 않은 유일한 과제다. 우리는 너무 많은 일을 하느라 바빠서 가장 중요한 과제를 제쳐두고 방관하고 무시한다. 사랑은 우리의 과제다. 자신을 사랑하려면 자신이 최고 수준의 자아를 실현할 수 있도록 노력해야 하고, 다른 사람을 사랑하려면 상대가 최고 수준의 자아를 실현할 수 있도록 도와야 하고, 신을 사랑하려면 창조주의 뜻에 따라 당신의 모든 가능성을 펼쳐 보여야 한다.

사랑을 하려면 우선 자유로워야 한다. 사랑한다는 것은 당신 자신을 누군가에게 혹은 무엇에게 기꺼이 완전히 무조건적으로 아무런 망설임 없이 내주는 것을 의미하기 때문이다. 이것은 마치 당신의 정수를 두 손에 담아 다른 사람에게 건네는 것과 비슷하다. 다른 사람이나 어떠한 목적, 혹은 신을 위해 자신을 내던지려면 먼저 자신을 소유해야 한다. 이와 같은 자기 자신에 대한 소유가 바로 자유다. 그것은 사랑의 전제 조건이며 오직 규율을 통해서만 얻을 수 있다.

이런 이유에서 오늘날에 올바르게 발전하는 인간관계가 극소수에 불과하다. 사랑은 근본적으로 자기 소유를 요구한다. 자기 장악, 자기 통제, 자기 지배가 없다면 우리는 사랑을 할 수 없다. 아무리 사랑하기를 원해도 자기를 소유하지 않으면 불가능하다. 자유롭지 않기 때문이다. 스스로 자신을 소유하고 있지 않다면 자기 자신을 남에게 줄 수 없다. 그 결과 우리는 관계의 겉모습에만 집착하게 되고 그 겉모습을 사랑이라 부르게 된다.

문제는 우리가 규율을 싫어한다는 점이다. 규율 없이도 행복할 수 있다고 누군가가 말해주기만을 바라지만 그것은 불가능하다. 삶에서 행복의 정도를 측정하고 싶다면 삶 속에 존재하는 규율의 정도를 측정하면 된다. 둘은 직접적으로 연결되어 있기 때문이다.

생각해보라. 미국인들은 2006년 기준 다이어트 제품 구입에 300억 달러를 지출했다. 다이어트에 가장 필요한 것은 약간의 규율뿐이지만 우리는 규율을 원하지 않는다. 대신 누군가가 텔레비전에 나와 규율 없이도 행복하고 건강하게 살 수 있다고 말해주기를 바라며, 행복과 건강을 얻기 위해 돈을 얼마든지 지불하려고 한다. 텔레비전에서 누군가가 알약을 하루 2번만 복용하면 원하는 음식을 양껏 먹으면서도 슈퍼모델 같은 몸매가 될 수 있다고 말해주기 바라는 것이다. 규율 없이도 행복할 수 있다는 생각은 현대 대중문화가 만들어낸 거대한 미신에 불과하다. 그것은 거짓이자 미신이자 환상이며 우리도 속으로는 이미 그 사실을 알고 있다.

최고 상태의 자아실현을 위한 모든 단계에는 규율이 필요하다. 우리에게는 몸에 충분히 영양을 제공하고 신체 기능을 극대화할 수 있는 몸을 위한 균형 잡힌 식단이 필요하다. 또한 정신과 마음을 위한 식단, 그리고 영혼을 위한 식단이 필요하다. 그것이 갖추어져 있어야 진지한 관계를 시작할 수 있다. 자기 자신을 통제할 수 있을 때 사랑이라는 미스터리 속에서 다른 사람에게 자신을 자유롭고 온전하게 나누어줄 수 있다.

관계가 잘 유지되고 있는지 살펴보려면 그 관계 안에 존재하는 규율의 정도를 살펴보면 된다. 변덕과 갈망이나 욕망과 쾌락만을 추구하는 관계에는 사랑이 없다. 이러한 것들은 우리가 최고 수준의 자아를 실현하는 것을 방해한다. 다른 사람을 진심으로 사랑한다면 그 사람의 최고 상태의 자아실현을 막는 일은 절대 하지도 않고 권하지도 않을 것이다.

사랑하기 위해서는 자유로워야만 하는데도 우리는 노예처럼 행동하는 경우가 많다. 사랑은 약속이다. 하지만 노예는 그 누구에게 그 무엇도 약속하지 못하는 사람이다. 규율이 없는 사람이 하는 약속은 절대 믿을 수 없다. 그들은 이미 자신과의 약속을 많이 어겼고 분명히 당신과의 약속도 어길 것이다.

규율은 자유의 증거이고, 자유는 사랑의 전제 조건이다. 관계의 모든 면에 규율이 자연스럽게 스며들 수 있도록 해야 한다. 두 사람이 음식을 먹고 운동을 하고 여가를 즐기고 잠을 자고 돈을 관리하고 자녀를 양육하고 영성을 탐험하고 그것을 공유하는 방식에 있어서 늘 규율을 기준으로 삼아야 한다.

성공한 사람들의 인생을 보면 규율이 절대 빠질 수 없다. 관계라고 해서 다를 이유가 있을까? 당신의 일차적인 관계는 발전하고 있는가? 아니면 그저 생존하고 있는가? 당신의 관계에는 얼마나 많은 규율이 존재하는가? 성공적인 관계를 원하는가? 성공적인 관계에는 무엇이 필요한가?

성공적인 관계는 두 사람이 최고 수준의 자아를 실현하고자 노력하고, 상대가 최고 수준의 자아에 도달할 수 있도록 자극하며 격려하고, 서로의 인생과 사랑을 본보기 삼아 상대가 근본적인 목적을 추구할 수 있도록 도울 때 시작된다.

어느 날 자고 일어났더니 성공적인 관계가 눈앞에 펼쳐지는 경우는 없다. 우선 그러한 관계를 원해야 하는데, 그것도 아주 간절하게 원해야 한다. 게다가 당신의 반려자도 이 세상의 다른 무엇보다 그러한 관계를 간절히 원해야 한다. 우선 계획을 세워야 하고, 매일 강력한 규율에 따라 그 계획을 실천해야만 한다.

## 상대방에게 주기만 해서는 안 된다

몇 년 전 멋진 여자와 사귄 적이 있는데, 그녀는 대학 졸업식 때 내게 셸 실버스타인Shel Silverstein의 책 『아낌없이 주는 나무』를 선물로 주었다. 그녀는 그런 여자였다. 모두 그녀에게 선물을 주는 날에도 그녀는 다른 사람에게 선물을 주었다. 『아낌없이 주는 나무』는 어린 시절 부모님과 선생님이 수십 번씩 읽어준 책이었지만 또 한 번 큰 감동을 받았다.

어떨 때는 내가 자기 파괴적인 방식으로 지나치게 많이 나누어주는 나무처럼 느껴진다. 또 어떨 때는 그 순간에 취해 사람, 장소, 사물을 있는 그대로 즐기는 소년처럼 느껴진다. 그리고 또 어떨 때는 내가 다른 사람은 고려하지 않고 모든 것을 빼앗아가는 이제는 어른이 된 소년 같다.

이 이야기는 관계에 있어서 늘 존재하는 강력한 질문을 제기한다. "대체 얼마나 주어야 하는 것일까?"

이 문제가 늘 마음속에 존재하지만 관계에 별 문제가 없을 때는 별로 중요하지도 않고 걱정할 필요도 없어 보인다. 상대방이 기껍고 관대하게 베풀 때 우리 역시 아무런 제한 없이 모든 것을 주려고 한다. 하지만 상대방이 본인에게만 집중하는 이기적인 모습을 보일 때 우리는 이것이 일시적인 현상인지 앞으로 지속될 것인지 확신할 수 없게 된다. 우리의 머릿속에서는 "얼마나 주어야 하나?"라는 질문이 점점 더 커진다. 자기 자신에게만 집중하게 되면 그 관계는 재빨리 거래처럼 변하며, 우리는 상대방에게 이용당하거나 착취당하고 있다고 느끼게 된다.

최고의 관계 속에서는 이처럼 자기 자신에게 집중하는 일과 그것이 관계에 미치는 악영향에 대해 진지하게 논의할 수 있다. 하지만 우리는 이러한 대화가 불가능한 관계와 대화를 요구해도 상대가 듣지 않는 관계를 이제껏 숱하게 경험했고 앞으로도 많이 경험하게 될 것이다. 그때 우리는 이런 질문을 던져야 한다. "나는 계속 아낌 없이 주어야 하는 것일까? 아니면 한 발짝 물러나야 할까?" 그런데 이것도 중요한 질문이지만 진짜 중요한 문제는 바로 이것이다. "이렇게 줌으로써 우리가 이루고자 하는 것은 무엇인가?"

주는 것은 관계의 본질적인 요소이며 개인의 행복에서도 필수적인 부분이다. 주는 행복은 정서적으로 가장 중독성이 강한 삶의 경험이며 인생에서 가장 고결한 행복으로 꼽힌다. 하지만 왜 우리가 상대에게 무언가를 주는지에 대한 이유를 절대 잊어서는 안 된다. 이 이유를 기준점으로 삼아 어디까지 줄 것인지에 대한 범위를 설정해야 한다.

자녀가 부모님에게 최신 비디오 게임을 사달라고 할 때 부모님의 판단 기준은 무엇일까? "내가 감당할 수 있는 금액인가?"라는 질문일 수도 있고 "내 자녀가 최고 상태의 자아를 실현하는 데 이 게임이 도움이 될까?"라는 질문일 수도 있다.

주는 행위의 범위는 나와 상대가 최고 상태의 자아를 실현하도록 돕고자 하는 마음에 의해 결정되어야 한다. 그러므로 주는 행위에도 제한과 방향성이 필요하다. 주는 행위 자체가 아무리 훌륭하고 고귀하다 해도 그 속에 근본적인 목적과의 연관성이 존재하지 않는다면 주는 행위는 무의미하고, 왜곡을 조장하고, 자기 충족적이고, 심지어 위험한 것이 되어버린다.

다른 사람을 행복하게 만들기 위해서 우리는 무언가를 주어야만 할까? 그렇다. 그러면 자신을 파괴하는 수준까지 주기만 해야 할까?

그렇지 않다. 절대 그러면 안 된다고 생각한다. 우리의 정당한 필요를 잠시 접어두고 무조건 주기만 해야 하는 상황도 있다. 예를 들면 잠을 포기하고 아이에게 젖을 먹이는 어머니의 경우가 그러하다. 하지만 이런 상황은 특정 관계에서 예외적으로 존재할 뿐이지 결코 일반적이지 않다. 주는 행위로 인해 개인이 크게 희생당하고 정당한 필요마저 저버려야 할 때 스스로 질문을 던져야 한다. "상대가 최고 상태의 자아를 실현하는 데 이렇게까지 주는 것이 도움이 될 것인가?"

"우리는 얼마나 주어야 하는 것일까?" 이는 어려운 질문이다. 그리고 삶의 모든 어려운 질문이 그러하듯 답을 얻기 위해서는 우리의 목표와 목적을 먼저 살펴보아야 한다. 가끔은 자기에게 해가 되는 수준까지 모든 것을 다 주어야만 하는 상황도 있지만 항상 그래서는 안 되고, 그것이 변덕에 의한 결정이어서도 안 되며, 그것으로 인해 이기적인 사람에게 이용당해서도 안 된다. 맹목적으로 아무렇게나 주기만 해서는 안 된다. 상대방의 최고 상태의 자아실현을 늘 염두에 두어야 한다.

관계는 나무와 같다. 잘라서 땔감으로 쓰면 당장 따뜻할 수 있지만 그럴 수 있는 것은 한 번뿐이다. 반면에 당신 자신과 당신의 관계 나무를 잘 가꾸어나갈 수도 있다. 그렇게 한다면 앞으로 수년 동안 그 관계로부터의 열매를 맛볼 수 있다. 또한 해가 갈수록 그 열매는 더욱 달콤해질 것이다.

## 관계는 수정하고 해결하는 대상이 아니다

뿌리 깊은 나무는 폭풍을 견딜 수 있다. 만약 당신의 관계 나무가 아직 뿌리가 깊지 않다면 당장 오늘부터 뿌리를 튼튼하게 키워야 한다. 감사와 존경, 규율은 당신의 관계를 더 단단하게 만들 수 있는 강력한 3가지 무기다. 이때 나무는 바람에 흔들린다는 사실도 잊어서는 안 된다. 나무는 그저 뻣뻣하지 않으며 가장 크고 튼튼한 나무도 바람이 불 때 흔들린다. 불확실성을 어느 정도 허락해야 한다는 뜻이다.

불확실한 일은 언젠가 찾아오기 마련인데, 이처럼 예상하지 못한 일에서 교훈을 얻을 수 있어야 한다. 그것은 당신이 최고 수준의 자아에 도달할 수 있도록 돕는 역할을 한다. 미스터리를 즐기려고 노력하라. 미스터리는 사람을 젊게 만든다.

오늘날의 문화는 불확실성을 경멸한다. 그래서 우리는 많은 시간과 에너지를 들여 확실성이라는 환상을 만들어내고 통제 불가능한 것을 통제하려 한다. 우리가 불확실한 것을 저주하는 이유는 그것이 우리의 계획을 방해하기 때문이다. 하지만 우리는 불확실성을 통해 더 나은 인간으로 변하거나 성장할 수 있다. 같은 이치에서 우리 문화는 미스터리를 싫어한다. 해결되거나 증명되지 못한 미스터리는 그저 무시하고 폄하해버린다.

"인생은 풀어야 할 문제가 아니라 안고 가야 할 미스터리다."라고 쇠렌 키르케고르Søren Kierkegaard는 말했다. 당신의 배우자는 풀어야 할 문제가 아니고, 당신의 자녀 역시 풀어야 할 문제가 아니며, 당신의 남자친구나 여자친구, 약혼자 등도 풀어야 할 문제가 아니다. 그들은 있는 그대로 수용하고 경험하고 즐겨야 할 미스터리 그 자체다. 관계는 이해하고 수정하고 해결하는 대상이 아니다. 관계 또한 즐겨야 하는 미스터리다.

관계라는 미스터리에서 가장 뛰어난 사람들은 모든 것을 다 아는 이들이 아니며 무언가를 증명하려는 이들도 아니다. 대신 그들은 틀렸을 때 인정할 줄 알고, 답을 맞혔을 때 자랑하지 않고, 어떤 의도를 가지고 있지 않으며, 서두르지 않고 일이 잘 풀릴 때 자기 공으로 돌리지 않고, 일이 꼬였을 때 남을 비난하지 않는 사람들이다. 그러나 이렇게 두 팔을 활짝 벌리고 사랑의 미스터리와 사랑받는 기쁨을 온전히 포용할 수 있는 사람은 극히 드물다.

· 대부분의 관계에서는 일대일로 보내는 시간이 더 많이 필요한데, 둘만의 시간을 보내려는 마음이 무엇보다 중요하다. 우리는 그 무엇보다도 우리의 반려자와 함께하는 시간을 귀하게 여겨야 한다.

· 우리는 누구에게 가장 많이 불평할까? 바로 가장 많이 사랑해야 하는 사람들이다. 우리는 누구에 대해 가장 많이 불평할까? 바로 우리가 가장 많이 사랑해야 하는 사람들이다. 불평은 관계에 독이 된다.

· 존경은 잊고 지냈던 사람들의 내재적이고 특별한 가치를 일깨워준다. 동시에 우리는 항상 다른 사람에게 존경받기 위해 노력해야 한다.

· 다른 사람이나 어떠한 목적, 신을 위해 자신을 내던지려면 먼저 자신을 소유해야 한다. 이와 같은 자기 자신에 대한 소유가 바로 자유다. 그것은 사랑의 전제 조건이며 오직 규율을 통해서만 얻을 수 있다.

· 당신의 배우자는 풀어야 할 문제가 아니고, 당신의 자녀 역시 풀어야 할 문제가 아니며, 남자친구나 여자친구, 약혼자 등도 풀어야 할 문제가 아니다.

# 04 | 가장 중요한 관계가 무엇인지 선택하라

지구 상에서 가장 행복한 이는 역동적인 관계를 유지하는 사람이다. 이것은 내가 지난 10년 동안 50개국 이상을 여행하며 발견한 사실로 모든 대륙과 문화권에 보편적으로 적용된다. 행복한 사람들은 인간관계를 가장 소중하게 여기고, 그 결과 관계와 인생에서 남들보다 더 풍부한 경험을 하게 된다.

행복한 사람에게는 가족과 친구가 중요하다. 나는 적게 배운 사람과 많이 배운 사람을 모두 만났는데, 많이 배운 사람이 적게 배운 사람보다 더 행복하지도 않았다. 대단한 부자와도 식사를 했고 지독한 가난에 시달리는 사람과도 밥을 먹었지만 부자라고 해서 꼭 가난한 사람보다 행복하지 않았다. 걱정거리가 전혀 없고 앞날이 창창한 사람도 만났고 병에 걸려 죽을 날만 기다리는 사람이나 핍박에 시달리는 사람도 만났다. 하지만 모든 시대와 모든 상황에서 모든 인간에게 적용되는 진실이 하나 있다. 관계라는 미스터리를 소중히 여길 줄 아는 사람들이 행복하다는 것이다.

## 관계는 생존에 필요한
## 원동력을 제공한다

대학 농구팀 코치인 존 우든John Wooden은 이렇게 말했다. "더 많이 더 오래 훈련하는 선수가 경기력이 좋아져서 결국 승자가 된다는 사실을 사람들은 왜 이해하지 못할까요?" 이것은 스포츠뿐 아니라 사업이나 관계에도 적용된다.

관계에도 승자와 패자가 있다. 게임처럼 즐기는 요즘 데이트 풍속에서 거론되는 승자와 패자를 말하는 것이 아니다. 관계에서는 한 사람이 이기고 나머지 한 사람이 지는 경우가 없다. 그런 식으로 이야기하는 것 자체가 말이 안 된다. 관계에서는 두 사람이 다 이기든지 둘 다 지게 된다. 그래서 더 위험한 도박이다. 이런 이유에서 우리는 이따금 관계 내에서 너무도 무력한 기분을 느끼게 된다. 또한 이런 이유에서 우리의 한정된 시간과 에너지를 들이면서까지 관계를 맺을 가치가 있는 사람을 잘 고르는 것은 매우 중요하다. 내가 말하는 관계에서의 승자와 패자는 성공하는 연인과 실패하는 연인을 일컫는 것이다.

그렇다면 우리는 관계에 관한 질문을 던져야 한다. 더 많이 더 오래 노력하면서 관계를 발전시키는 사람이 좋은 관계를 맺게 된다는 사실을 왜 사람들은 이해하지 못할까? 그 이유는 아마도 이기거나 지는 것이 우리의 선택으로 결정된다는 사실을 인정하기 싫어서일 것이다. 어쩌면 훌륭한 관계와 실패한 관계의 차이는 개인이 아닌 연인으로서 우리가 내리는 선택에 달렸다는 사실을 인정하기 싫은 것일지도 모른다.

긍정적인 관계의 놀라움은 감정적인 영역이나 우리가 가족이나 사교 활동을 위해 따로 정해둔 시간에만 영향을 주는 것이 아니다. 긍정적인 관계는 우리 삶의 모든 영역에 지대한 영향을 끼친다. 일차적인 관계가 긍정적으로 유지되는 사람은 직장에서도 더 일을 잘한다. 그들은 지역사회 활동에 더 많이 참여하고 부모와 형제, 친구, 자식, 직장 동료, 시민으로서의 역할도 더 잘 수행한다.

반대의 경우도 마찬가지다. 일차적인 관계에서 어려움을 겪는 사람은 전반적으로 삶의 다른 부분에서도 집중력이 떨어지고 맡은 임무를 제대로 수행하지 못한다. 그들은 종종 일차적인 관계에서 충족되지 않는 부분을 어떻게든 다른 곳에서 충족시키려 한다. 그래서 직장으로 눈을 돌리거나 부모, 형제, 친구, 자녀, 직장 동료와의 관계로 눈을 돌린다. 하지만 그들이 찾는 친밀함은 일차적인 관계 외에 다른 어떤 곳에서도 얻을 수 있는 것이 아니다. 그 결과 더 많은 마찰과 좌절이 발생한다.

우리가 맺고 있는 관계는 삶의 모든 부분에 영향을 끼친다. 가정에서의 나쁜 관계는 직장이나 학교생활에도 영향을 미치고, 한 친구와 사이가 안 좋으면 다른 친구와의 관계도 영향을 받게 된다. 당신이 지금 어려운 관계 속에 있다면 그것이 삶의 다른 영역에도 영향을 미칠 가능성이 크다. 배우자나 약혼자와의 관계가 나빠졌을 수도 있고 직장 동료, 친구, 자녀, 부모, 형제와의 관계가 나빠졌을 수도 있다. 관계는 우리에게 깊은 영향을 미치는데 악화되는 관계는 우리의 일, 우리가 꿈꾸는 미래, 스스로에 대한 생각, 우리가 먹는 것과 먹지 않는 것, 시간을 보내는 방식을 비롯한 생활 전반에 악영향을 끼치게 된다. 반면에 관계, 특히 일차적인 관계가 술술 잘 풀릴 때 우리는 어디를 가든 긍정적인 분위기를 풍기게 된다.

역동적인 일차적 관계는 우리의 사회적인 부분뿐 아니라 우리가 세상을 보는 방식까지 바꿈으로써 우리의 인생을 변화시킨다. 이 책은 역동적인 일차적 관계를 만들기 위해 필요한 도구를 제공한다. 친밀함의 7단계는 간단한 모델이다. 모델의 가장 큰 장점은 단순함이지만 친밀함의 과정은 결코 그리 단순하지 않다. 앞으로의 여정이 시작부터 순탄하리라고 생각하는 것은 우리가 흔히 하는 실수다. 그런 여행자는 아직 준비되지 않았고 장비가 부족한 경우가 대부분이다.

당신은 이미 여정을 시작했고 이제 잠시 멈추어 장비를 점검해야겠다고 느끼는 사람일지도 모른다. 아니면 이제 막 여정을 시작한 사람일 수도 있고, 여행을 떠날지 말지 선택의 기로에 선 사람일 수도 있다. 어떤 경우이든 이렇게 책으로 만난 인연에 감사하며 앞으로 나올 내용이 친밀함을 향한 당신의 여정에 도움이 되기를 바란다.

훌륭한 관계를 구축하고 유지하는 것은 평생의 시간이 걸리는 일이다. 그 과정에서 짜릿한 승리와 환희를 맛보기도 하고, 쓰라린 시련과 슬픔에 직면하기도 한다. 이 책은 빠른 해결책을 제공하지 못하며 모든 해답을 알려주지도 않는다. 다만 당신이 훌륭한 관계를 맺고자 하는 진한 갈망과 교감할 수 있도록 돕는 도구가 될 수 있을

훌륭한 관계를 구축하고 유지하는 것은
평생의 시간이 걸리는 일이다.
그 과정에서 짜릿한 승리와 환희를 맛보기도 하고,
쓰라린 시련과 슬픔에 직면하기도 한다.

뿐이다.

타인과 강력한 방식으로 교감하는 것은 우리가 반드시 갈고닦아야 할 기술이다. 우리가 매일 하는 일은 대부분 생존과 직결된 것들인데, 관계는 이러한 생존에 필요한 원동력을 제공한다.

## 굳이 유지할 만한
## 가치가 없는 관계도 있다

"당신 인생의 문제는 무엇인가?" 이 질문은 내가 세미나나 수련회 강의의 시작 단계에서 던지는 질문이다. 인생에는 마음대로 풀리지 않는 부분이 언제나 존재하며, 우리는 그러한 문제가 저절로 사라지거나 바뀌기를 바라며 못 본척 눈을 돌리는 경향이 있다. 하지만 그 부분은 절대 저절로 사라지거나 바뀌지 않는다. 우리는 그 문제와 직접 맞서고 그것을 탐험하고 그것과 씨름해야 한다. 인생에서 우리가 만나는 시련은 모두 변화와 성장, 최고 상태의 자아실현을 위한 기회다.

세미나에서 나는 "당신 인생의 문제가 무엇입니까?"라고 질문한 뒤 사람들에게 답변을 종이에 적으라고 말한다. 글로 적는 행위는 강력한 힘을 지니고 있다. 그것은 우리 인생에서의 문제를 해결하거나 치유하는 첫걸음 역할을 하는 경우가 많다. 단순히 문제를 글로 적음으로써 우리는 그것을 소유하게 되고 어떤 면에서는 그것을 버리기 시작하게 된다. 이후 그룹을 나누어 서로의 답변이 얼마나 다른지 논의하라고 시킨다. 거의 모든 참가자의 목록에는 인간관계와 관련된 내용이 한두 개씩 등장한다. 이후 인생의 문제를 순위별로 나열하라고 하면 90% 정도는 '인간관계'를 첫 번째 자리에 올려놓는다.

관계는 성장하거나 죽어가거나 둘 중 하나다. 중간은 없다. 이것은 우주의 원리와도 같다. 모든 것은 지속적으로 변한다. 우리는 가끔 어떤 관계가 그냥 정체되어 있다고 생각하지만 그것은 사실이 아니다. 그 관계는 죽어가고 있다. 활력을 불어넣는 노력을 하지 않는다면 그 관계는 결국 죽을 것이다. 사람들은 내게 이런 말을 한다. "배우자와의 관계가 10년 넘게 정체된 느낌이에요." 그들이 이야기를 나누고 서로를 바라보는 모습을 보면 그들의 관계는 이미 10년 전에 죽었다는 것을 알 수 있다. 다만 그들이 눈치 채지 못했을 뿐이다.

그렇기 때문에 다음 단계로 넘어가기 전에 10~15분쯤 이 책을 내려놓고 일기장이나 빈 종이를 꺼내 당신의 인생에서 중요한 모든 관계를 목록으로 만들기 바란다. 인생의 다양한 분야(가족, 친척, 직장, 학교, 교회 등등)를 모두 적고 당신의 인생에서 중요한 사람들의 이름을 전부 적어야 한다.

혹시 목록에서 누구 빠진 사람이 없나 고민할 필요는 없다. 그 사람은 시간이 가면서 어차피 잊혀질 사람이기 때문이다. 빨리 목록을 만들라. 목록은 완벽하거나 확정적일 필요도 없다.

인생의 다양한 분야에서 가장 중요한 사람들의 목록을 만들었으니 이제 다음 질문에 답을 해야 한다. "문제가 있는 관계는 어떤 것인가?" 그런 다음에 다시 목록을 만들라.

지금 당장 심각한 문제에 빠진 관계가 없을지도 모른다. 그렇다면 잠깐 감사하는 시간을 가진 뒤 조금 더 나은 방향으로 이끌고 가고 싶은 관계를 살펴보고 목록을 만들라. 이 책을 읽는 동안 그 목록을 계속 옆에 두기 바란다.

사랑이라는 감정은 팽창하든지 수축하든지 둘 중 하나다. 그것은 충분한 영양분을 공급받을 때 팽창하고 방치될 때 수축한다. 역동적인 관계에는 노력과 자기희생, 배려가 필요하며 당신과 상대방이 그런 것들을 보여준다면 사랑의 경험은 무한대로 확장될 것이다.

무한대로 확장하는 것은 충분히 가능한 일이지만 어디까지나 제한된 숫자의 관계 안에서만 가능하다. 당신이 가진 시간과 에너지는 한정적이기 때문에 가장 중요한 관계가 무엇인지 선택해야 한다. 가장 중요한 관계에 충분한 시간과 관심을 쏟기 위해서 다른 어떤 관계는 과감히 버릴 수 있는 자세가 필요하다.

이 책의 목적은 '관계 유지'가 아니라는 점을 반드시 지적하고 싶다. 관계의 목적은 무슨 대가를 치르더라도 그것을 계속 유지하는 데 있지 않다. 관계의 목적은 거기에 속한 사람들이 최고 상태의 자아를 실현하도록 돕는 것이다.

굳이 유지할 만한 가치가 없는 관계도 있다. 이것은 언뜻 가혹한 말처럼 들릴 수 있지만 기본적인 사실이다. 굳이 평생 유지할 필요가 없는 관계도 있고, 우리 인생의 한 시점에 잠시 우리에게 도움을 주고 조용히 사라지는 사람도 있다. 다시 말해 한때 절친한 친구였다고 해서 항상 절친해야 하는 것은 아니다. 고등학교나 대학 때 아주 가깝게 지냈다고 해서 영원히 가장 친한 친구로 지내는 것은 아니며 굳이 그럴 필요도 없다. 어떤 사람은 우리 인생의 특정 시점에 특별한 이유 때문에 나타나며 그것만으로 충분하다.

당신의 관계에 문제가 생겼다면 여기에 선택지가 있다. 인생은 선택이다. 그 관계 속에 계속 머물되 그것이 서서히 죽어가도록 둘 수도 있고, 그 관계를 버릴 수도 있고, 그 관계를 역동적인 협력 관계로 바꾸겠다고 다짐할 수도 있다.

## 당신의 일차적인 관계를 잘 되짚어보자

일차적인 관계란 일반적으로 당신과 당신의 반려자의 관계를 말하며, 사람에 따라서는 남자친구나 여자친구, 약혼자 혹은 배우자를 의미한다. 이러한 일차적인 관계는 감정적인 집과 같아서 언제든 돌아가 편히 쉴 수 있는 장소여야만 한다. 물론 그 집을 수리해야 할 때도 있고, 그곳에는 감정과 관련된 집안일도 존재한다. 하지만 그 어떤 경우에도 그 감정적인 집은 당신이 본연의 모습을 드러낼 수 있을 만큼 편안해야 한다. 이러한 일차적인 관계는 친밀함의 첫 번째 근원인 동시에 친밀함을 위한 기회를 제공한다.

싱글이라면 일차적인 관계를 맺는 사람 대신 다양한 이차적인 관계에 더 큰 관심을 기울이고 있을 가능성이 크다. 하지만 일차적인 관계를 맺기 시작하면 자연스럽게 이차적인 관계에는 관심을 덜 기울이게 된다. 이것은 단순히 자원 배분의 문제다. 가족이나 친구와 보낼 수 있는 시간은 제한되어 있으므로 어떤 시점이 오면 일차적인 관계를 이차적인 관계보다 우선적으로 다루게 되는 것이다.

이 때문에 불만이 생긴다. "연애를 시작하더니 우리랑은 전혀 안 만나네." 혹은 "예전에는 항상 우리와 어울렸는데." 같은 말이 나온다. 이러한 불평은 보통 과장된 경우가 많지만 어찌되었든 중요한 일차적인 관계를 맺기 시작했다면 자주 못 보는 친구들에게 죄책감을 느끼지 말고 반려자와 더 많은 시간을 보내야 한다. 일차적인 관계를 맺고 있다고 해서 친구들을 완전히 무시해서는 안 되겠지만 예전보다 친구들을 덜 만날 수밖에 없는 이유가 될 수는 있다.

당신의 반려자에 대해서 던져야 할 3가지 질문이 있다.

- 당신은 당신의 반려자를 믿는가?
- 그 사람은 진심으로 당신이 잘되기를 바라는가?
- 그 사람은 당신이 최고 수준의 자아를 도달하도록 돕고 있는가?

당신의 반려자를 믿는다면 이유는 무엇인가? 어디에서 그와 같은 신뢰감을 얻고 있는가? 비슷한 방법으로 당신의 반려자를 믿지 않는다면 그 이유가 무엇인지 알아보고 상대를 불신하게 된 구체적인 상황을 떠올려보는 것이 중요하다. 여기에서도 글로 적는 것이 큰 도움이 된다. 글로 적으면 좀더 현실을 객관적으로 파악할 수 있다.

일기장이나 플래너를 가지고 있다면 이러한 질문에 대한 답을 적어 보자.

당신의 반려자가 진심으로 당신이 잘되기를 바라는 것 같다면 그렇게 믿는 이유가 무엇인가? 반면에 당신의 반려자가 진심으로 당신이 잘되기를 바라는 것 같지 않다면 그 사람은 무슨 의도로 당신과 관계를 맺고 있다고 생각하는가?

마지막으로 당신의 반려자가 당신이 최고 수준의 자아에 도달하도록 돕고 있다고 믿는다면 그것은 어떠한 방식인가? 당신의 반려자가 당신이 최고 수준의 자아에 도달하도록 돕지 않는다고 생각한다면 그는 어떤 면에서 당신을 방해하고 있는가?

한 사람을 믿는 동시에 믿지 않는 것은 어불성설 같지만 당신의 반려자가 어떨 때는 당신이 잘되기를 바라고 또 어떨 때는 그렇지 않은 상황은 충분히 발생할 수 있다. 같은 이치로 어떤 면에서는 당신의 자아실현을 돕고 있지만 어떤 면에서는 그렇지 않을 수도 있다. 이 질문에 대한 답을 꼼꼼히 글로 적고 긍정적인 부분과 부정적인 부분을 모두 떠올려본다면 도움이 될 것이다.

다음 질문은 당신이 먼저 답을 하고 당신 반려자의 답도 들어보아야 한다. "당신의 관계는 당신에게 1순위인가?" 어떤 사람들에게는 그렇지 않다. 일과 경력이 1순위인 사람들도 있다. 직업에 따라 달라지겠지만 어느 순간에는 일과 경력을 1순위로 둘 필요가 있다. 또한 부모나 형제를 일차적인 관계보다 우선시하는 사람도 있다. 이제 막 일차적 관계를 시작한 경우 이것은 나쁘지 않은 접근 방법이다. 하지만 시간이 지나서도 일차적인 관계를 최우선으로 삼지 않는다면 그 관계는 건강하지 않다.

건강하든 건강하지 않든지 간에 다양한 이유로 많은 사람들은 일차적인 관계보다 다른 것들을 우선시한다. 가장 중요한 사실은 관계에 포함된 사람들이 대부분 자신의 순위를 알고 있다는 것이다. 이것은 관계에서 지속적인 마찰의 원인이 되기도 한다. 일차적인 관계가 당신에게 1순위가 아니라면 그다음 질문은 이것이다. 당신의 반려자는 그것을 알고 있는가?

우리에게 일차적인 관계가 얼마나 중요한지 확인했으니 이제 반려자의 생각을 알아보는 것이 중요하다. 이때 지나가는 말처럼 질문하는 것으로는 부족하며 진정한 대화를 나누어야 한다. 지나가는 말처럼 질문한다면 당신의 반려자는 당신이 원하는 답을 본능적으로 알아채고 그냥 긍정의 대답을 할 수 있다. 우리의 관계가 당신에게 1순위냐고 대놓고 묻지 말고 당신 인생에서는 무엇이 중요하냐고 묻는 것이 좋다. 이 방법을 이용하면 다른 중요한 것들과의 상관관계 속에서 당신의 관계를 이해할 수 있다.

인생에서의 일반적인 우선순위를 살펴본 다음에 관계에서의 구체적인 우선순위가 무엇인지 논의하는 것이 좋다. 다른 우선순위와의 상관관계를 파악한 뒤 당신이 그 관계에서 우선순위로 삼고 있는 것들이 일상생활에 잘 반영되는지 고려해보아야 한다.

당신의 남편이 부부 관계가 1순위라고 말하면서 주당 85시간씩 일하고 집에 와서는 늘 피곤하거나 무심한 모습을 보인다면 그의 일상은 그가 말하는 우선순위를 반영하지 못하는 셈이다. 비슷한 이치로 당신과 오래 만난 연인이 당신과의 관계가 1순위라고 말하면서 일주일에 딱 한 번만 얼굴을 비추고 전화도 잘 받지 않는다면 그녀의 말은 현실과 맞지 않는 것이다.

회사 중역들을 위한 세미나에서 나는 인생의 우선순위가 무엇인지를 묻는다. 대부분은 신, 가족, 친구, 일 등의 순서로 우선순위를 매긴다. 그런 다음 일정표에 적힌 일주일 동안의 일정을 복사해서 5가지 색상의 펜으로 일정을 구분하라고 시키는데, 이때 우리가 생각하는 우선순위와 우리가 시간을 보내는 방식 사이에 존재하는 거대한 간극이 그대로 드러난다. 부모들은 대부분 '자녀'가 1순위라고 말하지만 최근 조사에 따르면 부모와 10대 자녀들의 평균 대화 시간은 16분 정도에 불과하다.

우리가 중요하다고 말하는 것과 실제 생활 방식 사이에는 어마어마한 간극이 존재한다. 열정과 목적의식을 지닌 사람은 그들이 생각하는 우선순위와 생활 방식 사이의 격차를 줄이려고 노력한다. 특별한 관계를 만들고 싶다면 우선 그 관계에 많은 시간과 에너지를 투자하고 그것을 우선순위로 삼겠다는 결심을 해야 한다.

인생은 우선순위를 통해 결정된다. 삶을 살면서 당신이 관심을 두는 대상은 늘어날 것이다. 늘 고마운 점에 대해 생각하고 이야기한다면 고마워하는 대상의 숫자가 늘어날 것이다. 늘 가지지 못한 것에 집착한다면 갖고 싶은 것들만 늘어날 것이다. 인간의 생각은 창조적이다. 우리는 생각하는 대로 변한다. 모든 것은 우리의 생각에서부터 비롯된다.

관계를 우선순위로 만들기 위해서는 먼저 마음속에서 관계를 우선으로 삼아야 한다. 무엇보다 훌륭한 관계의 실체를 정확히 알아야만 한다. 그렇기 때문에 특별한 관계를 구축하고 지속하기 위해 필요한 자질이 무엇인지 알아보는 것을 출발점으로 삼는 것이 좋다.

'특별한 관계를 구축하고 지속하는 것'이 이 책의 핵심이다. 그저 그런 평범한 관계는 누구에게나 열려 있다. 그저 그런 관계를 원하는 사람은 아무도 없지만 대부분은 그저 그런 관계를 맺는다.

일차적인 관계는 감정적인 삶의 성소다. 그것은 우리에게 감정적인 지원을 제공하며 깊은 수준의 친밀함을 경험할 수 있는 기회를 준다. 대다수의 사람들에게 일차적인 관계는 다른 사람을 제대로 알 수 있는 기회와 다른 사람에게 제대로 알려질 수 있는 기회를 제공한다. 우리는 사소하고 의미 없고 지속적으로 쏟아지는 정보 속에서 하루하루를 보낸다. 이런 삶 속에서 다른 사람을 깊이 안다는 것은 점점 더 기적에 가까운 일이 되어가고 있다.


## 정당한 이유에 근거해서 관계를 정리하라

이 책을 쓰면서 걱정되는 일이 있다. 내 상상력이 지나친 탓일 수도 있지만 나는 내 세미나에 참석한 사람들이 이렇게 말하는 상황이 머릿속에 떠오르고는 한다. "당신의 책을 읽고 바로 다음 날 남자친구와 헤어졌어요."

나는 단지 이상적인 길을 보여주기 위해 글을 쓰는 사람이라서 이런 상황이 두렵다. 이상적인 길을 걷고 있는 사람은 실제로 많지 않지만 그것을 추구하는 행위는 우리를 활기차게 만든다. '활기차게 만든다animate.'라는 말은 '생명을 불어넣는다breathe life into.'와 같은 말이다. 이상은 우리에게 생명을 불어넣는다. 이상은 우리가 스스로 정한 한계를 뛰어넘어 더 나은 자아를 실현할 수 있도록 우리를 자극한다.

당신의 배우자가 늘 당신에게 득이 되는 방향으로 행동하지 않는다고 해서 당신을 사랑하지 않는 것은 아니다. 인간은 누구나 이기적으로 변할 때가 있다. 당신이 본질적인 목표를 실현하도록 연인이 항상 돕지 않는다고 해서 그가 당신에게 어울리는 짝이 아니라는 뜻은 아니다. 당신이 더 나은 사람이 되도록 곁에서 도울 때 더 사랑받을 수 있음을 그는 아직 모르고 있을 뿐이다.

이 책을 읽는 동안 내가 당신에게 일차적인 관계를 끝내라고 말하는 것처럼 느낄 수도 있고, 그냥 지금의 연인과 계속 관계를 유지하라고 말하는 것처럼 느낄 수도 있다. 2가지 모두 수긍이 가는 반응이다. 우리는 과거와 현재의 경험이라는 렌즈를 통해 새로운 정보를 받아들이는 경향이 있다. 하지만 이 책의 목적은 당신을 어느 한쪽 방향으로 끌고 가는 것이 아니라 인생이라는 여정에서 당신을 돕고 격려하는 것이다.

관계에 관한 첫 번째 진실은 모든 관계에는 문제가 있다는 점이다. 당신의 짝은 완벽하지 않고 당신 역시 마찬가지다. 당신의 아이들은 절대 완벽한 자녀가 될 수 없고, 당신 역시 완벽한 부모가 될 수 없다. 이 기본적인 진실을 받아들일 수 없다면 평생 상상력의 파편이나 쫓아다니는 딱한 삶을 살게 될 것이다.

이러한 모습을 쉽게 발견할 수 있는 친구들이 있는데 나는 그들을 '연쇄 데이트꾼serial dater이라고 부른다. 연쇄 데이트꾼이 누군가와 데이트를 시작한다. 처음에는 모든 것이 완벽해 보이지만 상대에 대해 알아갈수록, 혹은 그가 생각하기에 '그건 좀 아닌 것 같은 의견'을 상대가 내놓으면 그의 태도는 달라진다. 그러다가 결국 그는 그녀와 헤어진다. 나는 그런 사람을 보면 그의 어깨를 마구 흔들며 이렇게 말하고 싶다. "그래, 그 여자는 완벽하지 않았어. 그런데 그거 알아? 너도 완벽하지는 않아."

모든 관계는 문제를 품고 있으므로 이 책에서 읽은 내용만 보고 이별을 선택하지는 말아야 한다. 당신이 행복하지 않다면 새로운 관계를 시작하는 것은 아무런 의미가 없다. 왜 지금의 관계가 순탄하지 않은지 혹은 왜 이전의 관계가 순탄하지 않았는지에 대해 고민해보아야 한다. 그리고 순탄하지 않았던 관계를 끝내게 된 이유가 무엇이었는지 진지하게 살펴보아야 한다. 모든 책임이 당신에게 있는 것은 아니겠지만 전부 상대방의 책임도 아니다. 과거의 관계를 살펴보는 것 역시 도움이 될 수 있다. 반복되는 유형이 보이는가? 과거에 관계를 끝낸 이유는 무엇인가?

관계를 끝내는 것이 꼭 필요한 경우도 있다. 이 책을 통해 그런 사실을 깨달았다면 마땅히 그 관계를 정리해야 한다. 그것은 당연한 일이다. 하지만 새로운 환상을 쫓기 위해서가 아니라 정당한 이유에 근거해서 관계를 정리해야 한다.

## 이차적인 관계의
## 우선순위를 부여하라

일차적인 관계 이외에 우리는 수백 개에 달하는 이차적인 관계를 맺고 있다. 그 중에는 부모와 자식처럼 우리에게 아주 중요한 관계도 있고, 직장의 경비원처럼 상대적으로 대단하지 않은 관계도 있다. 대단하지 않은 관계라고 해서 친근함과 공손함이 없어도 된다는 뜻은 아니다. 단지 이러한 관계는 상대적으로 중요도가 떨어질 뿐이다. 중요도가 높은 이차적 관계에는 부모와 자녀, 형제자매, 처가댁이나 시댁 식구, 친구, 직장 동료, 고용주나 직원, 사업 파트너 등이 있다.

　일차적 관계는 이차적 관계에 큰 영향을 미치며, 이차적 관계도 일차적 관계에 영향을 미친다. 남편에게 이혼하자는 소리를 들었다면 그 말은 당신 인생의 모든 사람과의 관계에도 영향을 미칠 것이 분명하다. 여자친구가 지금 막 뇌종양 판정을 받았다면 그 상황은 그녀와 당신의 관계에 영향을 줄 것이고, 당신의 일상생활은 물론 다른 사람과의 관계에도 영향을 줄 것이다. 6주 뒤에 결혼을 해야 하는데 약혼자를 100% 신뢰할 수 없다면 그것은 당신이 다른 사람과 관계를 맺는 방식에도 영향을 줄 것이다.

이러한 상황들은 우리가 다른 사람과 나누는 이야기의 종류, 그들이 하는 말을 걸러 듣는 방식에 영향을 줌으로써 우리의 관계에도 영향을 미친다. 그리고 우리가 다른 사람의 감정적인 고통을 달래주는 데 필요한 에너지의 양에도 영향을 미친다.

수년 전 한 여자와 만날 때 나는 아주 귀찮은 고용주 밑에서 고생하고 있었다. 내 고용주는 도무지 신뢰할 수 없는 사람이었고 주변의 말을 듣지 않았는데, 그녀의 역할과 책임을 한 번에 제대로 각인시키는 것은 불가능한 일이었다. 나는 내가 얼마나 지쳐 있었는지 몰랐고, 그것이 내 삶의 다른 영역에 얼마나 큰 영향을 미치고 있는지도 몰랐다. 여자친구에게 같은 이야기를 몇 번이나 하고 있는지도 까맣게 잊고 있었다.

하루는 저녁을 먹으면서 내가 또 고용주에 대한 이야기를 시작하자 여자친구가 굳은 표정으로 내게 말했다. "우리가 우리 이야기를 하는 시간보다 그 여자 이야기를 하는 시간이 더 길다는 거 알고 있어?" 내 고용주와의 부정적인 관계가 나와 내 여자친구의 관계까지 망치고 있었던 것이다.

일차적인 관계와 이차적인 관계는 서로 영향을 미친다. 우리 인생에서는 기분 좋은 일과 기분 나쁜 일은 매일매일 벌어진다. 훌륭한 관계는 행복을 2배로 만들고 안 좋은 일을 어떻게든 견딜 수 있도록 도와준다.

- 당신에게 아주 좋은 일이 생겼을 때 누구에게 가장 먼저 알려주고 싶은가?
- 비극이 닥쳤을 때 어떤 사람을 곁에 두고 싶은가?
- 몸이 아플 때 누가 침대 곁에 있어주기를 바라는가?
- 실패했을 때 당신을 격려하는 것은 누구인가?
- 당신이 성공할 수 있도록 곁에서 자극하는 사람은 누구인가?
- 당신의 인생을 통해 누구의 인생에 큰 영향을 미치고 싶은가?

인생은 유한한 경험이다. 하지만 당신이 유한한 시간에 경험할 수 있는 사람과 장소, 사물의 숫자는 무한하다. 관계의 측면에서도 우리의 시간은 유한하고 기회는 무한하다. 지구 상에는 거의 60억 명에 달하는 인구가 있다. 그 모든 사람과 개인적으로 관계를 맺을 수는 없다. 선택을 해야만 한다.

나는 매일 수백 통의 이메일을 받는다. 매일 수백 통의 이메일에 답장을 하며 시간을 보낼 수도 있고, 그 시간에 이 책을 쓸 수도 있다. 나는 후자를 선택했다. 수천 통의 답장보다 이 책 한 권의 가치가 더 크다고 믿기 때문이다. 책은 더 깊은 소통을 의미하며 당신과 나, 즉 한 번도 만난 적이 없는 독자와 작가가 친밀해질 수 있는 놀라운 기회를 제공하기 때문이다.

우리는 매일 선택의 기로에 서며 우리 인생의 다양한 활동과 관계에 각각 다른 우선순위를 부여한다. 모든 것을 다 하려고 할 수도 있지만 자칫 너무 많은 일을 하려다 아무것도 제대로 하지 못하게 될 수도 있다. "모든 일을 다 하지만 잘하는 일은 없다jack of all trades, masters of none."라는 말은 그런 비극적인 상황을 일컫는다.

욕심이 너무 많은 어린아이에게서 이런 모습을 확인할 수 있다.

그 아이는 축구와 야구를 하고 피아노와 가라테 수업을 듣고 학교 연극에 참여하고 학교 신문에 글을 쓰고 미술 수업을 듣는다. 많은 일을 하지만 단 하나의 분야에서도 규율을 완벽히 익히지 못한다. 규율을 통해 재능을 갈고닦는 것이 아니라 여기저기 떠밀려 다닌다. 많은 일을 하지만 어느 한 분야에서도 특출한 실력을 선보이지 못한다. 어린 시절에는 이것저것 도전해보는 것도 중요하지만 어느 시점이 되면 삶에서의 우선순위를 결정함으로써 자신만의 특별함을 갈고닦아야 한다.

한 가지 임무, 한 가지 열정, 한 가지 목표에만 최대한 집중하는 방법도 있다. 우리의 재능과 능력을 이해한 다음 목표를 정하고 규율을 지키려는 노력을 한다면 우리는 그 한 가지 일을 아주 탁월하게 잘하게 될 것이다. 탁월함의 추구는 인격을 낳지만 다양함의 추구는 인격을 낳지 않는다.

여럿보다 하나가 나은 경우가 있다. 관계에서도 같은 논리가 적용된다. 모든 사람과 너무도 넓고 얕은 관계를 맺으면 진정 대단한 관계를 누릴 수 없고 놀라운 친밀함을 경험할 수 없다. 오히려 몇몇 관계에 집중하면 그 속에서 사랑과 친밀함의 경이로움을 경험할 수 있다.

행복을 찾는 여정에서 긍정적인 관계의 중요성은 이루 말할 수 없다. 긍정적인 관계는 고난을 견딜 수 있는 힘을 주고 승리를 더 달콤하게 만든다. 긍정적인 관계는 모든 행복한 사람들의 인생에 반드시 존재하며 우리 삶의 모든 영역에 영향을 미친다.

# 당신에게 에너지를 주는
# 사람은 누구인가?

시간이 가장 소중한 자원이라는 것은 20세기의 거대한 미신이다. 이 미신 때문에 우리는 책을 읽고 테이프를 듣고 시간 관리에 관한 수업을 듣는다. 다들 시간을 관리하기 위해 플래너를 구입하고 나중에는 전자수첩까지 구입한다. 우리는 다음과 같은 말을 많이 듣는다.

- 시간이 돈이다.
- 시간을 낭비하지 마라. 인생은 시간이다.
- 시간을 지켜라.
- 시간을 계획하라.
- 시간을 수호하라.
- 시간을 낭비하는 것은 인생을 낭비하는 것이다.

이런 말은 대부분 어느 정도 진실이지만 우리에게 있어 가장 소중한 자원은 시간이 아니다. 정치인들이 자주 입에 담지만 현대 사회에서 찾아보기 힘든 '평등'이라는 가치가 분명히 시간 속에서 존재한다. 당신의 하루도 24시간이고 나의 하루도 24시간이다. 더 많은 시간을 가진 사람은 없다. 아무리 돈이 많은 사람도 24시간밖에 누릴 수 없다. 축구를 얼마나 잘하는지, 부모가 누구인지도 상관없다. 모두 평등하다. 하지만 똑같은 24시간으로 어떤 사람들은 다른 사람보다 훨씬 더 많은 일을 할 수 있다. 우리에게 가장 소중한 자원은 시간이 아니라 에너지이기 때문이다.

에너지는 관계에서 고려해야 할 중요한 요소다. 당신은 어떤 사람들에게서 에너지를 얻는가? 나보다 똑똑한 사람, 내가 모르는 것을 아는 사람, 내가 경험하지 못한 것을 경험한 사람, 놀라운 성공을 거두고 인격까지 갖춘 인물을 만나본 이야기를 들려주는 사람은 나에게 에너지를 준다. 또 훌륭한 관계를 맺고 있는 사람, 비범한 성공을 거둔 사람, 자신이 원하는 것을 분명히 아는 사람은 내게 에너지를 준다.

자신과 자신의 신을 편안하게 받아들이는 사람, 자기 안의 악마와 공생하는 동시에 빛을 내는 방법을 터득한 사람, 어려움에 맞서 싸우는 사람, 꿈을 이루기 위해 모든 것을 버릴 각오가 되어 있는 사람, 자신의 공을 내세우지 않는 영웅, 잘 모르는 사람에게 기꺼이 친절을 베풀고자 하는 사람, 최고 수준의 자아실현을 위해 애쓰는 사람은 내게 에너지를 준다.

당신에게 에너지를 주는 사람은 누구인가? 왜 그들이 당신에게 에너지를 주는가? 어떤 사람이 당신에게 에너지를 주고 어떤 사람이 당신의 에너지를 빼앗아가는지 아는 것은 중요하다. 또한 각각의 사람들이 당신의 에너지에 어느 정도나 영향을 미치는지 아는 것도 중요하다.

또한 사람과 환경을 혼동해서는 안 된다. 어떤 환경은 처음에 우리에게 에너지를 주지만 일시적인 경우가 많다. 돈 많고 유명한 사람들의 숨겨진 세상에 아직 익숙하지 않은 사람은 그곳에서 에너지를 얻을 수 있다. 하지만 그 에너지는 지속되지 않으며 신기루에 불과하다. 비슷한 이치로 당신의 데이트 상대가 당신을 비싼 레스토랑과 이국적인 여행지로 데려가고 멋진 선물을 한다면 그 생활에 너무 쉽게 빠져들지 않도록 경계해야 한다. 당신의 흥미를 끄는 것이 호화로운 생활이 아니라 그 사람이라는 확신이 있어야 한다.

인생은 계속해서 에너지를 사용하고 다시 채우는 과정이다. 육체적·정서적·지적·영적으로 우리는 계속 에너지를 사용하고 다시 채운다. 관계를 통해 어마어마한 에너지를 얻을 수도 있지만 그것을 통해 에너지를 다 빼앗길 수도 있다. 정작 에너지를 빼앗아가고 우리를 피곤하게 만드는 것은 중요도가 낮은 이차적 관계(경비원, 은행원, 고객, 텔레마케터)인 경우가 허다하다. 그 결과 우리의 일차적 관계(배우자, 여자친구나 남자친구)와 중요도가 높은 이차적 관계(자녀, 부모, 형제자매)는 피해를 입는다.

물론 일차적 관계 때문에 피곤한 것이라고 생각할 수도 있고, 중요도가 높은 이차적 관계 때문에 진이 빠지는 것이라고 생각할 수도 있다. 하지만 진실을 살펴보면 우리는 일차적 관계나 중요도가 높은 이차적 관계에 관심을 갖기도 전에 이미 힘이 빠진 상태가 된다. 예를 들어 회사에서 힘든 하루를 보낸 남편이 퇴근을 하면 아내는 그에게 하루 종일 있었던 일을 이야기하고 싶어하고, 아이들은 그와 함께 공 던지기 놀이나 학교 숙제를 하고 싶어한다. 너무 많은 요구에 지친 그는 자신의 일차적인 관계(아내)와 중요도가 높은 이차적인 관계(자녀) 때문에 진이 빠진다는 결론을 내린다. 하지만 사실 그는 집에 도착하기 전부터 이미 에너지가 소진된 상태였다.

한 가정의 가장은 각종 공과금을 내고 가족을 부양하기 위해 일 터로 나가야 한다. 그러다 보니 에너지가 소진되기 마련이다. 이것 이 세상이 굴러가는 방식이라고 말하는 것은 당연해 보인다. 하지 만 정말 솔직하게 생각해보면 다른 사람이나 어떤 상황이 우리의 평정을 깨고 에너지를 앗아가도록 허락하는 것은 우리 자신이다.

인생은 선택이다. 모든 것이 선택이다. 우리는 다른 사람이 말하 고 행동하는 방식을 선택할 수 없지만 그 말과 행동에 우리가 반응 하는 방식을 선택할 수는 있다. 침착하게 반응할 수도 있고, 화를 내 며 반응할 수도 있다. 우리가 다른 사람에게 반응하는 방식에 따라 에너지 제어 장치가 조절된다. 화를 내면 제어 장치가 열리면서 풍 선에서 바람이 빠지듯 순식간에 몸속의 에너지가 빠져나가는 것을 느낄 수 있다. 침착한 상태에서는 내부의 힘이 점점 커지는 것은 물 론 에너지가 생성되고 단단해지는 것을 느낄 수 있다.

다른 사람의 말과 행동 자체는 말과 행동에 대한 우리의 반응만 큼 우리에게 큰 영향을 미치지 못한다. 우리는 다른 사람의 말과 행 동을 통제할 수 없지만 우리의 반응은 통제할 수 있고, 그 결과 에 너지를 통제할 수 있다.

에너지는 친밀함에서 중요한 부분이다. 가장 근본적인 수준에서 친밀함은 에너지 교환을 의미한다. 나와 내가 사랑하는 사람이 어 디에서 에너지를 받는지 아는 것은 역동적인 관계를 구축하고 유지 하는 데 중요한 부분이다.

누가 또 무엇이 우리에게 에너지를 주는지 아는 것은 자기 이해의 과정에서 중요한 단계에 속한다. 이때 지속적인 관찰을 통한 자기 자신에 대한 인식이 필요하다. 대부분의 사람들은 스스로에게 너무 지쳐 있기 때문에 자신의 말과 행동이 주변 사람에게 어떤 영향을 미치는지 전혀 모른다.

당신과 가까운 사람들은 어떻게 당신에게 에너지를 주는가? 그 사람들은 어떻게 당신의 에너지를 빼앗는가? 앞으로 며칠 동안 당신에게 에너지를 주거나 빼앗는 사람과 상황을 적어보기 바란다. 또한 그러한 사람과 상황, 혹은 그 사람과 상황에 대한 당신의 반응으로부터 에너지를 받거나 빼앗기는 순간을 잘 인식하기 바란다. 에너지를 얻는 상황과 에너지를 빼앗기는 상황을 잘 이해함으로써 다른 사람과의 관계에 큰 변화를 가져올 수 있다.

에너지는 우리에게 가장 소중한 자원이다. 에너지가 많을수록 우리의 인생 경험은 더욱 풍부하고 다양해질 것이다. 에너지는 당신의 관계를 성공으로 이끄는 데 중요한 역할을 한다. 스트레스가 심하고 지쳐 있을 때는 좋은 사람이 되기가 힘들다. "피로는 우리 모두를 겁쟁이로 만든다."라고 빈스 롬바르디Vince Lombardi가 말했다. 피로에 시달릴 때 친절하고 사려 깊고 자상하고 열정적일 수는 없다. 지속적으로 에너지를 채울 방법을 찾는 것은 관계에서 아주 중요한 일이다.

친밀함은 당신에게 에너지를 주어야 마땅하다. 물론 항상 그럴 수는 없을 것이다. 가끔은 인생의 다른 무엇보다 관계 때문에 힘이 쭉쭉 빠진다. 하지만 일반적으로 친밀함은 우리에게 에너지를 주어야 한다. 서로에게 에너지를 주는 방법을 알고 있다는 것은 친밀함을 위한 여정에서 가장 높은 7단계에 도달했다는 신호다.

## 친구와 반려자를 어떻게 선택할 것인가?

일차적인 관계를 지금 당장 처음부터 다시 시작한다면 어떤 점에 변화를 주고 싶은가? 이것은 많은 사람들에게 지극히 비현실적인 가정일 테지만 출발점으로 삼기에는 나쁘지 않다. 이러한 가정을 통해 당신의 일차적 관계로부터 무엇이 빠져 있는지, 당신이 관계로부터 진정 원하는 것이 무엇인지를 파악할 수 있다. 이 질문에 대해 진지하게 고민해보면 당신의 일차적 관계는 물론 당신이 누구이며 무엇을 중요시하는지에 대해 많은 것을 알아낼 수 있다. 또한 시간이 흐름에 따라 당신에게 있어 우선순위가 어떻게 바뀌었는지도 파악할 수 있다.

  미혼이라면 이러한 가정을 통해 더욱 실질적인 도움을 얻을 수 있다. 이 세상에 살고 있는 수많은 사람들은 자신이 원하는 것을 모른다. 대부분은 자신이 원하지 않는 것이 무엇인지는 잘 아는데, 그것 때문에 지금 고생하고 있거나 과거에 고생한 경험이 있기 때문이다. 경험을 통해 바람직하지 않은 모든 가능성을 배제하는 것은 힘든 일이고 또한 불가능하다. 그렇기 때문에 당신이 원하는 것이 무엇인지 알면 골치 아플 일이 많이 줄어든다.

우리의 근본적인 목적을 삶의 중심축으로 삼는다면 모든 결정이 한결 쉬워진다. 인생의 반려자나 여정을 함께할 친구를 선택할 때 이러한 근본적인 목적을 염두에 두어야 한다.

우정을 위한 동기 중 가장 순수한 형태는 2가지뿐이다. 첫 번째는 다른 사람이 최고 수준의 자아를 실현할 수 있도록 당신이 도와주는 상황이고, 두 번째는 당신이 최고 수준의 자아를 실현할 수 있도록 다른 사람이 도와주는 상황이다. 이상적인 우정이란 이 2가지가 동시에 이루어지는 상황을 말한다. 이는 친구 사이에서는 반드시 필요한 것은 아니지만 반려자 사이에서는 꼭 필요하다. 당신이 일방적으로 다른 사람을 도울 수 있다는 이유만으로 일차적인 관계가 형성될 수는 없다. 가장 흔한 형태의 일차적 관계인 혼인 관계에서 두 사람은 최고 수준의 자아를 실현할 수 있도록 서로 자극하고 격려하며 또한 둘 사이의 자녀가 최고 수준의 자아를 실현할 수 있도록 교육한다.

이 사람은 내가 최고 수준의 자아를 실현할 수 있도록 도울 것인가? 나는 이 사람이 최고 수준의 자아를 실현하는 것을 도울 수 있는가? 당신은 자녀가 이러한 기준을 통해 친구를 선택하기를 바라지 않는가? 당신의 자녀가 누군가를 가까운 사람으로 받아들이기 전에 "이 사람은 내가 최고 수준의 자아를 실현할 수 있도록 도울 것인가?"라는 질문을 던지기를 원하지 않는가? 그렇다면 당신은 이러한 기준을 이용하는가? 혹시 얄팍하고 피상적인 기준을 통해 친구를 선택하지 않았는가?

인기부터 기회까지 거의 모든 것이 우정의 동기가 된다. 당신의 동기는 무엇인가? 당신의 친구는 누구이며 왜 그와 친구가 되었는가? 당신과 가까이 지내는 친구들의 동기는 무엇인가?

이러한 이유로 나는 고등학교 강연 등에서 젊은 사람들에게 변덕이나 갈망, 환상이 아니라 방향을 제공하는 원칙과 오래 지속되는 가치를 기반으로 중요한 결정을 내리라고 이야기한다. 누구와 며칠, 몇 주, 몇 달, 몇 년을 보낼 것인지는 결국 우리가 선택해야 한다. 얼마 지나지 않아 그 관계는 우리가 택한 우정의 수준까지 비상하거나 추락하게 된다.

나는 인생을 살면서 축복과도 같은 수많은 사람을 만났다. 오늘날 세계 곳곳에 살고 있는 내 친구들은 내가 최고 수준의 자아를 실현할 수 있도록 격려하고 자극하고 내게 영감을 준다.

현재 내 인생에서 가장 중요한 역할을 하고 있는 친구는 펜실베이니아 북동부에 사는 재니와 토니 부부다. 나는 두 사람을 몇 년 전 처음 만났는데, 재니의 책 『필수적인 식사Essential eating』를 읽고 나서부터 식습관을 완전히 바꾸었다. 우리가 처음 만났을 당시 나는 아주 부실하게 먹고 다녔다. 하지만 재니는 사람에게는 음식이 연료이며 내게 주어진 몸을 좀더 잘 관리해야 한다고 설득했다.

토니는 과거에 알코올중독자였다. 그는 지난 20년간 술을 한 방울도 입에 대지 않았지만 중독자들을 놀라울 정도로 깊이 이해하고 있었다. 토니는 지옥 같은 고통을 겪으며 알코올중독을 극복했고, 지금은 중독에서 벗어나려고 애쓰는 사람들을 돕고 있다. 토니는 다른 사람에게 절대 어떻게 하라는 조언을 하지 않는다. 그는 그저 질문을 던지고 상대에게 이야기를 끌어냄으로써 최고 수준의 자아실현에 필요한 행동을 직접 할 수 있도록 돕는다. 이러한 방식으로 사람을 대하려면 엄청난 인내심이 필요한데, 요즘처럼 바쁜 세상에서는 정말 입이 떡 벌어지는 일이 아닐 수 없다.

내가 재니, 토니 부부와 깊은 우정을 쌓을 수 있었던 것은 그들이 내 삶의 공적인 영역을 간과하지 않으면서 나를 개인으로 존중하고 받아들이기 때문이다. 어떤 사람은 책과 강연이나 세미나에서 드러나는 '매슈 켈리'로만 나를 받아들이고, 어떤 사람은 어린 시절 알고 지냈던 혹은 대학을 함께 다녔던 '매슈'로만 나를 받아들인다. 내가 매슈 켈리이기를 원하는 사람들은 그 이름 뒤의 평범한 사람을 무시하는 경향이 있고, 내가 매슈이기를 바라는 사람들은 내 삶의 공적인 영역을 간과하는 경향이 있다. 하지만 내게는 내 삶의 어떤 부분도 무시하거나 거부하지 않는 친구, 일상적이고 개인적인 순간과 특별하고 공적인 순간을 모두 함께할 수 있는 친구도 필요하다. 토니와 재니가 바로 그런 친구다.

다른 좋은 친구로는 댄이 있다. 무슨 이야기를 해도 댄은 나를 함부로 판단하지 않는다. 이는 정말 놀라운 일이다. 처음 댄을 만났을 때 나는 전적으로 다른 사람을 수용하는 댄에게 거부감을 느꼈다. 하지만 시간이 흐르면서 경험을 통해 그는 내가 아는 사람 중 가장 함부로 남을 비판하지 않는 사람이라는 사실을 알게 되었다. 나도 댄만큼 남을 비판하지 않고 상대를 있는 그대로 받아들이고 싶다.

댄이 나에게 전해주는 느낌, 즉 완전히 인정받는 느낌을 나도 다른 사람들에게 전해주고 싶다. 그래서 나는 댄의 주변에 머무는 것이 좋다. 그는 나에게 에너지를 주고 내가 변화하고 성장할 수 있도록 조용한 자극을 준다. 한 가지만 말해두자면 남을 비판하지 않는 태도를 유지하는 것은 생각보다 훨씬 어렵다.

내 친구 닉은 내가 아는 어느 누구보다 진심으로 다른 사람의 일에 많은 관심을 쏟는다. 닉이 "요즘 어떻게 지내?" 혹은 "오늘 하루 어땠어?"라고 말하는 것은 단순한 인사치레가 아니라 진심으로 궁금하기 때문에 하는 질문이다. 닉의 약혼녀는 태보를 가르치는데, 닉과 나는 화요일 밤이면 그녀가 수업하는 강의실 뒤편에서 땀을 뻘뻘 흘리며 그동안 있었던 일을 이야기한다.

나는 테니스를 제법 잘 치는 편인데, 내 친구 켄은 경기를 할 때마다 최선을 다하도록 나를 자극한다. 켄은 나보다 나이가 거의 2배나 많지만 아주 훌륭한 운동선수이고 경쟁심이 아주 강하다. 나는 그 점이 정말 마음에 든다. 나는 삶의 어느 부분에서든 내가 적당히 하는 수준을 넘어서 최선을 다하도록 돕는 사람 곁에 머무는 것을 좋아한다. 켄이 바로 그런 사람이고 나는 그와 함께 있을 때 에너지를 얻는다.

마크는 비교적 젊은 나이에 사업 분야에서 대단한 성공을 거두었다. 마크는 2가지 방식으로 나를 돕는다. 첫째, 그는 나에게 가장 중요한 일과 내가 가장 잘하는 일에 시간을 쏟되 그렇지 않은 분야의 일은 다른 능력 있는 사람에게 맡기라고 말한다. 둘째, 마크는 내 일에 대해 잘 이해하고 있는 몇 안 되는 사람 중 하나로 매슈 켈리 재단에 대한 내 비전을 갈고닦으라고 계속해서 나를 격려한다. 마크는 이런 질문을 던진다. "매슈 켈리 재단은 100년 후 무슨 일을 하고 있을까?" 그와의 우정은 정말 끈끈하다.

우정은 서로가 최고 수준의 자아를 실현할 수 있도록 도울 때 두터워질 수 있다. 어떤 방식으로든 내 친구들은 나보다 나은 사람들이고, 그렇기 때문에 그들은 좋은 친구들이다. 단순히 그들의 훌륭한 인격을 지켜만 봐도 나는 최고 수준의 자아에 가까운 방향으로 움직이게 된다. 다양한 측면에서 당신보다 나은 사람을 늘 주변에 두고 그들의 인격을 통해 변화하고 성장하고 최고 상태의 자아를 실현할 수 있도록 노력하라.

어떻게 친구를 선택할 것인가? 어떤 기준으로 반려자를 선택할 것인가? 당신이 원하는 최고 수준의 자아를 마음속으로 선택하라. 본질적 목표를 삶의 한가운데에 두고 그것을 기준으로 모든 결정을 내리도록 하라.

## 관계의 문제가 무엇이든 아직 늦지 않았다

이 책의 첫 부분에서 우리는 수많은 관계를 살펴보았다. 자아 성찰을 위한 질문도 많이 했다. 그 질문들을 읽으며 잠시 책을 내려놓고 깊이 생각해보기를 바란다. 앞으로 며칠 혹은 몇 주 동안 계속 그 질문을 떠올려보자. 질문은 인간 존재에 있어 중요한 부분이다.

가끔은 책에서 읽는 내용이 몹시도 명확하고 현실적이고 진실처럼 다가오기 때문에 읽는 즉시 변화가 찾아오는 순간이 있다. 그런 글을 쓰는 것은 모든 작가의 소망이다. 어떤 글에서 매우 크고 즉각적인 감동을 받으면 그 글을 어디에서 앉아 읽었는지까지 생생하게 기억이 난다. 내게는 그와 같은 경험이 많다. 내게 가장 큰 감동을 주었던 책들을 한곳에 꽂아두는데, 나는 그 책들을 어디에서 샀는지, 또 어디에서 처음 읽었는지를 다 말할 수 있다.

『제임스 앨런의 생각의 지혜James Allen's Wisdom of Thinking』를 처음 읽고 깊은 생각에 잠겼던 그때 나는 로스앤젤레스발 시드니행 저녁 비행기 안에 있었다. 어니스트 헤밍웨이Ernest Hemingway의 『파리는 날마다 축제A Moveable Feast』를 처음 읽고 감동에 빠졌던 곳은 주말여행으로 떠난 팜 비치였다. 책 전체에서 큰 감동을 받는 경우도 있고 한 구절이나 한 문단에 꽂히는 경우도 있다. 나는 고등학교 졸업반 때 작가 조지프 콘래드Joseph Conrad가 커츠의 입을 통해 들려준 속삭임에 가까운 외침을 들었다. 커츠가 죽기 직전에 암흑의 핵심 속에서의 자신의 삶을 돌아보며 내뱉은 "공포! 공포!"라는 외침을 고등학교 졸업을 앞두고 처음 접한 것이다.

지금 이런 이야기를 하는 이유는 작년에 읽었던 책을 언급하기 위해서다. 그 책을 읽기 일주일 전에 에이전트와 점심 식사를 했고 우리는 서로의 인생에 심오한 영향을 주었던 책에 대해 이야기했다. 대화 도중에 그는 휴 프레이더Hhgh prather의 『나에게 보내는 편지

Notes to myself』를 언급했다. 그 책을 읽은 적도 없고 휴 프레이더라는 작가조차 처음 들어본 나는 그날 오후 호기심에 온라인으로 책을 주문했다.

책이 도착한 뒤 나는 글을 쓰는 서재의 커다란 가죽의자에 앉았다. 작은 문고본인 『나에게 보내는 편지』의 표지를 넘기고 전체를 훑어보는 동안 '이 책은 내 스타일이야.'라는 생각이 들었던 걸로 기억한다. 왜 그런 생각을 했는지는 모르겠다. 아마도 생각을 나타내는 방식 때문이었을 것이다. 읽는 즉시 사람을 변화시키는 책을 만나면 그런 사소한 것까지 다 기억하게 된다.

나는 그날 프레이더 책을 한 쪽만 읽었다. 나는 그 한 쪽을 읽고 또 읽었다. 그러고는 오랫동안 자리에 앉아 그 부분을 곱씹었다. 왜 그 부분이 그렇게 강렬하게 다가왔는지 이유는 알 수 없지만 그 내용은 지금 우리의 대화와 특히 관련이 있는 듯하다.

내가 만약…
대단한 미래에 대해서 잊었다면
녹색의 것과 건물을 바라보았다면
내 주변 사람에게 손을 내밀었다면
공기의 냄새를 맡았다면
형식과 스스로 정한 의무를 무시했다면
지붕에 떨어지는 빗소리를 들었다면
아내를 두 팔로 안았다면
… 아직 너무 늦지 않았다.

우리가 '스스로 정한 규정'으로 우리 인생을 복잡하게 만드는 점과 '지붕에 떨어지는 빗소리'를 듣거나 사랑하는 사람을 두 팔로 안는 것과 같은 단순한 기쁨 사이의 대비가 매우 강렬하다. 하지만 그러한 후회 끝에는 예상치 못한 새로운 기회와 미래에 대한 희망이 드러난다. 이 글은 읽는 즉시 나를 바꾸어 놓았다. 내게 중요한 것이 무엇인지 일깨워주고 나의 우선순위를 재편성하게 한다.

아직 너무 늦지 않았다는 것은 놀라운 일이다. 당신이 속한 관계의 문제가 무엇이든 간에 아직 늦지 않았다. 이것만 기억하라. 당신이 해결하는 입장이 아니라면 당신은 결국 문제를 일으키는 입장이다.

아직 너무 늦지 않았다. 하나가 되기에도 늦지 않았고, 헤어지기에도 늦지 않았다. 용감하게 세상으로 나가 최고 수준의 자아실현에 나서기에도 늦지 않았다. 모든 순간은 상황을 역전하기 위한 새로운 기회가 될 수 있다. 아직 너무 늦지 않았다는 것은 진정 놀라운 일이다.

· 타인과 강력한 방식으로 교감하는 것은 우리가 반드시 갈고닦아야 할 기술이다. 우리가 매일 하는 일은 대부분 생존과 직결된 것들인데, 관계는 이러한 생존에 필요한 원동력을 제공한다.

· 우리는 가끔 어떤 관계가 그냥 정체되어 있다고 생각하지만 그것은 사실이 아니다. 그 관계는 이미 죽어가고 있다.

· 일차적인 관계는 감정적인 집과 같아서 언제든 돌아가 편히 쉴 수 있는 장소여야만 한다.

· 당신이 행복하지 않다면 새로운 관계를 시작하는 것은 아무런 의미가 없다.

· 모든 사람과 너무도 넓고 얕은 관계를 맺으면 진정 대단한 관계를 누릴 수 없고 놀라운 친밀함을 경험할 수 없다. 오히려 몇몇 관계에 집중하면 그 속에서 사랑과 친밀함의 경이로움을 경험할 수 있다.

· 당신이 속한 관계의 문제가 무엇이든 간에 아직 늦지 않았다.

# 05

## 사랑의 반대는
## 증오가 아닌 무관심이다

사랑의 반대는 증오가 아니라 무관심이다. 증오라는 극단적인 감정으로 파괴되는 관계는 손에 꼽을 정도인 반면에 무관심으로는 수많은 관계가 파괴된다. 오늘날 우리 주변에서 흔히 보고 경험할 수 있는 서서히 악화되는 관계는 증오와 아무런 관련이 없다. 우리의 관계를 서서히 악화하는 것은 무관심이다. 무관심은 남편과 아내, 부모와 자녀, 친구와 이웃, 직원과 고용주의 사이가 멀어지게 만든다.

"무슨 상관이래whatever!" 요즘 흔히 사용하는 이 간단한 표현에 대해 생각해보자. "무슨 상관이래!"는 모든 세대의 신조가 되었다. 이 말은 무슨 뜻인가? "신경 안 써."를 뜻하고 "혼자 내버려둬." "방해하지 마." "관심 없어."를 뜻한다.

무관심은 우리의 인생과 관계에서 가장 큰 파괴력을 지니고 있다. 무관심이 있는 곳에 열정은 존재하지 않는다. 무관심은 모든 위대한 활동을 위해 필요한 에너지와 열정을 파괴한다. 무관심이 있는 곳에 목적의식은 존재하지 않는다. 인생의 열정과 목적에 무관심해질 때 우리는 헨리 소로Henry Thoreau가 이야기했던 것처럼 조용히 절망하는 삶을 살게 된다. 연인과 부부 사이에서 서로 무관심해지고, 관계 안에서의 열정과 목적에 무관심해지면 그들의 관계는 어느새 끔찍한 고통으로 가득 차게 된다.

## 무관심은 분리하지만 사랑은 통합한다

무관심의 반대는 사랑이다. 무관심은 분리하지만 사랑은 통합한다. 무관심은 신경 쓰지 않지만 사랑은 진심으로 신경 쓴다. 무관심은 희망이 없지만 사랑은 희망으로 가득하다. 무관심은 냉소적이지만 사랑은 무작정 믿어준다. 무관심은 절망적이지만 사랑은 기쁨으로 충만하다. 무관심은 관여하지 않지만 사랑은 기꺼이 관여한다. 무관심은 인색하지만 사랑은 풍요롭다. 무관심은 피곤하지만 사랑은 에너지가 넘친다.

우리 관계의 가장 큰 적은 증오가 아니다. 역동적인 관계를 추구하려 한다면 반드시 무관심을 경계해야 한다. 진심으로 아끼는 사람이 무관심한 자세로 나올 때 감정적인 모래 위를 걷는 것 같은 기분이 든다. 당신이 깊이 사랑하는 사람이 당신이나 당신과의 관계에 무관심한 상황을 직접 경험해보면 무관심이 무엇인지 정확히 이해할 수 있다.

무관심에 대한 해결책은 무엇인가? 사랑이다. 하지만 나중에 문제가 생길 수 있기 때문에 환상은 버려야 한다. 사랑을 통해 누군가를 무관심의 늪에서 끌어내는 일은 보통 인내심으로는 불가능한 일이다.

무관심은 영혼 없는 삶을 의미한다. 사랑은 영혼이 담긴 삶의 결실이다. 우리는 단순히 관계뿐 아니라 인생의 모든 부분에서 영혼이 담긴 삶을 살아야 한다. 영혼이 담긴 삶은 많은 사람들을 괴롭혔던 무시무시한 무관심으로부터 우리를 해방시킨다. 영혼이 담긴 삶은 절망으로부터 우리를 구원한다.

오늘날의 광고와 미디어는 사람들에게 재미와 즐거움, 쾌락을 추구하고 계속 물건을 구입하면 이런 절망에서 해방될 수 있다는 미신을 심어준다. 하지만 이는 진짜 문제를 가림으로써 우리가 더 깊은 절망에 빠지도록 만들 뿐이다.

영혼이 담긴 삶은 무관심이라는 질병에서 우리를 구한다. 영혼이 담긴 삶은 조용한 절망의 고리로부터 우리를 해방시킨다. 이쯤에서 우리는 자문해야 한다. "영혼이 담긴 삶을 산다는 것은 무슨 의미인가? 영혼이 담긴 관계를 맺는다는 것은 무슨 의미인가?"

우리의 본질적 목표를 유념하며 일상의 모든 활동에 임한다면 그 일에 영혼을 담을 수 있다. 대부분 평생 일을 하며 사는데, 많은 사람들은 자신의 일을 끔찍이도 싫어한다. 일이 재미없어서 그렇게 느끼는 사람도 있고, 돈을 적게 벌기 때문에 그 일이 의미 없다고 생각하는 사람도 있다. 하지만 잘 따져보면 진짜 문제는 그들이 본질적 목표와 일 사이에서 연관성을 찾아내지 못했다는 데 있다.

모든 것의 가치는 최고 수준의 자아실현에 도움이 되는 정도와 비례한다. 어떤 일은 본질적으로 봤을 때 다른 일보다 더 많은 의미를 지니고 있다. 아프리카의 굶주린 사람들을 돕거나 암 치료제를 만드는 일은 길거리 청소보다 더 의미 있는 일처럼 보인다. 하지만 정직한 노동이라면 우리가 그 노동과 본질적 목표와의 연관성을 찾는 순간 무한한 의미를 지니게 된다. 그 일이 정직하기만 하다면 가장 의미 없는 일조차도 우리의 근본적 목적을 통해 의미를 부여받을 수 있다.

한 사람이 평생 청소부로 일하면서 매일 열심히 길을 쓸고 최선을 다해 자신의 일을 한다면 그는 그 일을 통해 더 높은 수준의 자아를 실현하게 될 것이다. 돈을 많이 버는 대기업 사장이 탐욕스럽고 나태하기만 하다면 그는 시간이 지날수록 더 낮은 수준의 자아를 실현하게 될 것이다. 이 두 사람 중 누구의 일이 더 의미 있는가? 청소부의 일이 대기업 사장의 일보다 훨씬 의미 있다. 모든 활동은 그것이 우리의 근본적 목적에 영향을 주는 정도와 비례해서 가치를 얻게 된다. 이 상황에서는 청소부가 대기업 사장보다 훨씬 영혼으로 충만한 삶을 살고 있는 셈이다.

운동을 하는 것은 영혼이 담긴 일이다. 우리의 몸에 에너지를 주는 음식을 먹는 것도 영혼이 담긴 일이다. 육체를 보살필 때 우리는 영혼이 담긴 삶을 살게 된다. 양서를 읽는 것도 영혼이 담긴 일이다. 영혼이 충만한 사람들은 지적 호기심이 강하기 때문이다. 우리의 영혼을 보살피는 것과 영적인 세계를 탐험하는 것도 영혼이 담긴 삶이다.

영혼이 담긴 삶은 인간에게 활력을 불어넣는다. 영혼이 담긴 삶은 사소해 보이는 일상적인 활동과 본질적 목적 사이에서 연관성을 찾을 때 비로소 완성될 수 있다. 최고 수준의 자아실현을 위해 혼신을 힘을 다해 차를 닦지 않는다면 세차는 그저 세차일 뿐이다. 최고 수준의 자아실현을 위해 최선을 다해 음식을 만들지 않는다면 가족을 위한 저녁 식사 준비는 그저 요리일 뿐이다. 삶에서 가장 사소한 활동조차도 본질적 목표를 염두에 두고 수행한다면 큰 의미를 얻게 된다.

이렇듯 우리의 관계 역시 영혼으로 충만해야 한다. 가장 사소한 행동도 관계의 근본적 목적을 염두에 두고 헌신하는 마음으로 임해야 한다. 누군가를 사랑한다는 것은 무슨 의미인가? 사랑한다는 것은 온 힘을 다해 상대가 최고 수준의 자아를 실현하도록 돕는 것이고, 근본적 목표의 달성을 방해하는 일은 절대 하지 않는 것을 뜻한다. 영혼이 담긴 관계에는 무관심이 비집고 들어설 자리가 없다.

영혼이 담긴 삶은 본질적 목표를 염두에 두고 모든 일에 임하는 것을 의미한다. 영혼이 담긴 관계는 서로가 최고 수준의 자아를 실현하도록 돕는 것을 전제로 한다. 이때 영혼으로 충만한 관계를 만들기 위해서는 영혼으로 충만한 사람들이 필요하다. 자녀에게는 영혼을 담지 않으면서 영혼으로 충만한 일차적인 관계를 유지할 수는 없다. 또한 일에는 영혼을 담지 않으면서 연인과의 관계에만 영혼을 담을 수는 없다. 영혼이 담긴 삶의 스위치는 껐다 켰다 할 수 있는 것이 아니다. 영혼이 담긴 삶은 하나의 생활방식이며 이것은 한 번 맛보면 중독되어버린다.

영혼으로 충만한 사람은 너그러운 가슴을 가지고 있으며, 그들의 삶에 등장하는 사람들에게 무차별적인 사랑을 베푼다. 그들은 감사와 풍요의 세계에 살고 있고, 늘 곁에 있는 사람에게 에너지를 준다. 삶에 대한 그들의 애정은 전염성이 아주 강하다. 그렇다면 당신은 영혼이 담긴 삶을 살고 있는가?

## 사랑은 감정이 아니라 선택이다

이 책을 쓰고 있을 당시 한 청년이 내 세미나를 듣고 조언을 구하기 위해 나를 찾아왔다. 그는 열심히 일하는 27세 젊은이였다. 그는 아내를 사랑했고 아내에게 충실했으며 사랑스러운 아이가 3명이나 있었다. 하지만 2주 전에 아내는 그에게 이혼하자고 통보했다. 이유를 묻자 그녀는 더이상 그를 사랑하지 않는다고 했다. 그가 무엇을 잘못했기 때문이냐고 묻자 그녀는 그의 잘못이 아니며 그는 늘 좋은 아빠이자 좋은 남편이었지만 단지 그에 대한 사랑이 식었다고 답했다. 이것은 아주 슬픈 동시에 아주 흔한 상황이다.

사랑은 감정이 아니다. 영화와 음악을 통해 우리는 어릴 때부터 사랑이 감정이라는 믿음을 갖게 된다. 이러한 믿음 때문에 감정이 행동을 좌지우지하도록 내버려두는 것이다. 우리가 최고 수준의 자아를 실현하도록 도울 사람이 누구인지에 대해 고민하기보다는 그 순간 감정이 이끄는 대로 행동하게 된다. 하지만 인간이 가진 측면 중에서 가장 일관적이지 못한 것이 바로 감정이다.

감정이 우리의 행동과 삶을 지배해서는 안 된다. 우리의 행동은 희망이나 가치, 열망의 지배를 받아야 한다. 또한 그 행동은 무엇보다 본질적 목적의 지배를 받아야 한다. 감정의 지배를 받는 사람은 위험하다. 그들은 규율을 따르지 않으며 일관적이지 않고 믿음직하지 않다. 반면에 가치와 본질적 목표의 지배를 받는 사람은 규율을 따르고 일관적이고 믿음직하기 때문에 귀한 대접을 받아 마땅하다.

일관적이지 않고 믿음직하지 않은 사람을 주변에 두고 싶다면 감정에 따라 친구, 직장 동료, 직원, 반려자를 선택하면 된다. 일관적이고 믿음직한 사람을 주변에 두고 싶다면 가치의 지배를 받는 삶을 사는 친구, 직장 동료, 직원, 반려자를 선택하면 된다. 그들은 당신이 최고 수준의 자아를 실현하도록 도울 것이다.

사랑은 감정이 아니라 선택이다. 감정은 변하기 마련인데 순간의 감정에 따라 관계의 중요한 선택을 내린다면 삶이 힘들어지고 험난해질 것이다. 사랑은 명사가 아니라 동사다. 다시 말해 사랑은 우리에게 벌어지는 일이 아니라 우리가 행하는 일이다.

스티븐 코비Steven Covey는 훌륭한 이야기를 들려준다. 하루는 그가 적극성proactivity에 관한 프레젠테이션을 했는데, 적극성이란 기본적으로 다음과 같은 생각을 말한다. "인간으로서 우리는 인생에 대한 책임이 있다. 우리의 행동은 주어진 조건이 아니라 자발적인 선택에 의해 결정된다. 감정은 반드시 가치의 지배를 받아야 하며, 우리에게는 어떤 일을 실현하기 위해 필요한 결단력과 책임감이 있어야 한다." 이 프레젠테이션이 끝난 뒤 한 남자가 코비에게 다가와 말했다. "스티븐, 당신의 말은 아주 훌륭합니다. 하지만 사람마다 상황이 다 달라요. 제 결혼을 보면 알 수 있죠. 전 정말 걱정됩니다. 저와 아내는 서로에 대한 마음이 예전 같지 않아요. 저는 아내를 사랑하지 않고 아내도 저를 사랑하지 않죠. 제가 어떻게 해야 할까요?"

"예전과 같은 감정이 이제 없다고요?" 코비가 물었다.

"바로 그겁니다." 남자가 답했다. "그리고 우리에게는 사랑스러운 아이가 셋이나 있어요. 어떻게 하는 게 좋을까요?"

"아내를 사랑하세요." 코비가 답했다.

"말했다시피 지금은 아내에게 그런 감정이 없다니까요."

"아내를 사랑하세요."

"이해를 못 하시나 보네요. 사랑의 감정이 없다니까요."

"그렇다면 아내를 사랑하세요. 감정이 없다는 것은 아내를 사랑해야만 하는 좋은 이유가 됩니다."

"사랑하지 않는데 어떻게 사랑하라는 말이죠?"

"'사랑'은 동사예요. 사랑의 감정은 사랑을 행할 때 얻어질 수 있습니다. 그러니까 아내를 사랑하세요. 아내에게 봉사하세요. 희생하세요. 아내의 말을 들으세요. 공감하세요. 감사하세요. 아내에게 충성하세요. 그럴 마음이 있습니까?"

현대 문화는 친밀함과 섹스를 동일시하고 사랑은 감정이라고 말한다. 우리는 이 2가지 부분에서 속고 있는데, 이렇게 그릇된 철학이 우리 삶의 방향을 결정하도록 내버려두어서는 안 된다. 섹스는 단순히 친밀함의 그림자에 불과하며, 감정은 우리가 사랑이라 부르는 꽃의 향기에 불과하다. 그리고 그 꽃은 항상 만개하는 것이 아니다.

사랑은 선택이며 어떤 상황에서든 가장 현명한 단 하나의 선택이다. 사랑은 함께하는 것을 의미할 때도 있고 헤어지는 것을 의미할 때도 있다. 사랑은 자녀가 원하는 물건을 사주는 것을 뜻할 수도 있고 사주지 않는 것을 뜻할 수도 있다. 사랑은 어려운 처지의 친구에게 위로를 건네는 것을 의미하기도 하고 반대로 쓴소리를 하는 것을 의미하기도 있다.

사랑은 선택인데 그것도 아주 어려운 선택이다. 특히 사랑하는 사람이 원하는 것을 주어서는 안 되거나 그가 원하는 말을 해서는 안 될 경우 더욱 힘들어진다. 사람들에게 그저 원하는 것을 주고 원하는 말을 해주는 것은 사랑을 선택하는 것보다 쉬운 일이다.

모든 순간은 사랑을 택할 수 있는 기회다. 하지만 우리가 사랑을 선택했음에도 불구하고 그 사랑이 거절당하고 오해받고 혹은 상대방의 사랑으로 화답받지 못할 때 골치 아픈 일이 시작된다.

당신이 할 수 있는 것은 그저 당신이 사랑할지 말지를 선택하는 것뿐이다. 다른 사람이 당신을 사랑할지 말지를 당신이 결정할 수는 없다. 하지만 모든 상황에서 사랑을 선택한다면 그 무엇도 그 누구도 절대 당신을 작아지게 만들 수 없다. 다른 사람이 그 사랑에 화답하지 않을지도 모르지만 그렇다고 해서 당신이 작아지는 것은 아니다. 사랑을 받아들이지 못하는 상대의 실패는 어디까지나 상대의 실패일 뿐이며 오직 그 상대만을 작아지게 만든다.

사랑하지 않는 쪽을 택하는 것은 스스로에 대한 중대한 범죄행위다. 다른 사람에 대한 앙심 때문에 혹은 다른 사람의 마음을 다치게 하려고 사랑을 드러내지 않는 사람이 있을지도 모른다. 이때 사랑의 감정을 붙잡아두는 것은 독약은 자신이 마시고 다른 사람이 죽기를 바라는 상황과 비슷하다. 불안한 것이 싫고 안전한 것이 좋아 사랑을 자제할지도 모른다. 하지만 그러한 안전함은 환상에 불과하며, 시간이 지날수록 사랑을 택하지 않은 사람은 사랑을 택한 사람보다 더욱 초라한 인간으로 변할 것이다.

사랑은 선택이다. 우리가 사랑을 택할 때 우리의 영혼은 커진다. 우리가 사랑을 택하지 않을 때 우리의 영혼은 작아진다.

## 사랑은 우리를 본질적으로 변화시킨다

사랑은 선택이며 그것도 아주 중요한 선택이다. 그 이유는 우리가 사랑하는 대상을 닮아가기 때문이다. 돈을 사랑하는 사람은 차갑고 무심하게 변하고, 마약과 술을 사랑하는 사람은 유해하게 변한다. 이기적이고 배려심이 부족한 사람을 사랑하면 우리도 이기적이고 배려심이 부족한 사람으로 변하는 경향이 있다. 이타적이고 친절하고 너그럽고 겸손하고 열정적이고 타인을 잘 배려하는 사람을 사랑하면 우리도 그렇게 변한다. 우리는 어느새 우리가 사랑하는 것이 되어간다.

우리가 사랑하는 것은 우리 마음을 건드리고 상상력을 자극한다. 우리는 사랑하는 대상을 오랜 시간 생각한다. 생각은 행동을 결정하고, 행동은 습관을 결정하고, 습관은 인격을 결정하고, 그 인격이 바로 당신의 운명이 된다. 우리가 사랑하는 것은 우리의 에너지를 빼앗는데, 이는 마땅히 그래야만 한다. 사랑 자체는 집착이 될 수도 있지만 어떤 것에 집착할지 선택할 수 있는 권한은 우리에게 있음을 늘 명심해야 한다.

- 당신은 무엇을 사랑하는가?
- 무엇이 당신을 매료시키는가?
- 당신의 상상력을 자극하는 대상은 무엇인가?

사랑하기로 선택한 대상만큼 우리 삶에 큰 영향을 미치는 것은 없다. 페드로 아루페Pedro Arrupe는 이렇게 말한다. "당신이 사랑에 빠진 대상, 즉 당신의 상상력을 사로잡은 그것이 다른 모든 것을 결정한다. 그것은 당신이 아침마다 침대에서 벌떡 일어나게 되는 이유는 물론 저녁에 무엇을 할지, 주말을 어떻게 보낼지, 무엇을 읽을지, 어떤 사람을 사귈지, 무엇 때문에 가슴 아파할지, 어떤 것에 즐거움을 느끼고 감사할지를 결정할 것이다. 사랑에 빠지고 그 안에 머물면 그 사랑이 모든 것을 결정할 것이다.

사랑은 우리를 변화시킨다. 아니, 반드시 그래야만 한다. 사랑은

우리는 어느새 우리가
사랑하는 것이 되어간다.
우리가 사랑하는 것은
마음을 건드리고 상상력을 자극한다.

본질적으로 변화하는 것이며 우주에서 가장 강력한 변화의 요소다. 우리는 사랑 속으로 추락하지 말고 사랑 속에서 날아올라야 한다. 사랑으로 인해 더 낮은 수준의 자아에 도달해서는 안 되며 사랑을 통해 더 높은 수준의 자아를 실현할 수 있도록 격려와 자극을 받아야 한다. 인생은 사랑에 관한 것이며, 우리가 사랑하기로 선택한 것은 좋은 쪽으로든 나쁜 쪽으로든 우리를 변화시킨다.

"당신의 있는 모습 그대로를 사랑한다."라는 빌리 조엘Billy Joel의 히트곡 가사는 25년이 넘는 세월 동안 곳곳에서 수없이 많이 울려 퍼졌다. 끊임없이 다투며 "왜 나를 있는 모습 그대로 사랑하지 않아?"라고 말하는 사람이 얼마나 많던가?

반드시 다른 사람을 있는 모습 그대로 사랑해야 할까? 당연한 말이다. 하지만 누군가를 진심으로 사랑하게 되면 우리는 그들이 변하기를 바라게 된다. 아내를 사랑한다면 아내의 지금 모습을 있는 그대로 사랑하고 받아들이는 동시에 그녀가 변화하고 성장해서 마침내 최고 수준의 자아를 실현하기를 원해야 한다. 자녀를 있는 모습 그대로 사랑해야 하지만 부모로서 자녀가 성장하고 변화하고 다양한 가능성을 탐험해보기를 바라는 것은 지극히 당연한 일이다. 친구를 있는 모습 그대로 사랑하되 그 친구가 변화하고 본질적 목적을 추구할 수 있도록 자극해야 한다.

남편을 사랑하는 아내는 이렇게 말한다. "당신은 매주 일요일 축구 경기를 보면서 맥주와 감자칩을 너무 많이 먹는 것 같아. 이번 주에 장볼 때 내가 좀더 건강한 간식을 사다 줄까?"

"당신은 무조건 날 사랑하는 줄 알았는데." 남편은 대꾸한다.

"그래, 난 당신을 무조건적으로 사랑해." 아내는 말한다. "당신을 사랑하기 때문에 당신이 건강했으면 좋겠어."

"왜 나를 바꾸려고 하는 거야?" 남편은 묻는다. "나를 있는 모습 그대로 사랑하는 줄 알았어. 우리 결혼식 때 축가에도 그런 가사가 나오잖아."

이러한 대화는 수많은 관계에서 끊임없이 반복된다. 남자친구와 여자친구, 남편과 아내, 그리고 물론 부모와 자식 사이에서도 이런 대화가 오간다. 이런 대화의 결말은 항상 교착상태다. 무엇이 이 교착상태를 유발하는지에 대한 질문을 던져보면 도움을 받을 수도 있는데, 두 사람이 본질적 목적을 달성하기 위해 힘을 모아 헌신하지 않을 때 이와 같은 교착상태가 발생한다.

이 이야기에서 아내는 남편이 최고 수준의 자아를 실현하도록 도우려고 하지만 남편은 아내가 원하는 방식으로 변할 마음이 없다. 남편은 아내가 잔소리를 한다고 불평하고, 아내는 어떻게 하면 둘의 관계에 대한 남편의 열정에 다시 불을 붙일 수 있을까 오랜 시간 고민한다. 공동의 목적에 대한 공동의 헌신이 없기 때문에 둘은 서로를 쉽게 이해할 수 없다.

사랑은 변한다. 관계는 우리가 변화할 수 있도록 자극을 주어야 한다. 우리가 스스로를 보는 방식, 타인을 보는 방식, 세상을 보는 방식을 바꿀 수 있어야 한다. 하지만 우선 변화와 성장에 대한 우리의 요구를 사랑하는 사람이 거부감 없이 받아들일 수 있게 하려면 가장 중요한 것은 본질적 목적이며 그 목적을 함께 추구하겠다는 내용에 서로 동의해야 한다.

이 책의 2부에서 소개할 친밀함의 7단계를 살펴보면 두 사람이 적어도 3단계를 넘어서지 않으면 이와 같은 역동적인 교류는 불가능하다는 것을 차차 알게 될 것이다. 친밀함은 역동적인 변화의 열쇠이기 때문이다.

## 인생은 돈이 아닌 사랑에 관한 것이다

사람들은 매일 다양한 일을 하며 바쁜 하루를 보내는데, 그 속에서 가장 중요한 무언가를 간과하기가 쉽다. 그것은 인간 경험의 정점에 위치하고 있는 사랑이며, 이 사랑을 주고받는 것은 인간에게 있어 가장 고귀한 소명이다. 언뜻 사랑을 주는 것이 더 어려워 보이지만 마음을 열고 다른 사람의 사랑을 받아들이는 것이 훨씬 더 어렵다.

사랑을 주고받는 일을 게을리해서는 안 된다. 우리가 통제할 수 있는 것은 받기가 아니라 주기뿐이므로 어디에서 누구를 만나든 끊임없이 사랑을 주어야 한다. 물론 인생을 살면서 일도 하고 공과금도 내고 공부를 해서 시험에도 통과해야 한다. 이것은 생존을 위해 필요한 일이다. 하지만 사랑은 그 생존의 이유다.

• 무엇이 당신에게 중요한가?

- 당신에게 가장 소중한 것은 무엇인가?
- 하나뿐인 짧은 인생 동안 당신은 무엇을 할 것인가?
- 당신의 생이 끝났을 때 누가 당신을 기억하기를 바라는가?
- 당신의 생이 끝났을 때 당신을 어떻게 기억하기를 바라는가?
- 만약 내일 죽는다면 지금 어떤 일을 하지 않은 것을 아쉬워할 것인가?
- 만약 내일 죽는다면 지금 어떤 말을 하지 않은 것을 아쉬워할 것인가?

인생은 어떤 구두를 신는지에 관한 것이 아니다. 당신이 좋은 동네에 사는지, 크고 멋진 집에 사는지에 관한 것이 아니다. 인생은 당신이 타는 차에 관한 것이 아니다. 당신이 응원하는 축구팀에 관한 것이 아니며 그 팀의 승패에 관한 것이 아니다. 축구팀에 입단했는지, 축구팀에 입단할 수 있는지, 그 팀에서 어떤 포지션을 맡을 것인지에 관한 것이 아니다. 인생은 당신이 어떤 대학을 나왔는지, 어떤 대학에 갈 수 있는지, 당신의 자녀가 어떤 대학에 갈 것인지에 관한 것이 아니다. 인생은 이런 것과는 전혀 관계가 없다.

인생은 돈에 관한 것이 아니다. 당신의 지위나 권력에 관한 것이 아니다. 당신이 유명한지에 관한 것이 아니다. 당신이 매년 멋진 곳에서 휴가를 보내는지에 관한 것이 아니다. 당신이 어떤 종류의 옷을 입는지 그 옷에 값비싼 상표가 붙어 있는지에 관한 것이 아니다. 인생은 이런 것과는 전혀 관계가 없다.

인생은 당신이 만났던 사람이나 지금 만나는 연인에 관한 것이 아니다. 당신의 부모님이나 인맥에 관한 것이 아니다. 부모님과 학교 신생님들은 이런 말을 싫어하겠지만 인생은 학창 시절 성적에 관한 것도 아니다. 인생은 이런 것과는 전혀 관계가 없다.

인생은 사랑에 관한 것이다. 당신이 사랑하는 사람과 상처 주는 사람에 관한 것이다. 인생은 당신이 스스로를 어떻게 사랑하고 상처 주는지에 관한 것이며, 당신이 주변 사람들을 어떻게 사랑하고 어떻게 상처 주는지에 관한 것이다. 인생은 매 순간 당신이 인생에서 마주하는 사람을 어떻게 사랑하고 또 어떻게 상처를 주는지에 관한 것이다. 인생은 사랑에 관한 것이다.

· 무관심의 반대는 사랑이다. 무관심은 분리하지만 사랑은 통합한다. 무관심은 신경 쓰지 않지만 사랑은 진심으로 신경 쓴다. 무관심은 희망이 없지만 사랑은 희망으로 가득하다.

· 사랑은 감정이 아니라 선택이다. 감정은 변하기 마련인데, 순간의 감정에 따라 관계의 중요한 선택을 내린다면 삶이 힘들어지고 험난해질 것이다.

· 이타적이고 친절하고 너그럽고 겸손하고 열정적이고 타인을 잘 배려하는 사람을 사랑하면 우리도 그렇게 변한다. 우리는 어느새 우리가 사랑하는 것이 되어간다.

· 인생은 매 순간 당신이 인생에서 마주하는 사람을 어떻게 사랑하고 어떻게 상처를 주는지에 관한 것이다. 인생은 사랑에 관한 것이다.

친밀감의
7단계

# 06

## 친밀함의 7단계가
## 인생을 바꾸는 방식

우리가 단지 가지고 싶어서 원하는 것이 있고 필요하기 때문에 원하는 것이 있다. 친밀함은 행복한 삶을 위해 꼭 필요한 것이다. 음식이나 물이 없다면 며칠간 밖에 생존할 수 없고 공기가 없다면 몇 분만에 죽는다. 음식과 물, 공기는 살아가는 데 반드시 필요한 요소다. 친밀함도 마찬가지다. 친밀함이 없어도 생존할 수는 있으나 번영할 수 없고 최고 수준의 자아에 도달할 수 없다.

우리 모두는 불안감을 느끼기 때문에 안정을 찾고 길들여지고자 한다. 우리의 불안감은 친밀함에 대해 심장이 갈망하는 것이다. 완전하고 가치 있고 충만하고 만족스러운 기분을 느끼기 위해 우리는 종종 쾌락과 소유, 성공을 추구한다. 우리는 어떤 종류의 쾌락을 맛보거나, 충분히 많은 물건을 소유한다면, 혹은 어떠한 성공을 손에 넣는다면 불안감을 극복할 수 있고 충만함과 만족감을 맛볼 수 있다고 스스로 설득한다. 하지만 아무리 많은 쾌락과 소유, 성공을 맛본다고 해도 처음에만 잠시 만족스러울 뿐 우리는 또다시 다른 무언가를 갈망하게 된다.

그래서 더 강한 쾌락, 더 많은 물건, 더 큰 성공을 추구하게 되고 이번에야말로 만족감을 얻게 될 것이라는 착각에 빠진다. 하지만 그런 만족감은 찾아오지 않는다. 대안이 없다면 우리는 이 같은 과정을 죽는 날까지 반복하게 된다. 마지막 순간까지 불안감을 안고 사는 것이다.

## 친밀함은 실질적이고 정당한 필요다

우리는 쾌락과 소유, 성공이 우리의 갈증을 채워줄 것이라는 미신을 계속 믿는다. 하지만 쾌락과 소유, 성공의 끝맛은 매번 씁쓸하고 불만족스러울 뿐이다. 진정으로 필요하지 않은 것은 아무리 가져도 모자라다고 느끼기 때문이다.

우리에게 정말 필요한 것은 무엇인가? 우리에게는 더 많은 돈, 더 빠른 차, 더 큰 집, 혹은 더 높은 직위로의 승진이 필요하지 않다. 인간에게 무엇보다 필요한 것은 친밀함이다. 우리는 계속해서 정당하지 않은 필요를 추구하고 정당한 필요를 무시한다. 그 결과 불안하고 불만족스러운 삶을 살게 된다. 육체적 · 정서적 · 지적 · 영적으로 정당한 필요에 부합하는 생활방식을 만들어낼 때 비로소 만족을 얻을 수 있다. 친밀함은 실질적이고 정당한 필요이며, 지구 상의 그 어떤 쾌락과 소유, 성공도 정당한 필요에서 오는 만족감처럼 당신

인간에게 무엇보다 필요한 것은
친밀함이다.
우리는 계속해서 정당하지 않은
필요를 추구하고 정당한 필요를 무시한다.

을 크게 만족시키지는 못할 것이다. 서로를 위해 정당한 필요를 충족시켜주는 것은 관계의 정수라 할 수 있다. 이것이 바로 소울메이트다.

인생에서 무언가 잘못되었거나 무언가 빠졌다고 느낀 적이 있는가? 우리 인생에는 무언가 더 있을 것이라는 허전한 느낌을 받은 적이 있는가? 우리의 인생에서 무언가 잘못되었고 무언가 빠졌으며 무언가 더 있다고 느꼈다면 그것은 바로 친밀감이다.

## 친밀함의
## 7단계 훑어보기

친밀함의 7단계는 일상적인 관계를 바라보는 당신의 시각을 바꾸어놓을 것이다. 각 단계는 당신이 관계 속에서의 어떤 신호를 인지하도록 돕고, 친밀함을 끌어안을 수 있도록 힘을 줄 것이다.

친밀함의 1단계는 상투적인 말의 단계다. 2단계는 사실의 단계, 3단계는 의견의 단계, 4단계는 꿈과 희망의 단계다. 5단계는 감정의 단계, 6단계는 결함·두려움·실패의 단계다. 마지막으로 친밀함의 7단계는 정당한 필요의 단계다.

이 7단계는 얄팍함에서 깊음으로, 무관함에서 유관함으로, 정당하지 못한 욕망에서 정당한 필요로, 심판에서 수용으로, 두려움에서 용기로, 거짓된 자아에서 진정한 자아로, 외로움에서 깊은 우정으로, 고립에서 통합으로 나아가는 여정이다.

# 깊은 의미를 지닌
# 친밀함의 7단계

친밀함의 7단계는 모델이다. 모델은 당신이나 당신이 사랑하는 사람들처럼 살아 숨쉬는 생명체가 아니다. 또한 모델은 완벽하지도 않다. 하지만 모델은 탁월하고 강력하며 깊은 의미를 지니고 있는데, 그러한 점은 사람과 아주 비슷하다. 모델은 우리가 삶에서 마주하는 복잡한 상황을 단순화해서 이해하기 쉽고 명료하게 보여준다는 측면에서 강력한 힘을 지닌다.

친밀함의 7단계라는 모델은 완벽하지 않지만 강력하며 깊은 의미를 지니고 있다. 또한 당신이 관계를 바라보는 방식을 영원히 바꾸어놓을 것이다. 몇몇 모델은 이 세상이나 삶에 대한 우리의 시각을 완전히 바꾸어놓았다. 수요와 공급 모델은 경제에 대한 우리의 시각을 변화시켰다. 아무도 지구가 둥글다는 것을 믿지 않았을 때 그 누군가는 모델을 내놓아야만 했다. 강력한 모델은 세상에 대한 우리의 인식과 인생을 사는 방식을 변화시킨다. 친밀함의 7단계 모델도 관계에 대한 당신의 인식을 영원히 바꾸어놓을 것이라고 확신한다.

효율적인 모델은 단순하고 실용적이다. 모델의 정확성은 해당 주제에 관한 일상적인 경험을 통해 입증될 수 있다. 친밀함의 7단계는 모델의 주제가 관계, 더 구체적으로 말하면 관계를 통해 얻을 수 있는 친밀함이기 때문에 일상적인 관계에서 이 모델의 유효성을 확인할 수 있다. 모델을 효율적이고 유용하게 활용하려면 우선 그 모델을 지배하는 규칙을 이해해야 한다. 이후 이어지는 내용에서 친밀함의 7단계라는 모델에 대해 알아보자. 이 모델을 지배하는 규칙과 기준은 다음과 같다.

첫째, 관계는 어느 한 가지 단계로 규정되는 경우가 드물다. 예를 들어 하나의 관계를 5단계 혹은 3단계의 관계라고 규정해서는 안 된다. 당신의 관계는 매일 친밀함의 7단계 중 여러 단계를 거친다. 여기에는 예외가 하나 있다. 바로 슈퍼마켓 점원이나 은행원처럼 아주 가벼운 이차적인 관계는 제외한다. 이러한 관계는 1단계의 친밀함에만 한정되어 있는 경우가 많기 때문이다. 친밀함의 7단계와 관련된 모든 내용을 다 읽으면 이러한 규칙을 더욱 쉽게 이해할 수 있다. 그렇기 때문에 이 책의 13장까지 모두 읽은 다음 다시 여기로 돌아와서 규칙을 읽어보는 것도 도움이 된다.

둘째, 친밀함의 7단계는 언젠가 다 풀어야 할 숙제가 아니다. 어느 날 갑자기 서로의 눈을 보며 "우리는 지금 7단계에 도달했어."라고 말할 수 있는 성질의 것이 아니라는 뜻이다. 7단계의 친밀함을 경험한다고 해서 당신의 역할이 끝나는 것도 아니며, 그때부터 그 관계에 대해 나태해지고 태만해지고 무관심해져도 괜찮은 것이 아니다. 우리는 매일 관계 속에서 다양한 단계의 친밀함을 경험한다. 어느 날 갑자기 "어제는 5단계에 도달했으니 오늘은 6단계에 도전해보자."라고 말할 수는 없다. 친밀함의 7단계를 모두 순서대로 경험하는 것도 아니다. 이 규칙 역시 이 책의 이어지는 내용을 전부 읽으면 더욱 쉽게 이해할 수 있다. 하지만 무엇보다 중요한 것은 7단계를 자세히 살펴보기 전에 이러한 역학관계를 먼저 인식하는 일이다.

셋째, 모든 관계에서 친밀함의 7단계를 전부 경험해야 하는 것은 아님을 이해해야 한다. 어떤 관계는 단 하나의 단계인 1단계의 친밀함에만 속해 있기도 하고, 또 어떤 관계는 7단계의 친밀함을 두루 경험할 만한 가치가 있기도 하다. 후자의 경우 물론 그 깊이는 경우에 따라 달라진다. 이를테면 자매와 나누기에는 적절하지만 직장 동료와 나누기에는 부적절한 친밀함이 있다. 또한 부부 사이에서는 자연스럽지만 부모와 자식 간에는 자연스럽지 않은 친밀함이 있다. 하지만 일차적인 관계를 맺고 있는 사람과는 친밀함의 모든 단계를 깊이 있게 경험할 수 있어야 한다. 그 속에서는 아무런 제한 없이 모든 친밀함을 두루 경험할 수 있어야 하는데, 물론 그것이 상대방에게 상처를 주고 그가 최고 수준의 자아에 도달하는 것을 방해하는 경우는 예외다.

넷째, 친밀함은 서두른다고 얻을 수 있는 것이 아니다. 시간표대로 진행되지도 않는다. 대신 이 과정은 유동적이고 늘 변화한다. 친밀함을 얻으려면 물론 노력이 뒤따라야 하지만 친밀해진다는 것은 어떤 면에서 시간과 압력의 학문인 지질학과 비슷하다. 당신과 상대의 노력이 부드러운 압력으로 작용한다고 볼 수 있다.

모델에는 규칙이 있으며 그 규칙 덕분에 모델은 효력을 얻게 된다. 앞서 소개한 내용들은 친밀함의 7단계를 이해하기 위해 꼭 필요한 몇 가지 규칙들이다.

무언가를 배울 때 가장 좋은 방법은 남에게 가르쳐보는 것이다.

이제부터 친밀함의 7단계를 살펴보면서 당신의 연인, 친구, 가족, 직장 동료와 그 내용에 대해 논의해보자. 다른 사람과 이 내용을 논의함으로써 이 모델의 각 단계에 대해 더 깊이 이해할 수 있을 것이다. 이 모델에 대해 배우고 나누다 보면 어느새 당신의 관계가 변하게 될 것이다.

## 중점적으로 고려할 3가지 관계를 정하라

세미나에서 친밀함의 7단계를 소개하면 각 단계마다 각각 다른 관계를 머릿속에 떠올리는 경우가 많다. 이는 지극히 자연스럽고 일반적인 현상이다. 이 책을 처음 읽으면서 최대한 많은 것을 얻고자 하는 사람이 있다면 앞으로 중점적으로 고려할 3가지의 관계를 우선 정하자.

그 이유는 긍정적인 면이나 부정적인 면 중 지나치게 어느 한쪽에만 중점을 두는 사람들이 있기 때문이다. 그들은 친밀함의 각 단계에서 긍정적인 면 때문이든 부정적인 면 때문이든 각각 다른 관계를 떠올릴 뿐 하나의 관계를 오랫동안 유심히 정직하게 뜯어보려는 노력을 하지 않기가 쉽다.

친밀함의 7단계와 관련해 어떤 관계를 중점적으로 살펴볼 것인지 지금 당장 선택하자. 이 책을 처음 읽으면서 일차적인 관계에만 초점을 맞추고 싶다면 그것도 좋다. 혹은 다양한 관계를 한번에 두루 살펴보고 싶을 수도 있다. 일차적인 관계를 맺고 있는 사람이라면 상대와 아무런 문제가 없다고 생각할지라도 일차적 관계를 중점적으로 다룰 3가지 관계에 포함시키자. 이 책을 처음 읽는다면 3개 이하의 관계에만 집중할 것을 권한다. 3개가 넘는 관계를 한번에 고려하면 이 모델의 목적과 효과가 약해진다. 또한 각각 다른 종류의 관계를 선택해야 한다.

예를 들어 아내가 세상을 떠나서 이제 가장 소중한 사람이 3명의 자녀라면 각각의 자녀를 자세히 살펴볼 3개의 관계로 설정해서는 안 된다. 자녀 중에 한 명을 선택하고 나머지는 친구나 형제를 선택하라. 마찬가지로 미혼의 젊은이라면 3명의 자매를 중점적으로 살펴볼 3개의 관계로 설정해서는 안 된다.

다양한 종류의 관계를 살펴본다면 친밀함의 7단계의 폭과 깊이를 이해하는 데 도움이 될 것이며, 자신과 자신이 관계를 맺는 방식을 더욱 포괄적으로 이해할 수 있게 될 것이다. 그렇기 때문에 중점적으로 살펴볼 3가지 관계를 선택해서 종이에 적는 것이 좋다. 그런 다음 각 단계의 내용을 하나씩 읽을 때마다 그것과 관련해서 당신이 선택한 관계를 평가하도록 하라.

나중에 다른 관계를 염두에 두고 친밀함의 7단계를 다시 살펴보고 싶을지도 모른다. 아니면 똑같은 관계를 염두에 두고 다시 7단계의 내용을 살펴보고 싶을 수도 있는데, 이렇게 하면 이 책을 처음 읽을 때와 비교해서 그 관계가 얼마나 변화하고 성장했는지 확인할 수 있다. 이러한 이유에서 7단계의 내용을 읽는 동안 간단히 필기를 할 것을 권한다.

　친밀함의 7단계는 당신이 관계를 경험하는 방식을 혁명적으로 바꾸어놓을 것이다. 모델은 우리에게 힘을 주고 우리가 서 있는 위치와 가야 할 방향을 알려준다. 친밀함의 7단계는 어째서 인간이 특정한 방식으로 움직이는지, 관계에 대한 두려움에 맞설 때 어떤 보상이 따르는지 알려주어 당신에게 두려움을 극복하고 일어설 용기를 줄 것이다. 이렇게 진실을 인식하고 힘을 얻게 되면 기꺼이 사랑하는 사람이나 더 사랑하고 싶은 사람과 한층 더 깊은 친밀함을 나누고 싶어질 것이다.

· 우리에게 정말 필요한 것은 무엇인가? 우리에게는 더 많은 돈, 더 빠른 차, 더 큰 집, 더 높은 직위로의 승진이 필요하지 않다. 인간에게 무엇보다 필요한 것은 친밀함이다.

· 친밀함의 1단계는 상투적인 말의 단계다. 2단계는 사실의 단계, 3단계는 의견의 단계, 4단계는 꿈과 희망의 단계다. 친밀함의 5단계는 감정의 단계, 6단계는 결함 · 두려움 · 실패의 단계다. 마지막으로 친밀함의 7단계는 정당한 필요의 단계다.

· 친말함의 7단계는 모델의 주제가 관계, 더 구체적으로 말하면 관계를 통해 얻을 수 있는 친밀함이기 때문에 일상적인 관계에서 이 모델의 유효성을 확인할 수 있다.

· 이 책을 처음 읽으면서 최대한 많은 것을 얻고자 하는 사람이 있다면 앞으로 중점적으로 고려할 3가지 관계를 우선 정하자.

# 07 친밀함의 1단계:
# 상투적인 말을 나눈다

'클리셰Cliché'는 진부한 문구나 표현 또는 그것을 통해 드러난 생각, 진부한 주제나 묘사 혹은 상황, 지나치게 익숙하거나 흔해져버린 것을 의미한다. 관계를 형성하는 것이 당신에게는 이러한 클리셰, 즉 상투적인 말이 되어버린 것이 아닌가?

친밀함의 1단계는 상투적인 말을 나누는 단계다. 상투적인 말만 주고받는 것은 대화라고 부를 만한 가치도 없다. 상투적인 말을 나누는 것은 서로 가볍게 인사하며 개인에 대해 거의 드러내지 않고 피상적인 이야기를 하는 것에 불과하다. 하지만 이런 종류의 의사소통은 모르는 사람과 처음 대화할 때나 일상적인 거래를 할 때 매우 유용하다. 거래는 상투적인 말처럼 지루하고 반복적이다. 하지만 관계는 거래가 아니다. 관계에는 역동적인 협력이 필요하다. 1단계의 친밀함은 처음 인맥을 쌓을 때 유용하고 일상생활에 필요하기는 하지만 계속된 상투적인 말은 관계의 영혼을 파괴하므로 진정한 친밀함을 방해하는 장애물이라 말할 수 있다.

# 왜 우리는 상투적인 말로
# 대화하는가?

모든 사람은 상투적인 말을 주고받는 관계를 맺고 있다. 이러한 관계에서의 대화는 대략 다음과 같다.

- 잘 지냈어?
- 응.
- 오늘 하루 어땠니?
- 좋았어.
- 뭐 했는데?
- 어제랑 똑같지.

슈퍼마켓 점원과 상투적인 말로만 대화한다면 별 문제가 없겠지만 배우자나 청소년기의 자녀와 그렇게 대화한다면 큰 문제다. 당신의 일차적인 관계는 상투적인 말을 하는 것에 불과한가? 그래서 점점 진부함을 느끼는가? 거래에 가까워지고 있는가? 이제는 무례하다고 느껴질 정도로 지나치게 익숙해졌는가? 너무 흔해져버렸는가? 그렇다고 해도 절망하기에는 아직 이르다.

우리가 상투적인 대화를 나누는 이유는 무수히 많다. 단순하고 이해하기 쉽다는 것 이외에도 이유는 다양하다. 처음 만난 사람과 대화할 때, 그리고 타인과 일정 수준의 관계를 유지할 때 상투적인 말을 사용하면 유용하다. "기분 어때요?"는 대화를 시작할 때 이용되는 가장 간단하고 흔한 말이다.

이때 친밀함으로 연결할 수 있는 열쇠는 당신이 정말 상대방의 대답을 궁금해한다고 느끼도록 하는 것이다. 사실 사람들이 "기분 어때요?"라고 묻는 것은 대부분 단지 공손해 보이기 위해서다. 그리고 대개 상대방이 "괜찮아요!"나 "좋아요!"라는 상투적인 답변을 할 것이라고 예상한다. 상투적인 말은 대화를 시작할 때 유용하지만 지속될 경우 얄팍하고 피상적인 대화로 변해버리기 때문에 친밀함에 대한 갈증을 해소해주지 못한다.

동시에 상투적인 말은 대화를 마무리할 때 이용할 수 있다. 무관심하고 이기적이고 겁이 많은 사람은 상투적인 말로 의미 있는 대화의 기회를 사전에 차단하는 데 능숙하다. 예를 들어 아내가 남편에게 "오늘 유럽에서 일어난 일을 어떻게 생각해?"라고 물었을 때 남편이 "그냥 그렇지 뭐!"라고 답한다고 생각해보자. 또 다른 예로 아빠가 청소년기에 접어든 자녀에게 "나랑 네 엄마와 대화를 나눌 마음이 있니?"라고 물어보자 아이는 "관심 없어요."라고 답한다.

글로 적어놓으니 이러한 대화가 너무 잔인하고 무례해 보이지만 별다른 문제 없이 건강하고 정상적이라 여겨지는 관계에서도 이런 대화가 점점 더 흔해지고 있다. 하지만 이러한 대화는 문제가 있는 것이 분명하므로 비정상적이고 건강하지 못한 대화다. 이런 대화가 오간다는 것은 관계에 지금 당장 관심을 기울여야 할 만큼 심각한 균열이 생겼다는 신호다.

오늘날의 젊은이들은 이러한 의사소통을 더 발전시켜 비의사소통noncommunication의 형태로까지 변화시켰다. 그 예로는 "무슨 일이야?"나 "무슨 상관이래!" 같은 상투적인 말을 들 수 있다. 흥미롭게도 10대들은 어른과의 깊은 대화를 피하기 위해 상투적인 말을 이용하지만 또래 친구와는 완전히 다른 방식으로 대화한다.

오늘날 이런 식으로 대화하는 10대가 많은 이유는 무엇일까? 의미 있는 방식으로 대화를 나누면 자칫 평가나 비난을 받을 수도 있다는 두려움 때문일 것이다. 10대들은 있는 그대로의 모습으로는 인정받지 못할 것이라고 생각하는데, 자신을 이해하는 이가 아무도 없다는 생각에 이런 대화를 택하는 것일지도 모른다. 혹은 의식적으로든 무의식적으로든 자신이 가치 없고 딱한 사람이라고 생각해서 계속 상투적인 말만 내뱉는 것일 수도 있으며, 단순히 게으르고 남에게 무관심해서 이런 말을 할 수도 있다. 혹은 자기 자신에게만 몰두한 나머지 다른 사람과의 대화는 지루한 시간 낭비라고 생각해서일 수도 있다.

어른들의 이유도 놀라울 정도로 비슷하다. 우리는 평가받고 비판받는 것을 두려워한다. 또한 자신이 인정받지 못하는 상황을 감지하는 능력이 있으며, 거절당하는 것을 무서워한다. 누구도 자신을 이해하지 못한다고 느끼며, 사람들은 대부분 타인을 이해하려고 노력하기보다는 스스로 이해받기를 원한다고 생각한다. 우리는 모두 비밀스러운 수치심을 안고 살고 있으며 자신을 가치 없고 딱한 존재로 여기기도 한다. 우리는 게으르고 무관심하며 자신에게만 몰두한다.

상투적인 말은 안전하다. 그런 이유에서 우리는 상투적인 말에 매달린다. 하지만 훨씬 더 깊은 친밀함을 나누어야 할 관계에서 상투적인 말만 남용한다면 행복한 삶을 위해 반드시 필요한 친밀함을 절대 얻을 수 없다.


## 가벼운 대화를
## 나누지 못하는 사람

어떤 관계에서는 상투적인 말로 점철된 대화와 정반대 상황을 직면하게 된다. 장점을 가진 모든 것이 그러하듯 너무 과해도 문제지만 너무 부족해도 문제다. 어떤 사람은 친밀함의 1단계에 해당하는 상투적인 말을 남용해서 문제가 되지만 어떤 사람은 상투적인 말을 거의 안 쓰거나 아예 가벼운 대화 자체를 거부해서 문제가 된다. 이것은 남용만큼이나 잔인하고 자연스럽지 못하고 무례하고 배려 없는 행동이다.

가벼운 대화가 아예 불가능한 사람을 상상해보자. 아마 주변에 이런 사람이 한 명쯤은 있을 테니 굳이 상상할 필요가 없을지도 모른다. 그들은 다정하고 친절한 모습은 절대 보이지 않고 사교적인 자리를 불편해한다. 조용한 성격에 말투는 퉁명스러워서 다소 거만해 보이며 거리감이 느껴진다. 그리고 말을 한다고 해도 자연스럽게 대화를 시작하지 못하기 때문에 난데없이 뛰어드는 느낌을 준다. 곧장 주제나 그들이 느끼기에 중요한 사안에 대해 말을 꺼내는데, 화젯거리는 그들이 잘 아는 분야인 경우가 많다. 그들은 이런 점을 지적당하면 '멍청이들의 비위를 맞추는 일'에는 관심이 없으며 가벼운 대화에서는 얻을 것이 없다고 말한다.

여기서 우리는 반드시 질문을 던져야 한다. "이러한 태도와 접근 방식이 친밀함을 높이는 데 도움이 될까?" 물론 절대 아니다. 사실 이런 사람들은 모든 질문에 "무슨 상관이래!"라고 답하는 10대와 많은 면에서 닮았다. 이들 중에는 머리가 좋은 사람이 많지만 그들은 지성 뒤에 숨어버린다. 아주 똑똑하지는 않지만 자신의 우월함을 뽐내기 위해 다른 종류의 가면을 쓰는 사람도 있다. 그들이 친밀함을 피하는 이유는 친밀함을 피하는 많은 사람들의 이유와 다를 바가 없는데, 친밀함 없이는 행복할 수 없음에도 불구하고 그것을 두려워하기 때문이다.

이러한 두려움 때문에 그들은 타인의 세상을 피해 자신만의 세상으로 숨어든다. 그 세상에서 나르시시스트 같은 집착이 시작되고, 마침내 그들은 타인과 어울리는 것은 지루한 시간 낭비라고 자신을 설득한다. 그렇게 자신만의 세상에서 몇 년을 지내다 보면 타인의 취향이나 요구에 점점 무관심해지고, 결국 타인에게 작은 관심을 보이거나 서로 간단히 대화하는 일조차 불가능하게 된다. 이에 대해 그들은 자신의 머릿속에 늘 거대하고 고결한 생각이 가득하기 때문에 사소한 문제에 신경 쓸 여력이 없다고 말할지도 모른다. 하지만 사실은 "기분 어때?" "오늘 하루 어땠어?" "뭐 했어?"라고 다른 사람에게 물어볼 줄 아는 상식적인 수준의 예절과 애정 어린 마음으로 대화를 할 수 있는 공감 능력이 현저히 부족한 탓이다.

그들은 태어날 때부터 가벼운 대화를 할 줄 몰랐다고 말할지도 모른다. 하지만 그들은 스스로 가벼운 대화가 불가능한 사람이 되기를 선택한 것이다. 결론부터 말하자면 그 사람들은 무서워 죽을 지경에 처해 있다. 사교 공간에서 시간을 보내는 것이 불편하고 다른 사람과 쉽게 어울리지 못하는 것처럼 보이지만 사실 이러한 기질은 그들이 수년간 노력해온 결과다. 우리는 다른 사람에게 관심을 보임으로써 그들에게 환영받고 인정받는다는 기분을 안겨줄 수 있다. 다른 모든 것과 마찬가지로 남에게 관심을 보이는 것도 연습을 통해 더 잘하게 될 수 있다.

우리는 모두 친밀함을 피할 방법을 찾는다. 그 중에는 아주 복잡한 방법도 있고 단순하고 속이 뻔히 보이는 방법도 있지만 결과는 다 똑같다. 우리는 계속해서 친밀함을 갈망하게 된다.

## 무작정 함께 시간 보내기가 최우선 과제다

상투적인 말의 폭압을 넘어서는 가장 효율적인 방법이 한 가지 있다. 바로 무작정 함께 시간을 보내는 것이다. 무작정 함께 시간을 보내는 것은 5분이나 10분이 아닌, 2시간이나 4시간을 함께 있거나 주말여행을 떠나는 것이다. 무작정 함께 보내는 시간은 아무런 목적 없이 함께 보내는 시간을 말한다.

모든 관계는 무작정 함께 보내는 시간이 있을 때 발전할 수 있지

우리는 모두 친밀함을 피할 방법을 찾는다.
그 중에는 아주 복잡한 방법도 있고
단순하고 속이 뻔히 보이는 방법도 있지만 결과는 다 똑같다.
우리는 계속해서 친밀함을 갈망하게 된다.

만 우리는 관계 발전을 위해 그러한 선물을 하지 않는다. 여기에서 5분, 저기에서 10분을 기웃거리고 이쪽에서 전화 통화를 하고 저쪽에서 문자 메시지를 날린다. 이런 상황에서 우리의 관계가 진정으로 발전할 수 있다고 생각하는가? 이런 방식으로 다른 인간과 진정한 유대 관계를 형성할 수 있다고 믿는가? 아니면 단순히 정신없이 바쁜 일상 탓에 이런 고민을 할 여유가 없는 것인가?

청소년기 자녀에게 더 많은 이야기를 듣고 싶다면 아무 목적 없이 오후 시간을 함께 보내도록 하자. 그리고 무언가 새로운 일을 계속 주기적으로 반복하며 일상생활이 되도록 하자. 처음에는 당연히 10대 자녀가 의심의 눈빛을 보내겠지만 무작정 함께 보내는 시간이 일상이 된다면 당신의 진심을 알아차리고 마음을 열기 시작할 것이다.

이와 같은 접근 방식은 다른 관계에도 적용할 수 있다. 무작정 함께 시간을 보낸 다음 그 관계가 성장하는 모습을 잘 지켜보자. 일차적인 관계를 처음 시작하는 시점을 떠올려보자. 아마도 두 사람은 오랜 시간을 함께 보냈을 것이고 둘이 함께 있지 않을 때는 다음에 만나면 무엇을 할지에 대해 고민했을 것이다. 관계를 맺는 초반에 즉흥적으로 무작정 함께 보내는 시간이 존재했는가? 두 사람은 서로를 기쁘게 만들기 위해 얼마나 많은 에너지를 쏟아부었는가?

요즘 연인과 시간을 보내는 일이 예전보다 많다고 생각할지도 모른다. 하지만 혹시 단순히 같은 장소에 머무는 시간만 늘어난 것은 아닌가? 아침에 눈을 떴을 때 아무 계획 없이 연인에게 "오늘은 뭐

하고 싶어?"라고 마지막으로 물어본 때는 언제인가? 혹시 연인을 즐겁게 해주려는 노력을 갑자기 그만둔 것은 아닌가? 언제부터 노력하지 않았는가? 그 이유는 무엇인가? 다른 사람을 기쁘게 해줄 때 느끼는 행복을 잊어버린 것은 아닌가?

우리는 모두 멋진 관계를 꿈꾸지만 쉽게 산만해진다. 소중한 사람과 무작정 함께 시간을 보내고 싶어하지만 다른 급한 일에 몰두하느라 바쁘다.

매일 아침 눈을 뜨면 그날 급히 진행할 업무 목록이 눈앞에 펼쳐진다. 수첩 속에 업무 목록이 적혀 있거나 책상 위에 놓여 있다. 냉장고나 컴퓨터에 붙어 있는 경우도 있다. 급한 업무 목록은 당신의 마음속이나 배우자의 마음속에 존재할 수 있다. 하지만 매일 그 목록이 그 목록이다. 우리는 늘 급한 업무에 정신없이 쫓기는데, 자칫 앞으로 남은 인생을 급한 일에 쫓기며 살 수도 있다.

여기에서 문제는 가장 중요한 일은 긴급하게 처리할 경우가 거의 없다는 점이다. 아침에 일어나 "오늘은 긴급하게 운동 좀 해야겠어."라고 마지막으로 다짐한 적은 언제인가? 운동은 급히 처리할 일이 아니다. 오히려 급한 일이 생겼을 때 빼먹을 수 있는 것이 운동이다. "오늘 회의 다 취소해. 내 영혼을 살찌우고 나 자신과 세상에 대한 비전을 확장하고 지적인 자극을 받기 위해 좋은 책을 읽어야겠어."라고 비서에게 마지막으로 말한 것이 언제인가? "오늘 급하게 신선한 유기농 과일과 채소를 사서 정말 몸에 좋고 맛있는 음식을 만들어 먹겠어."라고 마지막으로 이야기한 것이 언제인가? 우리는 긴급할 때 좋은 음식을 먹지 않는다. 급할 때는 드라이브 스루drive through 패스트푸드점으로 향한다.

가장 중요한 일은 급하게 진행되어야 할 경우가 거의 없다. 삶의 4가지 영역(육체적·정서적·지적·영적 영역)에서 우리는 가장 중요한 일이 무엇인지 알면서도 급한 일을 다 마친 후에 그 중요한 일을 할 것이라고 다짐하며 자신을 기만한다. "일이 다 마무리되면 그걸 할 거야!"라고 혼잣말을 하고 동시에 다른 사람에게 호언장담한다. 정말 급한 일이 마무리된 후에 중요한 일을 다 한다면 세상에는 문제가 별로 없을 것이다. 하지만 우리는 그 중요한 일을 하지 않는다. 하기 싫어서가 아니라 급한 일은 절대 끝나는 법이 없기 때문이다. '이제 급한 일이 전부 끝났어!'라고 마지막으로 생각했던 때가 기억이나 나는가?

그런 일은 일어나지 않는다. 해야 할 일의 목록은 매일 점점 더 길어진다. 급한 일이 전부 끝나는 경우는 절대 없으며 오히려 매일 조금씩 일이 밀린다. 어떨 때는 당신의 존재와는 상관없이 인생이 제 맘대로 굴러가는 것 같은 착각마저 든다. 급한 일이 마무리된다고? 그런 일이 진짜 벌어진다고 생각하는가?

정작 중요한 일은 급한 경우가 거의 없기 때문에 더더욱 우리 삶에서 중요하게 여겨야 한다. 중요한 일을 우리의 일정에 포함시켜야 한다. 그렇게 하지 않으면 실행하지 않고 미루어지기 일쑤다. 요한 괴테Johann Goethe는 "가장 중요하지 않은 일 때문에 가장 중요한 일을 놓쳐서는 안 된다."라는 명언을 남기기도 했다.

우리는 무작정 함께 시간 보내기를 최우선 과제로 삼아야 한다. 무작정 시간 보내기의 달인은 단연 10대들이다. 어른들과 친밀해지지 않으려고 상투적인 말을 쓸지언정 또래 집단의 친구와의 관계에서는 무작정 함께 시간 보내기의 진수를 보여준다.

10대들은 무슨 일을 하는가? 전화 통화를 한다. 얼마나 오랫동안 통화하는가? 몇 시간씩 통화한다. 조니가 4시간 동안 통화를 하고 전화를 끊자 아버지가 묻는다. "통화를 얼마나 오래 했니?"

"별로 오래 안 했어요." 조니가 대답한다.

"누구랑 통화했는데?" 어머니가 묻는다.

"수전이요." 조니가 답한다. 수전은 조니의 여자친구다.

"둘이 무슨 이야기했니?" 이제 아버지가 묻는다.

"별말 안 했어요!"

조니가 "별로 오래 안 했어요."라고 말했을 때 반드시 그가 거짓말을 했다고 볼 수는 없다. 부모님께 "별말 안 했어요!"라고 말한 것 역시 무언가를 숨긴 것이 틀림없다고는 볼 수 없다. 무작정 함께 시간을 보내는 행위는 본질적으로 시간의 구애를 받지 않는다. 시간감각을 잃어버리는 것이다. 무작정 함께 시간 보내기는 말 그대로 무작정이다. 함께 있는 즐거움을 누리는 것 이외에 다른 목적이란 있을 수 없다.

10대들은 무작정 함께 시간 보내기의 달인들이다. 친구를 만나러 외출하는 자녀에게 부모들은 "어디 가니?"라고 묻는다. 이에 대해 자녀들은 "몰라요!"라고 답한다. 물론 부모 입장에서는 이런 답변을 용납하기 힘들지만 어쩌면 아이들은 사실만을 말한 것이라 볼 수 있다.

## 무작정 함께
## 시간을 보내는 데도 방법이 있다

무작정 함께 시간 보내기 때문에 젊은 사람들은 그리도 쉽게 사랑에 빠진다. 나이 든 사람들은 무작정 함께 보내는 시간이 부족하기 때문에 쉽게 사랑의 감정을 잃어버린다. 무작정 함께 시간을 보내다 보면 우리는 인생, 그리고 타인과 사랑에 빠지게 되며 친밀함의 1단계를 벗어나 다음 단계로 발전한다.

문제는 바로 이것이다. 무작정 함께 시간 보내기를 어떻게 시작할 것인가? 배우자, 연인, 자녀나 부모, 친구나 직장 동료와 무작정 함께 시간을 보낼 필요가 있다고 생각하든 그렇지 않든 무작정 함께 시간을 보내는 방법은 수없이 많다.

우선 함께 시간을 보낼 일정을 잡아야 한다. 이 말을 듣고 무언가 이상하다고 생각하는 사람이 있을지도 모른다. '일정을 잡아야 한다면 그것은 무작정 함께 시간을 보내는 것이 아니다.'라는 생각 때문이다. 하지만 그렇지 않다. 무작정 함께 보내는 시간은 아무런 목적 없이 함께 보내는 시간이다. 나는 일정을 잡지 않아도 무작정 함께 보내는 시간이 저절로 생긴다고 말한 적이 없다. 그런 시간은 절대 저절로 생기지 않는다는 것을 우리는 이미 알고 있다. 무작정 함께 보내는 시간을 일정으로 잡아야 하지만 거기에는 어떤 목적이 없어야 한다.

무작정 함께 시간 보내기의 한 가지 예를 소개하겠다. 아내에게 "다음 주 금요일 오후에는 함께 시간을 보내는 게 좋겠어. 둘이서 무엇을 할지는 그때 가서 정하고 말이야."라고 말한다면 그것은 아무런 목적 없이 무작정 함께 시간을 보내자는 뜻이다.

반면에 아내에게 "다음 주 금요일 오후에 둘이 함께 시간을 보내는 게 좋겠어. 가게에 들러서 텔레비전 한 대를 구입하고, 저번에 당신이 사왔던 그 바지가 나한테 안 맞으니깐 환불하고, 점심 먹고 오는 길에 유치원에 들러서 애들 태워서 집에 온 다음에, 떨어진 낙엽 청소도 마쳐야 돼."라고 말한다고 생각해보자. 이것은 분명 함께 시간을 보내자는 말이지만 무작정과는 거리가 아주 멀다.

무작정 함께 시간을 보내는 방법은 수없이 많다. 누가 도와줄 필요도 없다. 그저 함께 시간을 보낼 계획을 잡고 그때가 오면 서로 마주보며 이렇게 물어보면 된다. "이제 뭐 하고 싶어?"

결단력을 발휘해 무작정 함께 시간 보내기를 일차적인 관계에서 하나의 습관으로 만들 수 있다면 그것이 두 사람의 삶에 미치는 강력한 영향력을 확인하고 크게 놀랄 것이다. 무작정 함께 시간을 보내는 일을 습관으로 만들도록 하자. 일주일에 한 번씩 2시간, 한 달에 한 번씩 온종일, 3개월에 한 번씩 주말여행을 계획해보자.

한번 시도해보고 반려자와의 관계가 얼마나 바뀌었는지를 3개월 뒤 반드시 확인해보기 바란다. 습관이 바뀔 때 우리 개개인의 삶도 바뀐다. 이는 운에 따르는 것도 아니며 신이 누군가를 특별히 편애하는 것도 아니다. 관계를 맺는 구성원의 습관이 바뀔 때 그 관계도 바뀐다. 일차적인 관계에서 무작정 함께 시간을 보내는 것이 습관이 되도록 하라. 이 습관의 위력을 확인한 이후부터는 모든 중요도가 높은 관계에서 무작정 함께 시간 보내는 것을 습관으로 만드는 것이 좋다.

나는 어릴 적 부모님과 무작정 함께 시간을 보냈던 기억이 아직도 생생히 남아 있다. 내게는 일곱 형제가 있다. 형제가 많은 집에서는 부모의 관심을 받기가 어렵다고 생각할지도 모른다. 하지만 적어도 우리 집에서는 그렇지 않았다. 어머니와 아버지는 우리 형제가 모두 자신감 넘치는 성인으로 자랄 수 있도록 큰 도움을 주셨다.

어느 날 어머니와 뉴사우스웨일스 주립 미술관에 갔다. 그날은 부모님이 우리 형제와 무작정 함께 보냈던 많은 날 중 하루였다. 미술관에는 훌륭한 영구 소장품이 전시되어 있었고 세계 최정상급의 순회 전시회가 개최되었다. 그곳에서 어머니는 내게 에티엔 르누아르Etienne Lenoir, 빈센트 반 고흐Vincent van Gogh, 클로드 모네Claude Monet, 파블로 피카소Pablo Picasso, 앤디 워홀Andy Warhol, 앙리 마티스Henri Matisse, 잭슨 폴록Jackson Pollock을 비롯한 많은 거장들을 소개해주었다. 예술과 걸작을 만든 예술가에 대한 나의 사랑은 모두 그곳에서 시작되었다.

미술관을 둘러본 뒤 어머니와 단둘이 점심을 먹으며 대화를 나누었다. 어머니에게 내 꿈과 희망을 상의하고 내 주변 이야기를 하는 것은 당연하고 일상적인 일처럼 보였다. 우리는 무작정 함께 시간을 보낸 것이다. 아버지는 다른 형제들과 집에 계셨다. 그날은 나를 위한 날이었기 때문이다. 내 형제들에게도 순서대로 자신을 위한 날이 찾아왔다. 다시 생각해보면 나를 위한 날이 얼마나 자주 찾아왔는지가 확실하지 않다. 어쩌면 1년에 한 번이었는지도 모르지만 내게 아주 강한 인상을 남기기에는 충분했다.

수많은 사람들은 중요한 관계를 1단계의 친밀함 속에 묶어둔다. 그들은 자신에게 관심을 갖거나 신경 쓰는 사람이 없다고 느끼기 때문에 대부분 상투적인 말로만 대화한다. 연구에 따르면 일주일 동안 부모와 10대 자녀의 평균 대화 시간은 16분 정도라고 한다. 그러니 부모가 10대의 세계를 잘 이해하지 못하는 것은 어쩌면 당연한 일이 아닐까?

시간의 가치에 집착하는 문화 속에서 다른 사람에게 우리가 그들을 아끼고 있으며 그들을 알기 위해 노력하고 있음을 보여주는 확실한 방법이 하나 있다. 바로 그들에게 우리의 시간을 내주는 것이다. 사랑은 관대하고 풍요롭다. 우리는 사랑하는 사람에게 기꺼이 시간을 쏟음으로써 그들을 사랑하고 아끼며 그들에 대해 알기 위해 노력할 뿐만 아니라 이를 표현하는 것도 노력하고 있음을 증명할 수 있다.

무작정 함께 시간 보내기는 친밀함의 1단계를 넘어서기 위한 열쇠이며, 우리가 상투적인 말의 세계를 벗어나 개인적인 대화의 세계로 진입할 수 있도록 도와준다. 사실 무작정 함께 시간 보내기의 교훈은 친밀함의 7단계 각각에서 아주 중요한 역할을 한다. 당신의 반려자에게, 자녀에게, 부모에게, 중요한 관계를 맺고 있는 모든 사람에게 무작정 함께 시간 보내기라는 선물을 하길 바란다. 사랑하는 사람에게 무작정 함께 시간 보내기라는 선물을 하자. 그러면 그를 비롯해 당신도 함께 많이 변화할 것이다. 그렇게 무작정 함께 시간을 보낸 뒤에야 당신의 마음은 근심 없이 가벼운 상태가 되며, 이는 삶에서 행복을 누리기 위해 반드시 필요하다.

모든 위대한 것은 근심 없이 가벼운 마음을 가짐으로써 얻을 수 있다. 그리고 이러한 가벼운 마음은 무작정 함께 시간 보내기를 통해 얻을 수 있다.

· 슈퍼마켓 점원과 상투적인 말로만 대화한다면 별 문제가 없겠지만 배우자
  나 청소년기의 자녀와 그렇게 대화한다면 큰 문제다.

· 상투적인 말은 안전하다. 그런 이유에서 우리는 상투적인 말에 매달린다.
  하지만 훨씬 더 깊은 친밀함을 나누어야 할 관계에서 상투적인 말만 남용한
  다면 행복한 삶을 위해 반드시 필요한 친밀함을 절대 얻을 수 없다.

· 어떤 사람은 친밀함의 1단계에 해당하는 상투적인 말을 남용해서 문제가 되
  지만 어떤 사람은 상투적인 말을 거의 안 쓰거나 아예 가벼운 대화 자체를
  거부해서 문제가 된다.

· 모든 관계는 무작정 함께 보내는 시간이 있을 때 발전할 수 있지만 우리는
  관계 발전을 위해 그러한 선물을 하지 않는다.

· 결단력을 발휘해 무작정 함께 시간 보내기를 일차적인 관계에서 하나의 습
  관으로 만들 수 있다면 그것이 두 사람의 삶에 미치는 강력한 영향력을 확
  인하고 크게 놀랄 것이다.

# 08 | 친밀함의 2단계: 사실에만 집중한다

친밀함의 2단계는 사실의 단계다. 이 단계에서는 현재 살아가는 세상이나 일상과 관련된 사실에 집중한다. 여기에서 말하는 사실이란 우리에게 일어나는 일부터 신문에서 볼 수 있는 사건이 모두 포함된다.

친밀함의 2단계는 사실에만 머문다. 사실은 일상적이고 대체로 자명하기 때문에 논쟁으로 이어지는 경우가 드물다. 그 결과 사람들은 사실에 대한 대화가 상투적인 말만큼 안전하다고 생각한다. 대체 무엇으로부터 안전하다는 말인가? 그것은 바로 무시무시한 친밀함으로부터다.

2단계의 친밀함에 국한된 관계에서 우리는 날씨나 스포츠, 주식시장 동향, 어제 했던 일에 대해서 이야기를 나눈다. 질문과 대답은 보통 짤막하고 한마디로 끝나므로 대화가 뚝뚝 끊기는 경우가 대부분이다.

## 사실 뒤로 숨는
## 사람은 누구인가?

"오늘 하루 어땠어?"

"좋았어!"

"뭐 했는데?"

"일하러 갔지. 또 점심시간에 무릎 때문에 존슨 선생님을 찾아갔어. 그리고 은행에 갔는데 거기서 밀러 부인을 봤고 할머니 댁에도 잠깐 들렀지. 할머니 댁에 있던 고양이가 도망친 거 알았어?"

첫 번째 질문과 대답("오늘 하루 어땠어?" "좋았어!")은 상투적인 말로 대화를 시작하기 위해 사용되었다. 이것은 친밀함의 1단계를 적절하게 이용한 경우다. 두 번째 질문에 대해서 "만날 똑같지." 같은 상투적인 대답이 나왔다면 둘의 대화는 그것으로 끝났을 것이다. 곧바로 끝나지 않는다고 해도 대부분의 사람들은 질문을 몇 개 더 던졌다가 계속 상투적인 대답만 듣게 되면 그 대화를 아예 포기한다.

이러한 방식으로 우리는 애초에 친밀함을 차단하기 위해 상투적인 말을 이용하기도 한다. 하지만 예로 나온 대화에서는 화자가 질문("뭐 했는데?")에 대한 답변으로 사실을 늘어놓음으로써 친밀함의 2단계로 넘어갔다. 개인적인 내용이 포함되지 않은 사실을 말하기는 했지만 이 대화는 단순히 상투적인 인사를 나누는 수준을 넘어서서 친밀함의 2단계로 진입한 것이다.

또한 화자의 답변은 질문("할머니 고양이가 도망친 거 알았어?")으로 끝을 맺고 있기 때문에 추가적인 대화로 이어질 기회를 제공한다는 점을 주목해야 한다. 그럼에도 이 대화는 개인적이지 않은 사실과 관찰 결과를 단순히 늘어놓는 것에 불과하다.

개인적인 사실이 담긴 답변은 다음과 같다. "일하러 갔지. 지금 작업중인 프로젝트는 정말 재미있어." 이 말은 직장 업무에 대한 화자의 감정이 드러나기 때문에 개인적이지 않은 사실 언급을 넘어서는 발언이다.

"점심시간에 무릎 때문에 존슨 선생님을 찾아갔어. 계속 좋아지고 있다는 말만 하시더라. 하지만 이게 벌써 6개월째인데 선생님이 무엇을 알고 하는 말인지 의심이 들어." 이 발언 역시 화자의 의견이 반영되어 있기 때문에 단순한 사실 언급을 넘어선다.

"은행에서 밀러 부인을 봤어. 그 크루즈를 타려면 이제 1,200달러만 더 모으면 돼." 이는 화자의 꿈과 희망이 녹아 있는 발언으로 역시 사실 언급을 넘어선다.

"할머니를 만났다는 이야기했었나? 고양이가 집을 나가서 지금 많이 심란해하셔. 몹시 슬퍼하시는데 어떻게 위로해드려야 할지 모르겠더라고." 이것은 다른 사람에 대한 화자의 걱정과 공감 능력이 드러나 있기 때문에 단순한 사실을 넘어서는 발언이다.

친밀함의 2단계(사실)는 1단계(상투적인 말)와 마찬가지로 다른 사람과 처음 대화할 때 유용하다. 하지만 너무 오랫동안 개인적인 내용이 전혀 포함되지 않은 사실로만 대화한다면 그 관계는 시들해지고 만다. 시간이 어느 정도 지나면 개인적이지 않은 사실만 언급하는 일이 단조롭고 지루하게 느껴진다. 훌륭한 관계로 발전하려면 역동적인 협력이 필요하며, 그 결과 절대 지루하거나 단조롭지 않고 오히려 창조적이고 흥미롭다.

개인적인 내용이 빠진 사실만으로 대화하는 관계도 있다. 투자 자문사 직원과는 사교적인 인사와 사실만을 주고받으며 오로지 일과 관계된 대화만 나눌지도 모른다. 이런 대화 방식은 어떤 관계에서는 적절하지만 중요도가 높은 관계에서는 매우 부적절하다. 혹시 당신은 중요도가 높은 관계에서조차 개인적인 내용이 쏙 빠진 사실로만 대화하고 있지 않은가?

## 배움에 대한 사랑을 일깨워주는 2단계

사실이 가진 장점 중 하나는 우리를 지적으로 자극해서 호기심을 불러일으키고 배움에 대한 갈망을 느끼게 만든다는 점이다. 이런 점에서 사실을 질적으로 더 나은 것과 그렇지 못한 것으로 나누어 생각해볼 수 있다. 질적으로 더 나은 사실은 무엇인가? 우리의 근본적인 목표를 떠올려보면 쉽게 답을 얻을 수 있다. 즉 최고 수준의 자아실현을 돕는 사실은 그렇지 않은 사실보다 질적으로 더 낫다.

저녁 파티에서 불륜을 저지른 누군가에 대해 이야기한다고 가정해보자. 그것이 사실이든 거짓이든 이러한 대화는 누군가의 최고 수준의 자아실현을 돕는다고 보기에는 무리가 있다. 하지만 우리는 그 대화 끝에 지금의 배우자에게 충실해야겠다고 다짐함으로써 긍정적으로 마무리할 수 있다.

반면에 저녁 파티에서 누군가가 파리를 다녀왔던 일, 피카소 미술관에 방문했던 경험, 그리고 그가 읽었던 피카소 인생에 관한 책에 대해 이야기한다고 가정해보자. 이 대화는 단순히 사실을 주고받는 것에 불과하지만 당신의 최고 수준의 자아실현을 도와준다. 대화의 내용 자체가 지적 호기심을 자극하기 때문이다. 만약 당신이 피카소의 인생과 내적 갈등을 극복하기 위한 고뇌에 대해 이야기하기 시작한다면 그 대화는 완전히 다른 단계로 넘어가게 된다.

모든 대화는 최고 수준의 자아실현을 도울 수 있다. 그렇기 때문에 누구와 대화하든 우리에게는 엄청난 책임감이 따른다. 말하기에 앞서 자신에게 질문해보자. "지금 내가 할 말은 상대방이 최고 수준의 자아에 도달하는 데 도움이 될 것인가?"

2단계 친밀함의 장점은 배움에 대한 사랑을 일깨워준다는 것이다. 대부분의 사람들은 아주 어릴 때 배움에 대한 사랑을 잃어버린다. 우리는 배움을 학교, 과제나 시험, 성적표와 결부시킨다. 삶과는 전혀 상관없어 보이는 사실로 가득한 교과서 때문에 책에 대해 안 좋은 인상을 갖게 된다. 학교에 가고 시험을 치고 학위를 따지만 진정한 배움을 실현하는 사람은 극히 드물다. 점수를 얻기 위한 벼락치기 공부는 무슨 말이 끝날 때마다 "왜요?"라고 되물으며 수많은 질문을 던지는 어린아이에게서 쉽게 찾아볼 수 있는 인간의 타고난 호기심을 파괴한다. 인간은 태생적으로 호기심이 많고, 지적으로 늘 성장하고 확장하기를 원하지만 오늘날의 교육제도는 우리를 교육시킨다는 명목으로 배움에 대한 사랑을 빼앗아간다.

대화는 대체로 우리가 선택하는 방향으로 흘러간다. 친밀함의 2단계에 속한 사실의 대화는 지식에 대한 인간의 본능적 욕구와 제도권 교육을 받기 시작한 이래 우리 속에 잠들어버린 지적 호기심을 일깨울 수 있는 기회다. 당신의 지성은 새로운 것을 배우기를 원한다. 지성을 살찌우도록 하라. 당신의 육체에 음식이 필요하듯 당신의 지성에도 음식이 필요하다. 몸에 좋지 않은 음식이 아니라 충분한 영양분을 제공할 수 있는 음식이 필요하다.

어떤 사람에게나 식견을 가지고 있는 분야가 있기 마련인데, 타인과 대화할 때 우리는 그런 주제를 건드려야 한다. 이제 친밀함의 나머지 다섯 단계를 살펴보며 상대가 열정을 느끼는 주제와 특별히 잘 알고 있는 주제에 관해 대화하는 방법을 알아볼 것이다. 이 방법을 이용하면 일상적이고 진부한 사실을 주고받는 어떠한 대화도 흥미진진하고 지적 호기심을 자극하는 토론으로 탈바꿈할 수 있다.

우리는 2가지 단계를 통해 친밀함의 2단계에서 친밀함의 3단계로 넘어간다. 첫 번째는 낮은 수준의 비개인적인 사실에서 높은 수준의 비개인적인 사실로 넘어가는 것이다. 낮은 수준의 비개인적인 사실에는 최근에 일어난 사건, 날씨, 주식시장 동향 등이 포함된다. 높은 수준의 비개인적인 사실이란 에이브러햄 링컨Abraham Lincoln 이나 마하트마 간디의 삶, 쓰나미가 발생하는 원리, 구글이 계속해서 주식 분석가의 예상을 넘어서는 이유에 대한 논의 등이 포함된다.

이것은 낮은 수준에서 높은 수준의 비개인적인 사실로 넘어가는 첫 번째 단계다. 두 번째 단계에서는 비개인적인 사실에서 개인적인 사실로 넘어가는데, 이것이 친밀함의 3단계로 우리를 이끄는 가교 역할을 한다. 곧 그 부분을 설명할 것이지만 우선은 말의 위력과 그 위력을 일상에서 활용하는 방법을 살펴보겠다.

## 말은 인간이 가진 가장 강력한 선물이다

지난 몇 년간 세계를 여행하면서 무서운 순간을 자주 경험했다. 늦은 밤 아일랜드 코크에서 연설을 마친 뒤 식당에 앉아 있을 때였다. 우리 일행이 마지막까지 남은 손님이었는데, 내가 초콜릿 아이스크림을 거의 다 먹었을 때 복면을 쓰고 총신을 짧게 자른 산탄총을 든 두 남자가 문을 벌컥 열고 들어왔다. 한 명은 계산대로 갔고, 다른 한 명은 우리 일행에게 총을 겨누었다.

몇 년 전 시카고를 방문했을 때도 무서운 경험을 했다. 그날 고등학교 3곳을 돌며 공연을 하는 바람에 성대에 무리가 왔다. 그 후유증으로 목소리가 나오지 않았고, 나는 다시는 목소리가 돌아오지 않을까 두려움에 떨었다. 누가 봐도 알겠지만 나는 말하는 것을 좋아한다. 내가 가진 메시지를 내 속에만 담아두고 나누지 못하는 것은 상상하기조차 힘든 일이다.

내일 아침에 일어났더니 목소리가 나오지 않는다고 상상해보자.

아주 간단한 일조차 하지 못하는 불편함을 상상해보자. 사랑하는 사람들과 관계를 맺는 것이 얼마나 더 어려워질지 상상해보자. 말하는 것이 얼마나 그리울지 상상해보자. 말을 아무렇게나 내뱉는 사람이나, 말을 할 수 있음에도 사랑한다고 말하지 않는 사람을 보면 얼마나 짜증이 날지 상상해보자.

말은 인간이 가진 가장 강력한 선물이다. 말은 선물의 일반적인 특성처럼 긍정적으로 사용되어 인간을 더 크게 만들 수도 있지만 부정적으로 사용되어 인간을 더 작게 만들 수도 있다. 말에는 긍정적인 에너지와 부정적인 에너지가 있다. 일상에서 말의 위력을 활용하는 방법을 잠시 살펴보도록 하자.

## 좋은 일을 하는 사람을 발견하자

최근에 방문한 힐튼 호텔에서 고객의 소리 카드에 적힌 슬로건을 보고는 깊은 인상을 받았다. "좋은 일을 하는 사람을 발견하자!" 우리는 안 좋은 현장을 더 자주 발견한다. 그들이 절대 나쁜 짓만 해서가 아니라 우리가 무언가 마음에 들지 않을 때 더 큰 목소리를 내기 때문이다. 우리는 아무 문제가 없는 상황보다 무언가 문제가 있는 상황에 대해 더 많이 이야기한다. 늘 문제가 없었으면 하고 바라지만 막상 아무 문제가 없으면 그걸 당연하게 받아들인다.

당신이 좋은 일을 하는 순간을 다른 사람이 발견하고 인정해준 경험을 떠올려보자. 그때 기분이 어땠는가? 다른 사람이 좋은 일을 하는 순간을 발견하고 그 사람에게 칭찬의 말을 마지막으로 건넨 것은 언제인가?

우리는 감정적으로 성숙해지면서 모든 이에게 격려가 필요하다는 사실을 깨닫는다. 우리가 칭찬을 많이 함으로써 상대는 에너지를 얻을 수 있다. 당신은 오늘 어떤 사람에게 칭찬을 통해 에너지를 줄 것인가?

## 타인과 그가 처한 상황에 대한 섣부른 판단

몇 년 전 여름, 친구들과 아이스크림 가게에서 대화를 나누고 있을 때였다. 한 여성이 아이 4명을 데리고 들어왔다. 아이들은 가게 안을 뛰어다니고 온갖 소리를 지르며 그곳을 혼란의 도가니로 만들었다. 처음에는 무시하려고 했으나 도저히 참을 수가 없었다. 나와 내 친구들은 이 상황이 믿을 수 없다는 듯 서로를 바라보았다. 내가 정말 화가 났던 이유는 그렇게 정신없이 뛰어다니는 아이들을 아이 엄마가 단 한 번도 제지하지 않은 사실이었다.

마침내 인내심이 바닥났다. 나는 자리에서 일어나 아이 엄마가 앉아 있는 곳으로 가서 말했다. "애들이 떠드는데 말리는 시늉이라도 해야 되는 거 아닙니까?" 그러자 아이 엄마는 놀란 눈으로 나를 올려다보고 다시 아이들을 쳐다보더니 말했다. "미안해요. 지금 병원에서 오는 길이라 그래요. 아이 아빠가 1시간 전에 죽었는데 어떻게 해야 할지 모르겠고 온갖 생각이 다 떠오르네요. 어떻게 감당해야 할지도 모르겠고요."

그때 내 기분이 어땠을까? 이렇듯 우리는 너무도 경솔하게 타인과 그가 처한 상황을 판단한다. 특히 자신이 처한 입장과 상황, 인생 경험을 기반으로 다른 사람과 상황을 판단한다. 모든 것은 관점에 따라 크게 달라 보이는데도 말이다.

선부른 판단은 습관이 되기 쉽다. 다른 사람, 사물, 상황을 한번 선불리 판단해버리면 그 판단이 우리의 내외적 대화를 지배하게 된다. 그 판단에 대한 내적 대화(우리가 우리 자신과 나누는 마음속의 대화)로 얻을 수 있는 것은 불안과 불만뿐이다. 선부른 판단에 대한 외적 대화는 정직하고 진솔한 대화를 방해하는데, 다음번에는 자신이 그 판단의 대상이 될지도 모른다는 불안감을 느낄 때 사람들은 절대 약점을 드러내지 않기 때문이다.

앞으로 24시간 동안 단 한 사람도, 단 하나의 상황도 함부로 판단하지 않으려고 노력해보자. 상황이 확실하지 않다면 무조건 그 상대를 믿어주도록 하자. 상황을 있는 그대로 받아들이려고 노력하자. 판단하지 않도록 실천하자. 판단하지 않음으로써 정직하고 진솔한 대화가 가능해지고 친밀감이 커진다. 선부른 판단은 친밀감을 죽인다.

선부른 판단은 관계를 죽이는 강력한 독약이다. 매일 아침 이렇게 다짐하자. "오늘 나는 선부른 판단을 하지 않겠다." 자기도 모르게 다른 사람, 위치, 사물, 상황을 함부로 판단하고 있는 자신을 발견하면 "오늘 나는 섣부른 판단을 하지 않겠다."라는 간단한 주문을 조용히 되뇌이자.

내외적 대화가 온통 섣부른 판단으로 얼룩져 있는 자신을 발견할지도 모른다. 처음 이 훈련을 시작했을 때 나는 하루라는 짧은 시간 동안 섣부른 판단을 이렇게나 많이 하는지 깨닫고 크게 놀랐다. 당신도 나와 비슷하다면 하루를 시간 단위로 쪼갠 다음에 매시간 "앞으로 1시간 동안 나는 섣부른 판단을 하지 않겠다."라는 주문을 외우는 방법이 도움이 될 것이다.

판단을 보류하는 능력은 아주 깊은 수준의 친밀함을 경험하길 원하는 사람에게 꼭 필요하다. 판단 보류를 실천할 의지나 능력이 없는 사람에게 친밀함으로 통하는 길은 절대 열리지 않는다.

## 자존심을 건드리지 않고 남의 잘못 수정하기

나의 큰형 마크는 호주 슈퍼마켓 체인점의 이사다. 몇 년 전에 그는 멜버른 지역 대형 매장의 책임자로 일했다. 하루는 형이 내게 매장을 구경시켜주었고 우리는 매장을 보며 박리다매를 기반으로 한 사업 모델에 대해 이야기를 나누었다. 그때 매장 안을 돌아다니다가 선반에 물품을 채우고 있는 10대 소년과 마주쳤다. 형은 그 소년을 한번 쳐다보고 다시 쳐다보더니 나에게 말했다. "잠깐만, 매슈. 복도 끝에서 기다려줄래?"

나는 복도 쪽으로 가면서 형이 그 소년에게 선반 정리 방법이 잘못되었다고 말하는 것을 들었다. 멀리서 그들이 있는 쪽을 바라보니 형은 복도에 무릎을 꿇고 앉아 제품이 가득 채워진 선반을 다시 비웠고 제대로 정리하는 방법을 직접 보여주었다. 그러면서 형은 이런 말을 했다. "네가 잘못한 게 아냐. 난 너한테 화를 내는 게 아니란다. 다른 사람이 제대로 설명해주지 않아서 그래." 형은 선반을 절반 정도 정리하고 그 소년에게 남은 부분을 방금 배운 대로 정리하라고 했다. 그 자리를 떠나기 전에 형은 그 아이에게 학교생활은 어떤지, 올해 축구 챔피언십에서 어느 팀이 우승할 것 같은지, 가족들은 잘 지내는지 물어보았다.

나는 그날 큰 교훈을 얻었다. 형은 사람들을 잘 다루었고, 요즘 찾아보기가 아주 드문 인내심이 많은 사람이었다. 그의 지적은 섣부른 판단이 아니었고 비판처럼 느껴지지도 않았다. 그날 형은 그 소년 옆을 지나가면서 "선반 정리가 엉망진창이야!" 혹은 "너 바보야? 전부 잘못되었잖아!"라고 말할 수도 있었다. 그랬다면 끔찍한 상황이 연출되었을 것이다. 하지만 형은 직원을 비판하기보다는 친절하게 가르쳐주는 방법을 택했다. 직원을 헐뜯지 않고 잘못을 바로잡은 것이다.

수정과 비판은 엄연히 다르다. 형은 교육적이고 실질적이면서 자만심을 배제한 방식으로 직원의 행동을 수정하는 쪽을 택했다. 수백만 달러 규모의 슈퍼마켓에서 책임자로 일하는 사람이 매장 복도 한가운데에 무릎을 꿇는 행동은 절대 자만심과 연결될 수 없다.

형은 그 소년에게 누구든 일을 제대로 배워야 잘할 수 있다는 점을 상기시켰다. 나를 굳이 복도 끝으로 보낸 이유를 나중에 묻자 형은 "직원의 잘못을 다른 사람 앞에서 지적하는 것은 금기야."라고 말했다. 내가 "왜?"라고 물으니 형은 이렇게 말했다. "그렇게 하면 직원의 자존심이 상하는데, 자존심은 눈먼 감정이야. 자존심에 상처를 입은 사람들은 어떻게든 자존심을 회복하려는 반응을 보이기 마련이니까."

가장 놀라웠던 것은 형이 소년의 잘못을 지적하는 것만으로 대화를 끝내지 않았다는 점이다. 지적으로 시작했지만 자연스럽게 개인적인 이야기로 넘어가면서 형은 직원과 가까워질 수 있는 계기를 만들어냈다.

마크 형은 자녀와 우리 형제들에게도 이와 비슷한 방법을 많이 이용했다. 나는 오랫동안 그 모습을 지켜보았지만 일상에 적용해서 실천하려니 어려움이 뒤따랐다. 자존심을 건드리지 않고 남의 잘못을 수정하는 기술은 관계 형성에 아주 중요한 도구다.

## 엄청난 피해를
## 줄 수도 있는 가십의 독

친밀함의 2단계가 가장 부정적인 방향으로 나타나는 것이 가십 gossip이다. 가십은 사소하고 종종 근거조차 없는 루머로 정의되며 개인적이고 자극적이고 은밀한 성격을 지닌다. 혹은 다른 사람에 대한 험담을 늘어놓는 일 자체를 일컫는 말이기도 하다.

우리는 모두 가십을 나눈다. 가십에 발을 담그는 정도는 사람마다 다르지만 누구든 어느 정도씩은 가십을 즐긴다. 남들이 모르는 무언가를 알고 있다는 다소 유치한 기쁨을 주기 때문이다. 남들이 모르지만 알고 싶어하는 것을 내가 알고 있을 때 우리의 자아는 몸집이 커지고 우리의 자존심은 하늘로 치솟는다.

가십은 사실에서 퍼지기 시작하더라도 온갖 추측이 더해짐과 동시에 빠른 속도로 상상의 영역으로 넘어가는 경우가 많다. 우리는 추측이나 더 나쁜 경우에는 속임수를 통해서 큰 힘을 들이지 않고 다른 사람에게 어마어마한 피해를 입힐 수 있다.

가십을 좋아하는 사람은 겁쟁이이며 절대 진정한 친구가 될 수 없다. 진정한 친구는 타인이 최고 수준의 자아에 도달하도록 돕는데, 가십은 그 누구의 최고 수준의 자아실현도 돕지 못한다. 오히려 그 반대다. 가십은 가십을 전파하는 사람의 인격을 깎아내리고, 그 말을 전해 듣는 사람의 인격을 망치고, 종종 가십의 대상이 되는 사람의 명성에 돌이킬 수 없는 피해를 준다.

"누군가에게 다른 사람을 깎아내리는 말은 절대 하지 말라.""칭찬하는 말을 할 때만 입을 열라.""당신의 말이 누군가의 최고 상태의 자아실현을 도울 때만 말을 하라.""그런 상황이 아니라면 그냥 조용히 입을 다물고 있으라."

이 4가지 수칙을 지키려면 엄청난 자제력과 규율이 필요하다. 이러한 수칙을 지키며 말을 하고 사회생활을 한다면 모든 사람에게 높이 평가받을 수 있을 것이다.

뒷담화의 대상이 되는 것을 좋아하는 사람은 없다. 이것은 어디에나 적용되는 말이지만 우리는 누군가를 험담하는 환경에 자주 노출된다. 그러한 상황이 닥치더라도 품위를 지키고 정신 건강을 유지하려면 우아하고 편안하게 대처하는 요령이 필요하다. 모두에게 도움이 되는 근본적 목적의 방향으로 대화가 흐르도록 의식적인 노력을 하지 않는다면 대화는 물처럼 더 낮은 곳으로만 흘러간다.

누군가 얻어맞고 있을 때 그저 옆으로 물러나 방관하지 않기를 바란다. 폭행자보다 자신이 너무 작고 약하다면 그와 직접 맞대결을 펼치는 것은 불가능할 수도 있다. 하지만 최소한 분노를 느끼고 도움을 요청해야만 한다. 하지만 우리는 매일 사람들이 말을 통해 얻어맞는 것을 지켜보기만 한다. 그저 물러서서 아무런 대응도 하지 않는다. 최악의 경우에는 분노조차 느끼지 않는다.

가십이 널리 퍼지기 위해 꼭 필요한 조건은 사람들이 그 상황을 그저 지켜보는 것이다. 가십이 난무하는 상황을 바꾸어보고 싶다면 다음과 같은 방법을 이용할 수 있다.

첫 번째는 "우리가 모르는 부분이 있을지도 몰라."라고 말함으로써 대화를 가십에서 멀어지도록 하는 것이다. 이러한 말로도 긍정적인 방향으로 이끌지 못한다면 다음과 같이 말할 수도 있다. "실제로 무슨 일이 있었는지 직접 설명할 기회를 주어야 하니까 다음번에 마이크가 있을 때 같이 이야기하자." 이 방법도 통하지 않는다면 다음과 같이 말하는 방법도 있다.

"나도 살면서 실수를 많이 했어. 마이크도 잠깐 유혹에 빠진 걸 거야." "아직 확실하지 않으니 마이크를 믿어야지. 내가 그 상황이라면 남들이 날 믿어주기를 바랄 거야."

이 모든 시도에도 불구하고 가십이 끝나지 않는다면 이런 말을 할 수도 있다. "아내가 아팠을 때 마이크가 몇 달 동안 우리 애들을 자가용으로 등하교시키고 저녁을 준비해주었던 걸 잊을 수가 없어. 항상 그 점에 대해 마이크에게 고맙게 생각하고 있어."

작은 불씨가 큰 산불로 이어지는 과정을 생각해보자. 우리의 혀가 바로 그 불씨다. 다른 사람의 명성에 돌이킬 수 없는 상처를 주는 것은 매우 쉬운 일이다. 나는 가십과 루머의 대상이 된 경우가 많고, 그 중에는 악의가 담긴 경우도 있었다. 가십은 설명하기도 어려운 방식으로 우리를 다치게 한다. 한 번도 만난 적이 없는 사람이 우리를 평가하도록 만드는 바람에 그들에게 좋은 인상을 심어줄 기회를 앗아간다. 가십을 접한 사람은 우리에 대해서 나쁜 인상을 받기 때문이다. 누군가가 등 뒤에서 당신에 대해 이야기할 때 기분이 어떤가?

인생에서 가십을 극복하는 일은 참으로 힘든 과제다. 우리가 얼마나 자주 가십을 퍼뜨리거나 가십과 관련된 대화에 참여하는지 알게 된다면 다들 놀랄 것이다. 그렇기 때문에 가십을 피하는 사교술을 배워야 한다.

우리는 과거에 존재했던 영적 지도자들에게 도움을 받을 수 있다. 그들이 행했던 위대한 영적 수련법에는 단식이 있는데, 대부분의 전통적 · 비전통적 종교에서 이 방식을 활용한다. 보통 단식은 음식과 연관되며 식욕이나 육체에 얽매인 우리를 해방시키기 위해 이용된다. 단식은 마음과 영혼을 맑게 하고 우리가 누구인지, 어떻게 해야 발전할 수 있는지를 더욱 명확하게 보여준다.

　정확히 '금식'이라는 용어로 표현하지는 않았지만 7장에서는 판단에 대한 금식을 언급했고, 3장에서는 불평에 대한 금식을 언급했다. 금식은 음식과 관련된 전통적이고 영적인 의식이지만 본질적으로 음식 이외의 모든 것에 적용될 수 있다. 예를 들면 일주일 동안다른 사람에 대해 떠드는 행위에 대해 금식하는 것이다. 이제 가십에 대한 금식을 해보자. 그렇게 가십을 듣지도 말하지도 않는다면당신은 몇 주, 몇 달, 몇 년이 지나 절대 가십에 참여하지 않는 사람이라는 명성을 얻게 될 것이다.

　일시적인 단식이 필요한 경우도 있지만 평생 살면서 습관으로 만들어야 할 단식도 있다. 섣부른 판단과 가십에 대한 단식은 평생 지속되어야 하며 절대로 파괴적인 사고방식과 언어습관으로 되돌아가서는 안 된다.

　자신을 비롯해 이웃의 본질적 목표에 어떤 영향을 주는지에 따라받아들일 것과 피할 것을 선택하려고 한다면 우선 이런 질문을 던져야 한다. "지금 내가 내뱉을 말이 누군가의 최고 상태의 자아실현에 도움이 되는가?" 최고 수준의 자아실현에 매진하는 사람은 가십으로 낭비할 시간이 없다. 가십은 한가한 사람만 나눌 수 있으며 아무리 좋게 보아도 그냥 시간낭비다.

# 인정과 감사의 말을
# 아끼지 말자

사람들은 대부분 자기 능력에 비해 월급이 너무 적을뿐더러 인정받지 못한다고 생각한다. 말이라는 선물을 가장 효과적으로 이용할 수 있는 방법 중 하나는 사랑하는 사람과 우리 인생에 크고 작은 도움을 준 사람에게 솔직한 감사의 말을 전하는 것이다.

인정받는 것을 싫어하는 사람이 어디 있는가? 우리는 누군가에게 인정받을 때 고된 노동의 가치와 보람을 느낀다. 이렇듯 누군가를 인정해주는 것 역시 상대에게 하늘을 날 수 있는 날개를 달아주는 일이다. 인정만큼 사람들을 많이 격려해주고 힘을 주는 것은 없다.

이 책에서 우리는 인정받는 것, 세상과 인생을 보는 방식에 미칠 수 있는 강력한 영향에 대해 논의했다. 이제 인정받는 것이 다른 사람에게 미칠 수 있는 강력한 영향에 대해 추가적으로 살펴보겠다.

개인적인 관계에서 다른 사람을 인정해주는 것은 그 덕분에 삶이 더욱 풍요로워졌고 당신이 상대를 아낀다는 사실을 알려줄 수 있는 방법이다. 누군가를 위해 무언가를 했지만 어떤 방식으로든 상대가 인정해주지 않는다면 당신은 상대가 고마움도 모르고 당신을 아끼지도 않는다는 결론을 내리게 되기 때문이다. 매일 적용할 수 있는 간단한 예를 살펴보겠다.

· 다림질을 해주어서 고마워. 당신이 막 다려준 셔츠를 입는 것처럼 기분 좋은 일은 없어.

- 오늘 아침에 아이들을 학교에 데려다주어서 고마워. 덕분에 20분 동안 오늘 일과를 정리할 수 있었어.
- 오늘 밖에 나와서 저녁을 먹자고 해서 고마워. 피곤한 하루를 보냈더니 요리할 기운이 없었거든.
- 당신이 낮에 갑자기 전화해서 잘 지내고 있냐고 물어보았잖아. 그 순간 얼마나 좋았다고.
- 오늘 밤에 내 말 들어주어서 고마워. 당신에게 오늘 있었던 일에 대해 이야기를 쏟아내고 싶었어.
- 오늘 생각해보았는데 당신이 없었다면 난 길을 잃었을 거야. 나를 항상 돌보아주는 당신에게 매우 감사하고 있어.
- 오후에 아무 말도 안 하고 넘어가주어서 고마워. 전에 당신이 경고를 했고 오늘 당연히 "내가 전에 말했잖아."라고 할 수도 있었는데 그냥 조용히 있어주어서 정말 고마워.
- 오늘 운동하기 싫었는데 운동을 할 수 있게 자극을 주어서 정말 고마워. 좀 움직이고 나니 기분이 한결 나아졌어.

말의 영향력이 강력한 만큼이나 글의 힘도 강력하다. 가끔은 감사의 글이 우리가 사랑하는 사람에게 대단한 영향을 미친다. 부모님께 지금까지의 노고에 감사하는 내용을 담은 편지를 써본 적이 있는가? 배우자에게 마지막으로 연애편지를 쓴 것이 언제인가?

매 순간 관계는 긍정적이거나 부정적인 에너지의 지배를 받는다. 감사하는 마음을 내보이는 것은 우리의 관계에 아주 긍정적인 에너지를 불어넣는다.

직장에서도 이러한 이치가 적용될 수 있다. 특히 당신이 직원들을 관리하는 입장이라면 칭찬 한마디가 황금보다 더 소중하다. 인정받는다고 느끼는 직원은 인정받지 못한다고 느끼는 직원보다 업무에 더 열성적으로 임하기 때문이다. "월급도 적고 인정도 못 받고."라는 말은 오늘날 직장에서 흔히 들을 수 있다. 월급을 올려주는 것은 현실적으로 힘들지 몰라도 인정해주고 칭찬해주는 것은 돈이 안 든다.

당신이 책임자라고 해도 직원의 월급을 올려줄 수 있는 것은 아마 1년에 한 번 정도일 것이다. 실제로 월급을 인상해주는 경우 직원들은 대부분 지금까지 돈을 적게 받고 일한 것에 대해 보상받는 것에 불과하다고 느낀다. 반면에 인정과 감사의 말은 자주 전할 수 있고 직원들의 사기를 북돋아 긍정적인 에너지가 생성된다.

여러 연구에 따르면 직업과 직장을 선택할 때 그 기준으로 금전적인 보상의 중요도가 점점 떨어지는 추세라고 한다. 이제 사람들은 자신이 무언가 기여하고 있다고 느낄 수 있는 직장과 노력을 인정받는 직장을 더 많이 찾는다. 돈을 조금 덜 받더라도 능력을 인정받을 수 있다면 그런 직장을 선택하는 것이다. 비유가 아니라 말 그대로 인정과 감사는 황금보다 소중하다는 뜻이다. 물론 인정만 해준다면 월급을 좀 적게 지급해도 된다는 말은 아니다. 하지만 인재를 유치하고 잡아두는 것이 관건인 기업계에서는 칭찬과 인정의 위력을 간과해서는 안 된다. 비슷한 이치로 고객을 유치하고 잡아두기 위해서는 훌륭한 상품과 서비스를 제공하는 것은 물론 고객에게 진심으로 인정받고 있다는 느낌을 심어주어야 한다.

말의 위력을 이용해 가정이나 직장, 인생의 모든 영역에서 솔직한 감사의 말을 전한다면 단순히 선물을 건네는 사람보다 더 많은 사랑을 받게 될 것이다. 말은 다른 사람을 칭찬하기 위해 이용되었을 때 어마어마한 위력을 발휘한다. 진정한 인정과 감사의 말처럼 인간의 마음을 기분 좋게 만드는 것은 없다. 인정과 감사의 말은 어른이나 아이 할 것 없이 모든 인간을 성장하게 만든다. 오늘 당장 누군가를 성장하도록 만들자.

## 말을 강력하게
## 이용하라

나는 다른 것은 몰라도 말의 위력을 잘 알고 있다. 말은 인간의 정신을 고취시키기도 하고 짓밟기도 한다. 또한 말은 인간에게서 최고 상태를 끌어내기도 하고 사기를 꺾어 회복 불가능한 상태로 만들기도 한다. 우리는 어린 시절에 부모님에게 관심과 인정을 받으려고 한다. 부모님에게 자랑스러운 아들딸이기를 원하고 부모님을 기쁘게 해주고 싶어한다. 이따금씩 부모님에게서 사랑한다는 말을 한 번도 듣지 못했다는 사람들을 통해 그러한 환경은 정서 발달에 치명적인 영향을 끼친다는 사실을 알게 된다.

말을 이용하는 방식은 사람마다 천차만별이다. 남에게 자신의 감정을 드러내지 않는 사람이 있는가 하면 말을 참지 못하고 모든 상황에 끼어드는 사람이 있다. "미안해. 저 사람은 뇌랑 입 사이에 필터가 아예 없어."라고 다른 사람이 대신 사과하는 경우가 종종 있다. 이것보다 이상한 상황이 또 어디 있을까? 우리는 필터를 내장한 채 태어나지 않는다. 대신 듣는 사람을 더 나은 방향을 이끌기 위해 절제하며 말을 내뱉을 줄 알아야 한다.

혀는 돈과 같아서 잘못 이용하면 혀의 노예가 되지만 잘만 이용하면 혀의 주인이 된다. 최고 수준의 자아를 실현하기 위해서는 혀를 절제해서 이용할 줄 알아야 한다. 절제력은 최고 수준의 자아에 도달하는 하나의 방법인데, 삶의 다양한 분야에서 더 많은 절제력을 발휘할수록 우리는 더 행복해질 것이다. 절제력은 전염성을 가지고 있기 때문에 우리 인생의 한 분야에서 다른 분야로, 우리의 삶에서 우리가 사랑하는 이들의 삶으로 퍼져 나갈 수 있다. 단순히 말하는 방식을 바꾸는 정도의 절제력만 발휘해도 삶의 다른 모든 분야에 변화를 불러올 수 있다.

말의 위력은 관계를 개선하는 방향이나 악화하는 방향으로 모두 이용될 수 있다. 당신은 말을 어떻게 이용하고 있는가? 나는 모든 사람이 중요하지 않은 일에 대해 말을 덜하고 중요한 일에 대해 말을 더 해야 한다고 생각한다.

## 외로움의 감옥에서
## 탈출하기

관계와 친밀함을 논할 때 가장 중요한 것은 자신에 대해 말해주는 것이다. 친밀함은 자신을 드러내는 과정을 통해 얻을 수 있다. 친밀함의 1단계와 2단계는 중요하고 유용하지만 그것은 어디까지나 이 단계를 통해 더 훌륭하고 깊은 관계로 나아갈 수 있을 때만 적용되는 이야기다.

친밀함의 1단계와 2단계를 경험할 때 상당한 외로움이 밀려온다. 상투적인 말과 사실을 넘어서지 않으려고 하면 외로움의 감옥에 갇혀버린다. 주변에 아무리 사람이 많아도 처절한 외로움을 느끼게 된다. 인정을 하든지 안 하든지 우리는 친밀함의 1단계와 2단계 속에 있을 때 상대를 알고 상대에게 알려지고 누군가를 사랑하고 누군가에게 사랑받고자 하는 강한 열망에 시달린다.

외로움의 감옥에서 벗어나 친밀함의 2단계에서 3단계로 넘어가기 위해서는 대화의 주제를 비개인적인 사실에서 개인적인 사실로 바꿔야 한다. 자신에 대해 말하는 것은 3단계와 그 이상의 단계로 넘어가기 위해 건너야 할 다리다. 우선 날씨나 운동경기, 주식시장 이야기는 접어두고 자신을 드러낼 무언가에 대해 말할 의지가 있어야 한다.

자신이 누구이며 어떤 것에서 영감과 자극을 받는지 털어놓을 마음이 없다면 결국 책에 언급된 것만 말하는 것에 불과하다. 결국 당신은 지루하고 재미없는 사람이 되어버릴 것이다. 진짜 지루하고 재미없어서가 아니라 자신을 드러내려 하지 않기 때문이다.

당신이 자신을 드러내려 한다면 사람들은 관심을 가질 것이다. 당신이 당신의 이야기를 공유하려 한다면 사람들은 귀를 기울일 것이다. 왜냐하면 그 이야기는 책에서 얻을 수 없기 때문이다. 사실의 수준을 끌어올리고 대화를 흥미롭고 역동적으로 바꾸는 것은 사람과 그들이 가진 개성이다.

상투적인 말과 사실을 넘어서지 않으려고 하면
외로움의 감옥에 갇혀버린다.
주변에 아무리 사람이 많아도
처절한 외로움을 느끼게 된다.

친밀함의 2단계는 친밀함을 유도하거나 친밀함을 없애버리기 위해 이용될 수 있다. 우리 삶 속에 존재하는 많은 비개인적인 사실들은 더욱 깊은 단계의 친밀함을 느낄 발판으로 이용될 수 있다. 비개인적인 사실로 대화를 시작해서 그 사실이 우리에게 어떤 개인적인 영향을 미치는지에 대해 논의할 수 있어야 한다. 비개인적인 사실에서 시작해서 우리의 의견, 꿈과 희망, 감정, 결함, 두려움, 실패, 실질적이고 정당한 필요를 되살펴볼 수 있어야 한다. 하지만 우리는 친밀함으로 이어질 가능성을 아예 차단해버리기 위해 이런 비개인적인 사실들을 이용하는 경우가 많다.

외로움 중에서도 가장 비참한 형태는 아예 친구가 없는 상태가 아니다. 오히려 주변에 친구가 많지만 누구에게도 자신의 존재를 제대로 인정받고 이해받지 못하는 상태가 더 비참하다.

솔직히 말해 날씨나 운동경기, 주식시장 이야기만으로 타인과 진정한 친밀함을 나눌 수는 없다. 이러한 대화가 위대한 친밀함의 시작이라고 주장하는 사람도 있을 것이고, 이는 충분히 가능한 일이지만 친밀함은 우선 서로에게 자신의 모습을 드러내는 과정이라는 점을 잊지 말자. 친밀함의 1단계와는 달리 2단계에서는 개인에 대해 상당히 많은 부분을 드러낼 수 있다. 하지만 우리는 2단계에서 대체로 비개인적인 사실에만 집중하는 경향이 있다. 사실을 이야기하는 것은 아주 쉬우며, 비개인적인 사실만 이야기하는 것은 상투적인 말을 나누는 것만큼이나 안전하다고 생각한다.

하지만 사실에는 날씨 이야기처럼 가볍고 피상적인 내용도 있고,

어린 시절 이야기처럼 깊이 있고 지극히 사적인 내용도 있다. 친밀함의 2단계는 두 사람이 나누는 놀라운 대화의 시작점이 될 수도 있고, 관계에서 한쪽 혹은 양쪽 모두가 상대방에게 흥미를 잃었을 때 진정한 대화를 대체하는 용도로 이용될 수도 있다. 사실은 개인적일 수도 있고 비개인적일 수도 있다. 여기에서도 선택은 자신의 몫이다.

우리는 깊은 친밀함을 느끼는 것을 두려워하기 때문에 친밀함의 1단계와 2단계가 안전하다고 여긴다. 객관적인 사실과 의미 없이 상투적인 말을 다루기 때문에 상투적인 말의 단계와 사실의 단계는 아주 안전하다고 여긴다. 우리에 대해 아무것도 드러나지 않기 때문에 1단계와 2단계는 안전하다고 생각한다. 하지만 위험 없이는 보상도 없으며 1단계와 2단계가 안전한 이유는 그 단계의 친밀함이 얕고 피상적이기 때문이다.

진정한 친밀함을 피하려고 1단계와 2단계에만 머문다면 외로움이라는 감옥 속에 자신을 가두는 결과를 낳게 된다. 스스로 만든 외로움의 감옥에 갇히면 점점 더 비참하게 변한다. 우리가 피하기로 결심한 그 친밀함을 계속해서 갈망하기 때문이다. 당신은 자신을 더 드러내기 위해서 사실을 공유하는가? 아니면 자신을 감추기 위해서 사실을 공유하고 그 사실 뒤로 숨어버리는가?

앞으로 2시간 동안 당신의 반려자와 함께 다음과 같은 실험을 해보기 바란다. 반려자가 없거나 당신의 반려자가 이 실험에 참여하지 않으려 한다면 친구와 함께 시도해도 좋다. 두 사람의 무릎이 닿을 정도로 의자 2개를 가까이 붙여서 마주보고 앉자. 손을 마주 잡은 채로 서로의 눈을 바라보며 머릿속에 떠오르는 개인적인 사실과 관련된 기억을 각자 3분 동안 상대방에게 털어놓자. 이때 더이상 머릿속에 떠오르는 말이 없다 할지라도 3분 내내 반드시 상대의 눈을 바라보고 있어야 한다.

이것은 아주 강력한 실험이며 당신이 친밀함의 3단계로 넘어갈 수 있도록 도와줄 것이다. 앞으로 남은 다섯 단계와 관련해서도 이 실험을 계속 하는 것이 도움이 된다. 무릎을 맞대고 손을 맞잡고 서로의 눈을 바라보는 동안 느껴지는 친밀함은 참으로 강력하고도 놀랍다는 것을 알게 될 것이다.

• 너무 오랫동안 개인적인 내용이 전혀 포함되지 않은 사실로만 대화한다면 그 관계는 시들해지고 만다.

• 섣부른 판단은 관계를 죽이는 강력한 독약이다. 매일 아침 이렇게 다짐하자. "오늘 나는 섣부른 판단을 하지 않겠다."

• 자존심을 건드리지 않고 남의 잘못을 수정하는 기술은 관계를 형성하는 데 아주 중요한 도구다.

• 가십은 한가한 사람만 나눌 수 있으며 아무리 좋게 봐도 그냥 시간낭비.

• 개인적인 관계에서 다른 사람을 인정해주는 것은 그 덕분에 삶이 더욱 풍요로워졌고 당신이 상대를 아낀다는 것을 알려줄 수 있는 방법이다.

• 외로움의 감옥에서 벗어나 친밀함의 2단계에서 3단계로 넘어가기 위해서는 대화의 주제를 비개인적인 사실에서 개인적인 사실로 바꿔야 한다.

# 09 친밀함의 3단계:
## 의견을 나눈다

친밀해지는 여정에서 첫 번째로 접하는 장애물은 바로 '의견'이다. 상투적인 말과 사실의 단계에서는 논쟁이 발생할 여지가 거의 없다. 그 단계에서는 자신을 공개할 필요가 없기 때문에 약점도 드러나지 않는다. 그렇지만 친밀함의 3단계는 의견을 나누는 단계다.

의견은 서로 다를 수 있기 때문에 쉽게 논쟁으로 이어진다. 관계는 이 단계에서부터 삐걱거리기 시작한다. 친밀함의 3단계는 판도라의 상자와 비슷하다. 이 단계를 잘 헤쳐나가는 법을 배우지 못하면 모든 관계가 파국을 맞이하는 무덤의 단계로 변할 것이다.

## 의견은 관계의 첫 번째 장애물이다

의견의 단계에 살짝 발을 담갔다가 곧바로 상투적인 말과의 사실의 단계로 돌아가는 경우가 많다. 많은 대화에서 이 같은 상황을 찾아볼 수 있다. 여러 사람이 둘러앉아 한 가지 주제에 대해 논의할 때 누군가 의견을 말하는 모습을 상상해보자. 다른 한 명이 그의 의견에 반대할 수도 있고, 혹은 그를 제외한 모든 사람이 반대하거나 불편해하거나 기분 나쁘게 생각한다고 가정해보자. 이때 다음의 2가지 시나리오를 예상할 수 있다.

첫째, 싸움이 일어나거나 둘째, 누군가가 '수면으로의 부상 기술'을 이용해 긴장감을 없애려 할 것이다. 수면으로의 부상 기술은 주제를 바꾸거나 농담을 하거나 빈정대거나 커피를 더 마실 것인지 물어보는 등 다른 곳으로 주의를 돌리는 것을 말한다. 이러한 기술은 수면 위로 떠오르는 잠수함처럼 깊은 대화로 이어질 때 수면으로 이끄는 역할을 한다. 우리에게는 각자 선호하는 수면으로의 부상 기술이 있다. 그 기술을 이용하면 마음이 편안해질 뿐만 아니라 약점을 드러낼 필요가 없는 상투적인 말과 사실을 말하는 단계로 돌아갈 수 있다.

수면으로의 부상 기술은 대화에서도 발생하고 관계에서도 발생한다. 이러한 기술을 자주 이용하면 주변 사람들은 우리 앞에서 특정 주제에 대해 언급하는 것을 아예 피하게 된다. 특정 주제를 꺼낼 때마다 수면으로의 부상 기술을 이용함으로써 상대가 아예 그 주제에 대해서는 입도 뻥긋하지 못하게 만드는 것이다. 우리는 불편한 주제를 피하고 경계를 설정하기 위해 이 기술을 이용한다. 그러나 계속 안전한 곳으로 피하기만 하면, 얕고 피상적인 단계의 친밀함 속에 머무를 수밖에 없고 우리의 관계는 시들시들해지다가 결국 끝나게 될 것이다.

우리는 깊이 있는 친밀함을 경험하길 원한다. 친밀함의 기쁨을 느끼고 싶어 한다. 하지만 동시에 두려워한다. 수면으로의 부상 기술과 마찬가지로 언쟁도 자기 인식과 성숙함이 부족하기 때문에 발생한다.

언쟁은 지적인 형태를 띠고 있지만 사실 한바탕 떼를 쓰듯 짜증을 내는 것에 불과하다. 떼쓰기는 보통 유아기를 넘으면 다들 그만두는 행동이다. 건강하고 활기찬 토론을 나누는 것은 여러모로 훌륭하다. 하지만 언쟁은 쉽게 감정적으로 변하고 주제에서 벗어나인신공격으로 이어지는 경향이 있다. 수면으로의 부상 기술은 좀더소극적인 방식으로 주제에서 멀어지기는 하지만 언쟁만큼이나 큰피해를 남긴다. 언쟁과 수면으로의 부상은 모든 훌륭한 관계에 반드시 필요한 활기찬 대화와 건강한 토론에서 멀어지게 한다.

당신과는 전혀 다른 의견을 가진 사람과 싸우지 않고 잘 지내는법을 안다는 것은 당신의 자기 인식 능력과 지혜가 상당하다는 증거다. 사람들은 대부분 자신과 반대 의견을 지닌 사람을 만났을 때상대방의 의견을 바꾸어놓겠다는 마음으로 대화를 시작하게 된다.만약 그 상대를 대하기가 두렵다면 자신의 의견에 대해 확신이 없다는 뜻이 아닐까?

역사를 살펴보면 알 수 있듯 사람들은 자신의 의견을 바꾸도록강요하는 세력에게 온 힘을 다해 저항해왔다. 이와 같은 교훈은 역사상의 수많은 민족은 물론 전 세계 문화권의 10대들에게서도 매일 확인할 수 있다. 어떠한 의견에 도달하는 데 영향을 미치는 것은 자신의 교육, 경험, 조용한 이성의 목소리이어야지 절대 다른 사람의 강요가 되어서는 안 된다.

## 반드시 공동의 목표와 목적이 필요하다

친밀함의 3단계에서는 공동 목표와 공동 목적의 실질적인 중요성에 직면하게 된다. 우리의 본질적 목적이 최고 수준의 자아실현이고 이 목적을 달성하기 위해 두 사람이 함께 노력한다면 수많은 언쟁과 의견 불일치를 피할 수 있다.

본질적 목적은 우리 삶을 좀더 명확하게 만들고 대화할 때마다 척도 역할을 한다. 모든 의견은 우리 인생과 관계의 전반적인 목적이나 목표와 관련지어 생각해볼 수 있다. 그런 이유에서 이러한 근본적 목적을 관계의 목표로 설정한 연인은 그 누구보다 유리한 입장이라고 할 수 있다. 공동 목표가 하나의 척도가 되어서 많은 측면에서 분별력을 발휘할 수 있다.

대화중에 의견 불일치나 언쟁으로 이어지는 이유는 대부분 공통되는 기반을 찾지 못했기 때문이다. 일단 언쟁이 시작되면 그 주제에 대해서만 이야기하는 사람은 거의 없다. 어느 순간부터 답도 없이 싸우거나 다른 주제로 넘어가기 일쑤다. 서로 상대방의 말을 듣지 않고 공통되는 기반을 찾거나 의견 일치를 보기보다는 자기 말만 쏟아놓으려고 한다. 그리고 주제가 너무 많이 바뀐 나머지 무엇 때문에 언쟁이 일어나게 되었는지조차 모르는 상태가 된다.

하지만 두 사람이 근본적인 목적을 관계의 공동 목적으로 설정해 놓았다면 상황은 완전히 달라진다. 모든 언쟁은 본질적인 목적과의 관계 속에서 다루어질 수 있다.

저녁 식사로 포장판매 음식을 사다 먹을 것인지 샐러드와 수프를 해 먹을 것인지와 같이 사소한 문제로 싸울 때 공동 목표는 논쟁을 해결하기 위한 척도 역할을 할 수 있다. 고향에서 멀리 떨어진 곳으로 이사를 할 것인지 말 것인지와 같이 복잡한 문제로 싸울 때도 공동 목표는 논쟁 해결을 위한 척도가 된다. 하지만 현실에서 공동의 목표를 공유하는 경우는 찾아보기 힘들며 사소한 의견 불일치는 대부분 언쟁으로 바뀌고 또 자아의 다툼으로 변질된다. 이로 인해서 교착 상태가 되고 만다.

친밀함의 3단계에서 늘 발생하는 상황이 있다. 바로 시간과 노력, 에너지를 들여 자신의 입장과 견해를 상대에게 강요하는 것이다. 이러한 강요는 단순한 의견 충돌에 그치지 않고 개인적인 목표와 세계관의 충돌로 이어지는 경우가 많다.

상대의 인생 목표는 쾌락을 최대한 누리는 것이고, 나의 인생 목표는 최고 수준의 자아실현이라면 매번 충돌할 것이다. 상대의 개인적 목표와 세계관은 즉각적인 만족을 중요시하고, 나의 개인적 목표와 세계관은 지연된 만족을 중요시하기 때문이다. 하지만 우리의 철학과 목적은 개인차가 심하기 때문에 거의 모든 문제에서 의견 불일치가 발생할 수 있다.

이러한 이유에서 훌륭한 관계를 맺기 위해서는 반드시 공동의 목적이 필요하다. 공동의 목적이 없다면 대부분의 관계는 둘 중 하나의 상태로 끝나고 만다. 피상적인 대화(사실과 상투적인 말)만 나누는 상태로 돌아가거나 서로의 자아가 끊임없이 충돌하는 상태로 나아가는 것이다.

당신이 속한 관계가 끊임없이 충돌하는 상황이라면 극복할 수 있는 방법이 한 가지 있다. 일단 휴전을 선언하고 두 사람이 이 관계에 문제가 있다는 점을 인식한 뒤 휴전 상태를 발판으로 삼아 이후부터 상대방의 최고 상태의 자아실현을 돕는 것이다. 이렇게 하지 않는다면 몇 달, 몇 년, 수십 년, 심지어 결혼 생활을 하는 50년 내내 똑같은 문제로 싸우는 전형적인 부부가 될 가능성이 크다. 사람들은 그런 부부가 주변에 머무는 것을 싫어할 뿐만 아니라 그런 부부는 절대 되고 싶어하지 않는다.

무엇이 문제일까? 관계의 의미와 목적을 이해하지 않는 한 의견 불일치나 언쟁은 이기적이고 개인적인 목표를 추구하는 수단으로 전락하기 쉽기 때문이다. 그런 상황에서 의견 불일치는 두 사람을 모두 만족시킬 수 있는 해답을 찾기 위한 과정이 아니라 상충하는 이해관계에서 자기 몫을 챙기기 위한 밥그릇 싸움이 된다.

두 사람의 만족감보다 개인의 만족감을 우선시할 때 모든 다툼은 비열함이나 자만심, 속임수로 얼룩지게 된다. 이러한 자만심과 이기심은 모든 관계의 숨통을 조인다. 거기에는 개인의 만족을 위해 상대방을 이용하는 두 사람이 있을 뿐 친밀함이 존재하지 않는다. 추구하는 목적을 개인적인 만족감에서 공동 목적으로 바꾸지 않는 한 그 관계의 끝은 참혹할 수밖에 없다.

일차적인 관계 속에서 공동 목표를 설정했다고 할지라도 인생을 살면서 그 목표에 동의하지 않는 사람, 그리고 심지어 그 목표에 반대하는 사람을 많이 만나게 될 것이다. 그렇기 때문에 적절하게 동의하고 적절하게 반대하는 기술을 익혀야 한다.

## 적절하게 동의하고 반대하는 방법을 익히자

언제, 어떻게, 왜 동의하거나 반대해야 하는지를 아는 것은 생각보다 어렵다. 어떤 사람은 평생 남의 의견에 동의만 하면서 살고, 어떤 사람은 평생 반대만 하면서 산다. 마치 애초에 그렇게 태어난 사람처럼 보인다. 하지만 관계를 맺으면서 당신이 진화하고 성장하기 위해서는 건강한 방식으로 동의하고 반대하는 기술을 익히는 것이 중요하다.

훌륭한 지성과 감성의 소유자는 타인의 의견에 진심으로 동의하는 모습을 보이되 단순히 비위를 맞추기 위해서 동의하지는 않는다. 동의에는 진심이 필요하다. 때문에 진정으로 타인의 의견에 동의하는 것은 쉬운 일이 아니다. 진정한 동의는 두 사람 모두 좀더 나은 견해의 진실을 제대로 이해할 때만 가능하다. 항상 남의 의견에 동의하는 사람과는 대화를 나눌 필요가 없을 것이다. 반면 모든 것에 반대하는 사람은 매사에 거슬리고 피곤하며 감당하기 힘들다. 인생의 모든 일이 그러하듯 가장 적절한 상태는 중도를 유지하는 것이다.

개인적인 취향이나 생각을 모두 다른 사람에게 양보할 수 있다면 동의하는 것은 어렵지 않다. 하지만 그러한 동의를 통해서는 얻을 것이 없다. 진정한 동의에 도달하기 위한 기술이 있다. 그 기술을 익히려면 우선 상식적으로 이해가 되지 않는 몇 가지 훈련을 거쳐야 한다.

첫째, 토론을 할 때마다 다른 사람의 말에서 동의할 수 있는 부분을 찾아야 한다. 우리는 보통 남의 말에서 동의하지 않는 부분을 재빨리 찾아내는 경향이 있다.

둘째, 토론을 할 때 토론의 진정한 목적은 주제를 한번 살펴보는 것이지 옳은 말만을 하는 것이 아니라는 점을 명심해야 한다. 당신은 유무죄 여부와 상관없이 고객의 입장을 변호해야 하는 형사소송 전문 변호사가 아니다. 현실의 토론에서는 자아에 집착하지 않고 주제 자체에 집중할수록 대화를 통해 더 많은 것을 얻을 수 있다.

셋째, 다른 사람의 견해를 이해하기 위해 항상 진심으로 노력해야 한다. 다른 사람이 그 의견에 도달하게 된 경위를 살펴보고, 그 의견 뒤에 숨어 있는 논리까지 이해하려 노력하자.

넷째, 다른 사람의 말이 옳은 상황이 있지는 않을까 자문하자. 그런 상황을 발견한다면 상대방에게 이를 설명하고 그런 상황에서는 그의 의견에 동의한다고 말하자. 현인들은 더 많이 충돌하는 사람에게 동의할 만한 부분을 발견하면 진심으로 기뻐했다.

다섯째, 늘 새로운 생각을 수용하고 자신이 틀렸을 수도 있다는 가능성을 배제하지 말아야 한다. 새로운 생각을 포용할 줄 알고 다양한 주제를 적극적으로 탐험하려는 의지를 가진 사람은 참으로 아름답다. 이전의 시각만을 고집하고 새로운 생각을 거부하는 사람은 고루하고 불쾌하다.

동의라는 기술은 오늘날 극소수의 사람만이 선보이고 있는 사교적·학문적 예법이다. 권위나 우월성을 뽐내기 위해 쓸데없이 자신의 주장을 펼치는 사람들이 많기 때문이다. 이렇듯 동의 기술은 중요하지만 우리가 자신에게 솔직해지려면 품위를 유지하며 반대하는 기술을 익히는 것 또한 중요하다.

무례하고 공격적인 방식으로 남의 의견에 반대하는 사람들이 있다. 또한 싸움을 걸고 자신이 이기고 있음을 보여주기 위해 마치 경쟁하듯 남의 의견에 반대하는 사람도 있고, 단순히 자아를 뽐내기 위해 남에게 반대하는 사람도 있다. 학문적인 우월성을 뽐내기 위해, 또는 대화를 할 때는 반드시 반대 의견을 내놓아야 한다고 배웠기 때문에, 그리고 주제를 토론하는 방법은 반대뿐이라 생각하기 때문에 남에게 반대하는 사람도 있다.

다른 사람의 의견에 동의함으로써 충돌을 최소화하는 것이 제일 편해 보이지만 관계 안에서 모든 사람의 품위를 건드리지 않으면서 적절하게 반대하는 방법을 배우는 것도 매우 중요하다. 반대를 할 때는 공손함과 부드러움이 필요하다. 공격적인 반대는 부드러운 반대보다 설득력이 약하고 효과적이지 않다. 또한 공격성으로 인해 유발되는 감정에 휩쓸릴 가능성이 크다.

모든 대화는 주제를 탐험하기 위한 진정한 시도이어야만 하며 자아 간의 다툼이 되어서는 안 된다. 동의와 반대는 모든 대화와 모든 관계에서 적절히 이용되어야 한다. 품위 있게 동의하고 반대하기 위해서는 인내심과 겸손함이 필요한데, 이 2가지는 즉각적인 만족과 자기 과시에 집착하는 요즘 시대에 보기 드문 미덕이다.

## 상대를 더 많이, 더 제대로 인정하자

친밀함의 3단계에서는 더이상 자신을 숨길 수 없다. 우리의 의견은 우리에 대한 무언가를 담고 있기 때문이다. 또한 의견은 우리의 핵심적인 가치와 기대, 믿음을 간접적으로 보여준다. 사람들은 대부분 3단계에서 어려움을 겪는다. 자신과 의견이 다른 사람을 상대할 때 반드시 필요한 성숙함이 부족하기 때문이다. 1단계와 2단계는 친밀함에 대한 갈증을 해소해줄 수 없기 때문에 그 단계에만 머무는 관계는 지루하게 변하고 서서히 시들어갈 수밖에 없다.

친밀함의 3단계를 위한 열쇠는 인정이다. 두 사람이 서로를 인정하고 서로의 의견을 존중하며 의견이 다름에도 함께 즐거운 시간을 보내고 진실을 찾기 위해 노력할 때 정말 놀라운 일이 일어난다. 바로 친밀함의 문이 활짝 열리는 것이다.

"훌륭한 관계의 열쇠는 이해다."라는 말은 현대문화가 낳은 거대한 미신에 불과하다. 이것은 우리가 자신을 대하는 방식과 다른 사람에게 접근하는 방식에 영향을 준다. 우리는 엄청난 감정적 에너지를 들여 자기 자신과 타인을 이해하고자 노력하며, 의식적으로나 혹은 무의식적으로 이런 말까지 한다. "내가 저 사람을 이해하면 저 사람을 받아들일 거야." "내가 저 사람을 이해하면 저 사람을 사랑할 거야." 이것은 난로에게 "네가 나를 따뜻하게 해주면 내가 너에게 땔감을 줄게."라고 말하는 것과 다를 바가 없다.

남을 인정하기 위한 조건으로 이해하는 것을 내세우는 경우가 많다. 그래서 다음과 같은 입장을 취한다. "당신을 이해할 수 없기 때문에 당신을 인정할 수 없고 사랑할 수 없어." 그 결과 모든 사람과 거리를 두게 된다. 하지만 진정한 친밀함을 얻기 위해서는 다음과 같이 훨씬 급진적이고 적극적인 접근 방식이 필요하다. "당신을 이해할 수 없지만 나는 당신을 사랑하고 인정해."

우리가 자신에게 어떤 접근 방식을 취하고 있는지 살펴본다면 자신을 이해하는 데 큰 도움이 된다. 당신은 스스로에게 "나는 나 자신을 이해할 수 없지만 나 자신을 사랑하고 인정해."라고 말할 수 있는가? 아니면 "나는 나 자신을 이해할 수 없기 때문에 나를 사랑하지 않고 인정할 수 없어."라고 말하며 스스로를 거부하는가? 자신을 잘 받아들이는 사람이 다른 사람도 잘 받아들일 수 있다.

친밀함의 3단계에서 성공의 비결은 인정이다. 우리는 인정받을 때 행복을 느끼며, 인정받지 못할 때 상대를 향해 수많은 벽을 세우고 방어막을 구축한다. 그리고 비평과 비판에서 안전하다고 느낄 때 비로소 이 벽과 방어막을 허물게 된다. 관계의 본질은 자신을 드러내는 일이지만 비평과 비판의 위협에 노출되어 있다면 자신을 드러낼 수 없다. 남에게 인정을 받으면 본연의 모습을 드러내는 데 필요한 용기를 얻게 된다. 그렇기 때문에 인정만큼이나 관계를 발전시키는 데 도움이 되는 것도 없다.

나는 남자들의 세계에서 자랐다. 누나나 여동생 없이 남자 형제만 7명인 데다가 남학교를 다녔다. 여성의 영향이 부족했던 환경에서 어머니는 내게 최선을 다해 여성에 대해 가르치셨다. 어릴 때 어머니가 하셨던 말을 아직도 잊을 수 없다. "여자는 이해해야 할 대상이 아니라 인정해야 할 대상이란다." 이것은 여성뿐 아니라 모든 인간에게 적용되는 말이다. 남성이든 여성이든 사람을 있는 그대로 받아들이지 않는다면 상대를 충분히 이해할 수 있는 수준의 친밀함에 도달하는 것은 절대 불가능하다. 우리는 누군가를 이해할 때 상대를 받아들인다고 생각하지만 먼저 그 사람을 받아들이지 않으면 절대 이해할 수 없다.

충분히 성숙한 두 사람이 서로가 어떤 사람인지, 상대가 삶의 여정에서 어느 지점에 서 있는지를 있는 그대로 받아들일 때 진정한 의미에서의 친밀함이 시작된다. 부부, 부모와 10대 자녀, 연인 등 모든 관계에서 인정해주는 것의 역할과 위력은 절대 과소평가될 수 없다. 어떤 행동이나 말을 해도 평가당하고 비판당할 것이라고 생각해서 부모님의 질문에 늘 단답형으로만 대답하는 10대들이 얼마나 많은가? 인정받지 못하는 상황에서 그들은 감정적으로 태아 자세를 취하게 된다. 인간은 인정받지 못한다고 느낄 때 본능적으로 몸을 웅크리기 때문이다.

우리는 관계 속에서 이해하는 것에만 초점을 맞추고 인정하는 것의 위력을 간과한다. 대체 인정이란 무엇인가? 다른 사람을 인정하는 것은 다른 사람을 당신이 원하는 모습이나 상상하는 모습으로 바꾸려고 하지 않고 있는 그대로 받아들이는 것이다. 인정하는 것은 다른 사람을 감정적으로 조종하거나 그에게 무언가를 강요하지 않으면서 그의 삶을 그저 너그러운 마음으로 지켜보는 목격자가 되어주는 것이다.

우리 인생과 관계 속에서 받는 압박은 대부분 남을 인정하지 못할 때 발생한다. 자신이 절대 통제할 수 없는 상황에 대해 실망하고 안달하고 화를 내고 초조해하는 사람을 본 적이 있는가? 그러한 사람이 사고 때문에 막히는 길에 있었다고 생각해보자. 모든 차가 멈춰 섰다. 이때 이 사람은 계속 짜증을 내고 화를 낸다. 그 상황과 씨름해보아야 아무 소용이 없다는 것이 뻔히 보인다. 아무리 실망하고 안달하고 화를 내고 초조해해도 그가 바꿀 수 있는 것은 아무것도 없다. 그럴 때 그 사람은 온 우주를 상대로 혼자 싸우는 꼴이 된다. 이런 상황은 다른 사람이 빠져 있을 때야 잘 보이지만 우리가 직접 그 상황에 빠져 있을 때는 알아차리기가 쉽지 않다.

공항에 가면 자주 목격할 수 있는 상황이 있다. 비행기는 날씨나

인정하는 것은 다른 사람을
감정적으로 조종하거나
그에게 무언가를 강요하지 않으면서
그의 삶을 그저 너그러운 마음으로 지켜보는
목격자가 되어주는 것이다.

기계적인 결함 때문에 연착되거나 취소되는 경우가 많다. 이럴 때 항공사 서비스 창구에서 직원에게 소리를 지르는 사람들이 있다. 마치 그 직원이 날씨를 통제할 수 있거나 집 차고에 수백만 달러짜리 비행기를 숨겨놓기라도 했다는 듯이 말이다.

관계 속에서도 똑같은 일이 벌어진다. 우리는 통제할 수 없는 일을 두고 실망하고 안달하고 화를 내고 초조해한다. 우리는 결국 그 순간과 씨름하는데 그렇게 함으로써 온 우주와 맞서게 된다. 지금 이 순간은 이전에 발생했던 모든 순간의 총합이다. 싸움을 멈추고 저항을 그만두자. 이 순간을 바꿀 수는 없다. 이 순간에 항복하고 그 속에 몸을 맡기자.

당신의 인생은 방어적으로 변할 때, 지금 이 순간과 씨름하려 할 때 저항에 부딪친다. 비평적이고 비판적으로 변할 때, 자신이나 상황에 대한 책임을 회피하려 할 때, 운명을 두고 남을 탓할 때, 현재 이 순간을 받아들이지 않을 때에도 당신의 인생은 저항에 부딪친다.

우리는 저항에 직면하는 순간을 받아들이고 그 순간에 항복하는 법을 배워야 한다. 상황을 억지로 바꾸려고 해서 얻을 수 있는 것은 없다. 이것은 의미 없는 짓으로 저항을 줄이기는커녕 오히려 늘리는 결과를 낳는다.

인정하는 것은 어떠한 상황이나 사건, 사람에 우리의 목표나 의견을 강요하지 않고 있는 그대로 받아들이는 지혜를 말한다. 인정의 지혜를 얻은 후에야 비로소 진정한 삶을 시작할 수 있다. 인정하는 것은 우리를 자유롭게 하고 우리를 해방시켜 지금 이 순간을 즐길 수 있도록 한다.

기원은 알 수 없지만 많은 사람들에게 '평온을 비는 기도'라 알려진 간단한 기도문을 통해 인정하는 것의 중요성을 되새겨보고 싶다. "신이시여, 우리에게 바꿀 수 없는 것을 평온하게 받아들이는 은혜와 우리가 바꿔야 할 것을 바꿀 수 있는 용기, 그리고 이 둘을 분별하는 지혜를 허락하소서."

모든 위대한 것은 가벼운 마음을 통해서만 얻을 수 있다. 그리고 친밀함은 위대한 것이다. 친밀함은 친밀함을 통제하려는 사람을 요리조리 피해 다니지만 가벼운 마음과 다정한 영혼으로 접근하는 사람에게는 손을 내밀 것이다. 상대방을 있는 그대로 인정하면 이와 같은 가벼운 마음을 얻을 수 있다.

현대사회는 물질적으로 풍요롭지만 어떤 면에서 보면 지금의 우리는 친밀함을 얻기 위한 여정에서 불리한 위치에 있다. 후기 계몽주의의 영향으로 사람들은 회의적이거나 심지어 냉소적으로 변했으며 본능적으로 모든 것에 의문을 품게 되었다. 그 결과 명확하게 이해할 수 없고 현재 인정받는 과학의 형태로 증명하거나 설명할 수 없는 것을 무시하는 경향이 있다. 이러한 점은 인류의 지적 발달에는 도움이 되었을지 모르지만 깊이 있는 친밀함을 경험하기 위한 과정에서는 아주 불리하게 작용할 수 있다. 앞서 언급한 것을 보면 알 수 있겠지만 친밀함을 얻으려면 우선 상대방을 인정할 필요가 있기 때문이다.

모든 것을 이해할 수는 없다. 우주는 미스터리로 가득하다. 모든 사건 뒤에는 숨겨진 의미가 있고, 모든 순간은 최고 수준의 자아실현을 돕는 기회이기도 하다. 이 순간 어떤 관계를 맺고 있든 그 관계를 인생으로 끌어들인 것은 당신 자신이다. 그 관계에서 무언가를 배우기 위해 끌어들인 것이다. 그리고 당신이 허락하기만 한다면 얼마나 문제가 많고 험난한 관계이든 당신에게 교훈을 줄 것이며 당신이 최고 수준의 자아를 실현할 수 있도록 도울 것이다.

'인정하다.'라는 것은 다른 사람의 의견은 다 받아들이고 당신의 의견은 무조건 억누르는 것을 의미하지 않는다. 누군가를 인정하는 것은 다른 사람과 그들의 의견을 있는 그대로 받아들이면서 그 의견을 그 사람이 살아온 독특한 삶의 경험을 통해 형성되었다고 인식하는 것을 뜻한다.

우리는 새로운 생각을 마음과 의식, 관계 속에서 적극적으로 받아들임으로써 인정할 줄 아는 능력을 키울 수 있다. 훌륭한 의식과 영혼의 소유자는 자신이 가장 소중히 여기는 생각과 믿음, 의견과 가치도 틀릴 수도 있다는 가능성을 열어둔다. 반대로 평범한 의식과 영혼의 소유자는 자신의 생각과 의견을 고집하는 경향이 있기 때문에 변화하거나 성장할 줄 모른다. 이런 폐쇄성과 경직성 때문에 그들은 잠재력을 발휘할 수 없다.

진솔한 대화를 하려면 대화에 참여하는 모두가 자신이 가진 생각이나 믿음, 의견이 틀릴 수도 있다는 것을 받아들여야 한다. 그러나 이렇게 할 수 있을 정도로 자기 자신과 자신의 의견에 대해서 확신을 가지고 있는 사람은 극히 드물다. 자신의 의견을 지독하고 편협하게 고집하는 것은 확신 때문이 아니라 불확신과 불안감 때문이다.

늘 열린 마음으로 새로운 생각을 받아들이려고 노력하라. 그렇게 한다면 많은 사람과 그들의 다양한 의견을 받아들이는 일이 훨씬 수월해질 것이다. 상대를 더 많이, 더 제대로 인정하기 위한 한 가지 방법은 다양한 사람들이 그들의 의견에 도달하게 되는 경로를 이해하려고 노력해보는 것이다.

## 상대의 의견을 억지로 바꾸려고 하지 마라

관계 안에서 가장 흔한 분쟁의 원인은 의견 차이다. 의견은 우리 인생을 지배하는 기대, 믿음, 핵심 가치에 영향을 주기 때문이다. 역동적인 관계를 맺기 위해서는 의견 차이 때문에 발생하는 분쟁을 해결하는 법을 반드시 배워야 한다. 적절하게 동의하고 반대하는 법을 배우는 것은 분쟁 해결 과정에서 굉장히 중요하지만 서로 다른 사람들이 각자의 의견에 도달하게 된 이유를 이해하는 것도 이에 못지않게 중요하다. 똑같이 선하고 정직한 사람이라고 할지라도 어째서 일부는 한 견해를 열렬히 지지하는 반면에 다른 일부는 그 견해에 절대적으로 반대하는 것일까?

사람의 의견은 경험과 교육, 우정 등의 영향을 받고 형성된다. 우리가 가는 장소, 읽는 책, 다니는 학교, 만나는 사람들은 우리의 의견에 지대한 영향을 끼친다.

친밀함의 3단계에서 좋은 관계를 맺기 위해서는 우선 사람의 의견은 정적이지도 영원하지도 않다는 사실을 깨달아야 한다. 의견은 왔다가 사라지며 계속해서 변한다. 오늘날 내가 다양한 사안에 대해 갖고 있는 의견은 10년 전 나의 의견과 크게 다르고, 10년 전 나의 의견은 10대 시절 나의 의견과 완전히 다르다. 의견은 계속해서 변화하고 성장하고 진화하고 보완된다.

오늘날 우리의 의견이 10년 전 우리의 의견과 다르다는 사실을 인식한다면 우리가 사랑하는 사람들도 마찬가지임을 알게 될 것이다. 이 사실을 깨달으면 다른 사람과 그들의 나와는 다른 의견을 마음 편히 받아들일 수 있게 된다. 우리가 의견을 영원히 가지지 않는다는 사실은 너무 쉽게 간과되는 중요한 부분이다.

우리는 매일 의견을 보완하고 변화시킨다. 자녀, 부모, 친구, 직장 동료, 반려자도 마찬가지다. 우리의 의견이 계속해서 진화한다는 점을 잘 인식한다면 우리와 다른 남의 의견을 받아들이는 일이 점점 편해진다. 우리는 모두 변화하는 과정 속에 있고, 그 여정에서 각자 다른 지점에 서 있다. 오늘 누군가가 어떤 의견을 가지고 있다고 해서 그가 평생 그 의견을 버리지 않는다는 뜻은 아니다. 하지만 그 사람을 궁지로 몰아넣어 우리 의견을 강요하고, 대화를 개인적인 대결로 변질시켜서 논쟁을 자존심 싸움으로 바꾸어놓는다면 그는 그 자리에서 얼어버리고 마음을 닫아버릴지도 모른다. 당신의 행동 때문에 그는 그의 변화 여정에 방해를 받게 되고, 그와 진정한 친밀함으로 통하는 문은 영원히 닫히게 된다.

의견은 지금까지의 경험을 통해 형성된 것이며 미래의 경험을 통해 다른 형태로 바뀔 가능성이 있다. 그렇기 때문에 상대의 의견을 당장 억지로 바꾸려고 애쓸 필요는 없다. 물론 당신의 생각과 의견을 드러내고 그 사안에 대해 열띤 토론을 나누는 것은 좋지만 상대방은 지금의 나와 다른 지점에 서 있다는 사실을 인정하고 믿어주어야 한다. 상대방은 앞으로 인생을 살며 최고 수준의 자아실현에 필요한 경험을 하게 될 것이다. 그 과정에서 당신의 역할은 당신의 의견만을 강요하는 것이 아니다.

지난 5년, 10년, 15년, 20년 사이에 당신의 의견이 어떻게 바뀌었는지 생각해보기 바란다. 어렸을 때 부모님의 말이나 행동에 동의할 수 없었던 순간이 있지 않았나? 그런데 지금 당신이 자녀에게 똑같은 말이나 행동을 하고 있지는 않은가?

자신만의 특정한 경험은 편견이나 선입견이 포함된 의견으로 이어진다. 나를 예로 들어 설명해보겠다. 나는 행복한 어린 시절을 보냈다. 사랑과 지원과 격려를 듬뿍 받았기 때문에 세상은 좋은 사람들과 대단한 기회로 가득한 안전하고 멋진 곳이라고 믿으며 자랐다. 반면에 불우한 어린 시절을 보내는 사람들도 많은데, 이들 주변에는 그들을 사랑하지 않거나 서로를 사랑하지 않는 사람들로 가득하다. 그들은 세상이 잔인하고 위험한 곳이기 때문에 누구도 믿어서는 안 되며 생존하기 위해서는 계속 싸워야 한다고 생각하며 자란다. 이처럼 서로 다른 경험 때문에 서로 다른 세계관과 의견이 형성되는 것이다. 그렇기 때문에 새로운 경험은 오래된 인식과 의견에 변화를 가져온다.

앞서 설명한 것처럼 불우한 어린 시절을 보낸 젊은 남성이 있다고 가정해보자. 그는 세상이 잔인하고 위험한 곳이기 때문에 누구도 믿을 수 없다고 생각하며 인생이라는 여정을 시작한다. 하지만 시간이 흘러 멋진 여성을 만나 사랑에 빠지게 된다. 두 사람은 대학에 다니고 결혼을 하고 아이를 낳는다. 아내의 사랑, 교육을 통해 넓어진 시야, 자신의 아이를 직접 키우는 경험을 통해 그의 의견은 충분히 바뀔 수 있다. 10년이 지난 후 그 남자는 세상이 여전히 잔인하고 위험한 곳이기는 하지만 놀라운 기회로 가득한 멋진 곳이기도 하다고 말할지도 모른다. 그리고 이 세상에는 믿어줄 가치도 없는 사람이 존재하는 반면에 상상하지도 못한 방식으로 우리를 사랑해주는 사람도 있다고 말할지도 모른다.

경험은 이따금씩 우리에게 잘못된 정보를 주입하고 잘못된 의견과 인식을 심어준다. 교육도 이와 비슷한 편견과 선입견을 만들어내는데, 교육은 경험보다 훨씬 매력적으로 보이는 경향이 있다. "절대적인 진실이란 없다. 당신에게는 진실인 것이 나에게는 진실이 아닐지도 모른다." 이것은 오늘날 미국 전역의 대학에서 가르치고 있는 내용이다. 수백만 명의 미국인이 이 의견을 지지하고 있다. 이 말을 한번 자세히 뜯어보기 바란다. "절대적인 진실이란 없다." 이 말 자체가 하나의 절대적인 진실에 대한 발언이다. 한 사람의 예외도 없이 모두에게 절대적인 규칙이나 기준을 적용하는 것이다.

게다가 많은 사람이 이 생각에 동의하는 듯 보이지만 실제로 믿는 사람은 없다. 당신이 누군가에게 "절대적인 진실은 없어."라고 말하며 그의 발을 쏜다면 그는 기분이 썩 좋지 않을 것이다. 하지만 당신이 믿는 바에 따라 총을 쏘는 것이 그에게는 잘못된 일이지만 당신에게는 잘못된 일이 아닐지도 모른다는 점을 받아들여야만 할 것이다. 이때 상대론자는 원래 믿고 있던 생각에 "다른 사람을 다치게 하지 않는 한 무슨 일이든 할 수 있고 무엇이든 믿을 수 있다."라는 말을 덧붙일 가능성이 크다. 문제는 이 말이 지나치게 자의적일 뿐 아니라 또 다른 절대적인 진실에 대한 발언이라는 점이다. 다른 사람을 다치게 할 수 없다고 말하는 것은 대체 누구인가? '다치게 하다.'의 정의는 누가 내리는 것인가? 이러한 규칙은 어디에서 나오는 것인가?

"절대적인 진실이 없다."라는 말은 누군가 반대 의견을 내면서 자기 입장을 충분히 설명할 방법이 없을 때 자주 인용된다. 이것은 교육이 사람들을 오도하고 잘못된 정보를 제공하는 전형적인 예라고 할 수 있다.

동시에 교육은 세계와 우리 자신에 대한 비전을 확장시키는 데 있어 강력한 역할을 한다. 교육은 편견과 선입견을 버리게 하는 강력한 도구이며 우리를 더 넓은 마음과 아름다운 정신을 가진 사람으로 바꾸어놓는다.

교육과 경험은 우리의 의견에 지속적으로 영향을 미치며, 그 결과 우리의 의견도 계속해서 보완된다. 친밀함의 3단계에서 좋은 관계를 맺고 그다음 단계로 넘어가기 위해서는 상대를 인정할 줄 아는 마음이 필요하다. 의견은 영원하지 않고 늘 변화한다는 것을 알 때 우리는 다른 사람을 있는 모습 그대로 받아들일 수 있게 된다. 이렇듯 관계를 맺는 사람을 있는 그대로 인정할 때 우리는 비로소 더 깊은 수준의 친밀함을 경험할 수 있다.

## 모든 관계에는 풀리지 않는 문제가 있다

관계에 관한 첫 번째 진실은 모든 관계가 문제를 안고 있다는 것이라고 앞에서 설명했다. 모든 관계에는 풀리지 않는 문제가 있다. 풀리지 않는 문제는 대부분 특정 사안에 대해 크게 엇갈리는 의견이나 상대의 역할에 대한 서로 다른 기대 때문에 발생한다. 또한 양육 환경, 교육, 경험의 차이로 인해 풀리지 않는 문제가 나타난다.

우리 부부가 다른 부부보다 서로 더 잘 맞으며 그렇기 때문에 이 관계가 가장 특별하고 우월하다는 환상에 빠지는 경우가 많다. 하지만 진실을 살펴보면 우리도 결국 남들과 같은 어려움에 빠지게 되고, 이런 점에서 대부분의 관계에는 차이점보다 공통점이 더 많이 존재한다. 환상을 꿰뚫어 보는 용기가 있다면 모든 관계에는 풀리지 않는 문제가 존재한다는 놀라운 진실을 발견하게 될 것이다. 믿을 수 없겠지만 우리가 어떻게 이 풀리지 않는 문제에 대처하는지에 따라 관계의 질과 깊이가 결정된다.

관계를 맺고 있는 사람들이 풀리지 않는 문제를 있는 그대로 인정하고, 그 문제에 적응하는 법을 배우고, 시간이 흐름에 따라 그 문제 자체를 즐기게 될 때 그 관계는 발전한다. 문제를 즐기는 사람들은 의견 차이가 친밀함으로 향하는 길에서 걸림돌이 되도록 내버려 두지 않는다.

삐걱거리는 관계를 맺고 있는 사람들의 경우 풀리지 않는 문제에 직면했을 때 완전히 다른 자세를 취한다. 그들은 대화가 중단될 때까지 자기 의견만을 내세우고, 계속해서 서로의 감정을 상하게 하고, 의식적으로나 무의식적으로 난로 앞에 서서 "나를 따뜻하게 해주면 너에게 땔감을 주겠어."라고 말한다. 그들은 "내가 저 사람을 이해하게 되면 저 사람을 받아들이고 사랑하게 될 거야."라고 말하며 상대방에 대한 사랑과 애정, 인정을 묶어두기만 한다. 시간이 지남에 따라 다음과 같은 유형이 반복된다.

'두 사람의 의견이 갈린다. 그들은 서로 비난한다. 의견 차이를 좁히지 못하는 서로의 무능력을 비난하고 긴장감이 고조된다. 싸움의 원인이 무엇이었는지는 잊고 개인적인 비판과 인신공격이 시작된다. 싸움이 너무 고통스러워서 같이 있던 자리를 피한다. 이제 그들은 충돌을 피하기 위해 피상적이고 안전한 수준의 대화만 나눈다.' 풀리지 않는 문제에 대처할 만한 새로운 방법을 알아내지 못한다면 두 사람은 삶에 활력을 불어넣는 친밀함을 다시는 맛보지 못하게 될 것이다. 그들에게 절실히 필요한 것은 바로 서로를 인정할 줄 아는 마음이다.

일차적인 관계에서 풀리지 않는 문제에 어떻게 대처해야 할까?

자녀와의 관계, 부모와의 관계, 친구와의 관계, 직장 동료와의 관계에서는 어떻게 대응해야 할까? 일단 모든 문제를 해결될 수 있다는 환상에서 벗어나야 한다. 관계 안의 문제를 모두 자기 손으로 해결할 수 있다는 환상에서 자유로워지면 비로소 상대방이 최고 수준 상태의 자아를 실현할 수 있도록 돕는 일에 더욱 관심을 기울일 수 있다.

관계를 바로잡는 것은 당신의 역할이 아니다. 당신을 바로잡는 것이 관계의 역할이다. 관계를 맺는 것도 힘든 일이지만 가장 힘든 일은 개인적인 목표를 버리고 우리가 지금 이 모습으로 이 자리에 서 있다는 사실을 있는 그대로 받아들이는 것이다. 모든 것을 계획하고 통제할 필요는 없다. 관계는 신성한 미스터리처럼 여겨져야 한다. 미스터리가 알아서 진행되는 것을 내버려둘 줄 알아야 한다.

관계를 맺고 있는 사람에게 줄 수 있는 가장 큰 선물은 그를 인정해주는 것이다. 다른 사람의 존재와 입장을 있는 그대로 받아들이게 되면 우리도 자유로워지고 그들도 자유로워진다. 우리는 그들을 인정하고 격려하고 그들에게 감사할 수 있게 된다. 또한 우리 자신을 해방시킴으로써 그들이 본연의 모습을 지키고 모든 가능성을 실현하도록 도울 수 있다.

모든 관계에는 풀리지 않는 문제가 있다. 처음에는 이러한 진실을 받아들이기가 힘들겠지만 시간이 흐르면 풀리지 않는 문제에 어떻게 대처하는지에 따라 그 관계의 운명이 결정된다는 말을 이해하게 될 것이다. 서로 행복한 순간이나 혹은 일상적인 다툼을 하다가 관계가 무너지는 경우는 극히 드물다. 관계를 무너뜨리는 원인은 관계에서의 풀리지 않는 문제와 그런 문제가 절대 존재해서는 안 된다는 우리의 환상이다.

## 친밀함은
## 팀워크를 필요로 한다

관계에서 중요한 것은 팀워크이지 당신이 원하는 바를 얻어내는 것이 아니다. 사실 관계는 무엇을 얻어내는 것과는 전혀 상관이 없다. 관계는 주고받는 것이며 공동의 선을 향해 나아가는 것이며 공동 목표를 달성하기 위해 노력하는 것이다. 또한 상대가 최고 수준의 자아를 실현할 수 있도록 돕는 것이며, 당신이 최고 수준의 자아를 실현할 수 있도록 도움을 받는 것이다. 이를 위해서는 고도의 팀워크가 요구된다.

모든 형태의 팀워크에는 자아라는 장애물이 존재한다. 관계가 궁극적으로 실패하는 상황은 그 관계에 속해 있는 개인이 팀을 희생하면서까지 개인적인 만족을 추구할 때 발생한다. 관계란 결국 팀워크다. 당신과 배우자는 하나의 팀이다. 당신과 10대 자녀는 하나의 팀이다. 당신과 연인은 하나의 팀이다. 당신의 팀에는 아무 문제가 없는가?

진정으로 역동적이고 성공적인 관계를 구축하기 위해서는 그 관계에 속한 사람들의 집단적 자아가 개인적 자아보다 훨씬 커야 한다.

두 사람은 반드시 하나가 되어야 한다. 모든 것을 팀의 목표와 목적 아래 종속시켜야 한다. 개인의 성공이 팀의 목표를 성취하는 데 도움이 되지 않는다면 개인의 성공은 의미를 잃어버린다. 팀이 지면 팀에 속한 모든 사람이 지는 셈이기 때문이다. 팀이 패배하는 이유는 대체로 재능 있는 선수가 부족해서가 아니라 개인의 야망보다 공동의 목적을 우선시하는 마음이 팀원들에게 부족하기 때문이다.

팀워크에 대해 배우고 싶다면 훌륭한 팀과 훌륭한 코치에 대해 공부하라. 앞서 존 우든을 언급한 적이 있는데, 그는 대학 농구 역사상 가장 훌륭한 코치로 꼽힌다. 그는 가끔씩 경기 성적에 별로 신경을 안 쓰는 선수를 만난다. 적어도 팀의 성적에는 신경 쓰지 않는 선수 말이다. 그런 선수는 자신의 경기 기록과 명성에만 관심을 가진다. 팀이 지더라도 자신이 득점을 많이 했다면 팀의 패배에 마음 아파하지 않는다. 반면에 팀이 이기더라도 자신의 득점이 많지 않다면 우울해한다. 우든 코치는 그런 선수를 몇 주씩 벤치에 묶어두는데, 그 선수 실력이 아무리 출중하더라도 그 선수가 경기장에 없는 것이 팀에 도움이 되기 때문이다. 훌륭한 코치의 역할은 최고의 선수를 경기장에 내보내는 것이 아니라 최고의 팀을 경기장에 내보내는 것이다.

팀은 집단적 자아가 개인적 자아보다 클 때 가장 큰 성공을 거둘 수 있다. 개인이 얼마나 대단한 경기력을 선보이든 팀이 진다면 모든 팀원이 지게 된다. 직장에서 승진을 하고 월급이 오르더라도 업무 때문에 배우자와 자녀, 운동, 종교 활동 등에 소홀해진다면 당신의 팀은 패배하게 된다.

친밀함은 팀워크를 필요로 한다. 친밀함의 3단계에서 우리는 '서로 다른 의견'이라는 장애물을 만나게 된다. 어떤 사람은 충돌을 피하기 위해 곧바로 얕고 피상적인 사실과 상투적인 말의 세계로 되돌아간다. 어떤 사람은 3단계에 아예 자리를 깔고 남은 평생 동안 서로 다른 의견을 두고 죽도록 싸운다. 하지만 극소수의 사람들은 의견이 항상 변화하고 진화한다는 사실을 깨닫는다. 이를 통해 서로를 인정할 줄 아는 지혜를 얻게 되고, 풀리지 않는 문제를 끌어안고 살아가는 데 필요한 창의적인 방법을 찾게 된다. 그 결과 하나의 팀이 탄생하고, 집단적 자아가 팀원들을 인도하고 보호하는 가운데 그 팀은 친밀함의 더 깊은 미스터리를 경험하기 위한 준비를 마치게 된다.

· 당신과는 전혀 다른 의견을 가진 사람과 싸우지 않고 잘 지내는 법을 안다는 것은 당신의 자기 인식 능력과 지혜가 상당하다는 증거다.

· 추구하는 목적을 개인적인 만족감에서 공동 목적으로 바꾸지 않는 한 그 관계의 끝은 참혹할 수밖에 없다.

· 품위 있게 동의하고 반대하기 위해서는 인내심과 겸손함이 필요하다.

· 친밀함의 3단계에서 성공의 비결은 인정이다. 우리는 인정받을 때 행복을 느끼며, 인정받지 못할 때 상대를 향해 수많은 벽을 세우고 방어막을 구축한다.

· 오늘날 우리의 의견이 10년 전 우리의 의견과 다르다는 사실을 인식한다면 우리가 사랑하는 사람들도 마찬가지임을 알게 될 것이다.

· 진정으로 역동적이고 성공적인 관계를 구축하기 위해서는 그 관계에 속한 사람들의 집단적 자아가 개인적 자아보다 훨씬 커야 한다.

# 10 친밀함의 4단계: 서로의 꿈을 발견하다

꿈은 인간의 경험 중에서 아주 매력적인 부분이다. 모든 꿈은 독특하다. 꿈의 세계는 그것이 얼마나 혼란스럽고 무섭고 대단하고 신나든 간에 우리의 정체에 관한 무언가를 보여준다. 꿈에서는 모든 감정이 여과 없이 드러난다. 우리가 세상이나 심지어 사랑하는 사람에게도 숨기려 하는 모습이 꿈속에서는 그대로 나타난다.

꿈은 우리의 희망과 두려움, 환상과 은밀한 욕망을 아주 잘 보여준다. 꿈은 늘 사람들을 매혹하고 꿈에 담긴 의미는 손에 잡힐 듯 잡히지 않는다. '어젯밤 그 꿈이 대체 무슨 의미일까?'라고 한 번쯤 고민해보지 않은 사람이 어디 있을까?

몇 년 전 크리스마스 선물로 친구에게 꿈 해몽 사전을 받았다. 그 책에는 수천 가지 꿈의 의미가 적혀 있었다. 꿈에 나타난 단어, 장소, 사람이나 사물을 꿈 해몽 사전에서 찾아보면 의미를 파악할 수 있었다. 나는 몇 달 동안 침대 옆 탁자에 그 꿈 해몽 사전을 올려두고 매일 아침 내가 꾸었던 꿈의 의미를 살펴보았다. 아주 흥미로운 일과였다. 하지만 친밀함의 4단계에서 다룰 주제는 잠을 자면서 꾸는 꿈이 아니다. 친밀함의 4단계에서는 우리가 인생과 관계, 미래는 물론 지구에서의 짧은 생을 어떻게 살지에 관한 꿈을 다룰 것이다.

## 관계를 결정짓는 비전의 강력한 힘

꿈과 희망은 인생과 건강한 관계에 있어 중요한 부분이다. 꿈과 희망은 미래에 초점이 맞추어져 있는 경우가 많지만 현재 우리의 상태를 생생하게 보여주기도 한다. 친밀함의 4단계에서는 인생의 다양한 분야에서 당신의 꿈과 희망이 무엇인지 아는 것이 중요하다. 또한 당신의 반려자나 중요도가 높은 관계를 맺고 있는 다른 사람들에게 그 꿈을 보여주는 것이 중요하다.

친밀함의 3단계에서 의견 차이에도 불구하고 서로를 인정하는 것이 중요하다고 설명했다. 그 이유는 사람들은 자기를 인정하는 사람에게만 꿈을 털어놓기 때문이다. 우리의 꿈은 개인의 굉장히 많은 것을 보여주기 때문에 약점으로 작용하기도 한다. 우리는 비판적이고 섣불리 남을 평가하는 사람 앞에서 함부로 약점을 드러내지 않는다. 그렇기 때문에 비판적이고 섣불리 남을 평가하는 사람은 진정한 친밀함을 절대 경험할 수 없다.

의식적이든 무의식적이든 우리는 약점을 드러내기 전에 상대방이 우리를 인정하고 지지해주는지를 살펴보게 된다. 그리고 인정받는다고 느낄 때 비로소 긴장을 풀고 가면을 벗고 용기를 내어 본래 모습을 드러낸다. 꿈은 우리 존재의 내밀한 부분이다. 아주 얕고 피상적인 꿈은 많은 사람과 공유할 수 있지만 깊고 은밀한 꿈은 우리 자신조차 인정하지 않으려고 애쓰기도 한다.

친밀함은 서로의 모습을 드러냄으로써 상대방을 알아가고 상대방에게 알려지는 것이다. 사랑하는 사람의 꿈을 아는 것은 당신의 꿈을 아는 것만큼이나 중요하다. 서로의 꿈이 무엇인지 알게 된 다음에는 상대방이 그 꿈을 이룰 수 있도록 도울 것인지를 결정해야 한다. 이후 더욱 중요한 결정을 내려야 하는데, 그것은 바로 어떤 꿈을 우선적으로 추구해야 하는지에 관한 결정이다. 여기에서도 앞서 언급한 질문을 이용할 수 있다. "어떤 꿈이 우리의 최고 수준의 자아실현을 도울 것인가?"

꿈을 포함한 모든 것은 근본적 목적과의 상관관계 속에서 의미를 지닌다. 우리의 꿈과 희망은 그것이 최고 수준의 자아실현을 도울 때 비로소 의미를 얻게 된다. 자아실현을 돕는 꿈은 당연히 받아들이고 추구하고 찬양해야 한다. 자아실현을 돕지 않는 꿈은 마땅히 거부해야 한다.

사랑하는 사람의 꿈을 알고 그 꿈을 실현하도록 도움으로써 관계 속에 에너지와 영감을 불어넣을 수 있다. 꿈을 좇는 것처럼 개인에게 많은 에너지를 주는 일도 없고, 꿈을 좇는 것처럼 관계에 많은 에너지와 열정을 불어넣는 일도 없다. 당신의 꿈을 드러내고 그 꿈을 좇고 사랑하는 사람이 자신의 꿈을 실현하도록 돕는 것은 모든 관계에 강력한 영향을 미친다. 친밀함의 4단계에서는 당신에게 가장 중요한 관계에서 어떻게 이 일을 할 수 있는지 알아보도록 하겠다. 우리의 꿈은 인생을 결정짓는 비전이며 그 비전은 관계를 결정짓는다.

## 즉각적인 만족을 뒤로 미룰 수 있는가?

꿈을 좇는 일과 관련해서 다음과 같은 질문을 첫 번째로 던져야 한다. "당신은 기꺼이 즉각적인 만족을 뒤로 미룰 수 있는가?" 이 질문에 대한 답이 "아니다."라면 당신은 훌륭한 관계를 맺을 수 없고 가치 있는 꿈을 이룰 수 없을 것이다.

현대 문화는 원할 때 원하는 것을 손에 넣는 것이 인생이라고 말한다. 이 문화의 원동력은 즉각적인 만족에 대한 끊임없는 요구, 그리고 그 만족을 지연시키는 모든 것에 대한 멸시와 거부다. 지금의 문화는 단순히 즉각적인 만족을 추구하는 수준을 넘어섰으며 많은 사람은 그 즉각적인 만족마저도 충분히 즉각적이지 않다고 느끼고 있다. 그 결과 요즘 젊은 세대는 인내심이 전혀 없고 자기 통제력이 부족하고 스스로 규율을 적용할 줄 모른다.

사업, 경력, 운동경기, 투자, 건강과 웰빙, 종교, 인간관계 등 어떤 분야에서든 성공하기 위해서는 지연된 만족이 필요하다. 인생의 모든 영역에서의 성패는 결국 지연된 만족에 달려 있다. 즉각적인 만족 자체를 목표로 삼지 않는 이상 만족을 지연시키지 않으면 성공할 수 없다. 만약 즉각적인 만족이 목표라면 당신은 일시적인 성공을 경험할 수는 있을지 몰라도 얼마 지나지 않아 패배자의 삶을 살게 될 것이다.

그 시대 최고의 운동선수였던 마이클 조던Michael Jordan과 랜스 암스트롱Lance Armstrong을 떠올려보자. 그들은 인생을 살면서 아주 큰 성공을 거두었는데, 그 성공의 이면에는 만족을 미룰 줄 아는 남다른 능력이 존재한다. 그런데 왜 우리는 만족을 미루지 않으려 하는가? 정도의 차이는 존재하지만 만족을 미루는 것이 고통스럽기 때문이다. 고통은 다양한 형태로 존재하며 반드시 육체적인 형태가 아닐 수도 있다. 사랑하는 사람을 잃은 경험이 있는 사람이라면 이 말을 잘 이해할 수 있을 것이다.

고통은 단순히 더 약한 정도의 쾌락을 의미하는 경우도 있다. 예를 들어 햄버거와 감자튀김이 먹고 싶다고 생각해보자. 햄버거와 감자튀김은 일시적인 쾌락을 나타낸다. 하지만 당신은 수프와 샐러드를 먹는다. 햄버거와 감자튀김을 먹을 때만큼 강한 쾌락은 아니지만 수프와 샐러드를 통해서도 음식을 먹는 즐거움을 느낄 수 있다. 당신은 만족을 미루기로 선택한 것이다. 햄버거와 감자튀김을 먹지 않는다면 그 만족은 영원히 사라져버리는 것이 아닌가? 그렇지 않다. 햄버거와 감자튀김은 늘 머릿속에 남아 있을 것이다. 그렇다면 이 상황에서 지연된 만족은 무엇일까? 이는 미래에 얻게 될 더 건강한 몸매와 더 좋은 기분을 통해 얻을 수 있는 만족이다.

우리는 지연된 만족과 고통을 연관시키는데 이는 당연한 일이다.

하지만 고통을 나쁜 것으로만 인식해서는 안 된다. 마이클 조던이나 랜스 암스트롱 같은 정상급 선수와 일반 선수 간의 차이는 마이클 조던과 랜스 암스트롱이 더 큰 고통을 견딜 수 있었다는 점이다. 정상급 선수는 더 큰 고통을 견디도록 훈련받았기 때문이다.

큰 성공을 거둔 사람들은 고통과 친구처럼 지낸다. 평범한 사람들이 어떻게든 고통을 피하려고 애쓰는 동안 모든 시대의 영웅, 리더, 전설적 인물, 챔피언, 성인들은 고통과 친해졌다. 당신은 고통을 적으로 인식하지만 그들은 고통을 친구로 인식하는 것이다.

1997년 6월, 시카고 불스와 유타 재즈 간의 NBA 결승 5차전이 열리던 날 아침, 마이클 조던은 지독한 통증에 시달렸다. 식중독 탓인지 고산병 탓인지 원인을 아는 사람은 아무도 없었다. 아침 8시에 조던의 보디가드는 시카고 불스의 트레이너인 칩 셰퍼에게 조던이 심한 통증에 시달리고 있다는 말을 전했다. 그날 아침 마이클 조던이 열이 39도까지 올라갔다는 기사가 이후 신문에 실리기도 했다. 하지만 그것은 사실이 아니며 그의 체온은 37.8도 정도였다.

셰퍼가 조던의 방에 도착했을 때, 농구 스타인 조던은 태아처럼 몸을 웅크리고 담요를 뒤집어쓴 채 고통에 시달리고 있었다. 그는 전날 한숨도 자지 못했고 머리가 깨질 듯 아팠고 밤새 메스꺼움에 시달렸다. 그는 세상에서 가장 뛰어난 농구 선수일지 몰라도 그날은 절대 농구 경기장에서 뛸 수 없을 것처럼 보였다. 하지만 과연 그랬을까?

셰퍼는 조던에게 수분을 공급하기 위해 링거주사를 놓았고 진통제를 먹였다. 셰퍼는 조던을 가까이서 지켜봐왔기 때문에 조던이 가진 상상을 초월하는 결의를 누구보다 잘 이해하고 있었다. 보통 사람이라면 제대로 움직이기도 힘든 상황에서도 조던은 자신을 밀어붙일 수 있는 불굴의 의지를 가지고 있었다. 셰퍼는 1991년 레이커스와의 결승전 당시에도 조던이 불굴의 의지를 발휘하는 모습을 목격했다. 당시 조던은 심한 발가락 부상을 당했고 셰퍼는 다음 경기를 위해 조던의 부상 부위를 보호해줄 수 있는 농구화를 만들어냈다. 하지만 경기 전에 그 농구화를 신어본 조던은 그 농구화가 부상 부위의 통증을 완화해주기는 하지만 달리고 멈추고 상대 선수를 가로막기에는 불편하다는 것을 알게 되었다. "그냥 아픈 걸로 주세요." 조던은 셰퍼에게 말했다.

전설적인 사이클 선수 랜스 암스트롱의 이야기도 마이클 조던과 매우 비슷하다. 암스트롱은 사이클 경기를 통해 인간이 가진 극한의 지구력을 시험하는 대회인 투르 드 프랑스에서 7연패를 달성했다. 매년 7월이 되면 모든 유럽인이 21일 동안 3,500Km 이상을 달려야 하는 이 사이클 경기를 관심 있게 지켜본다. 수많은 선수들이 사이클을 타고 이 코스를 완주하지만 1위를 차지하기 위해서는 엄청난 고통을 감당해야 한다. 투르 드 프랑스는 인내력 시험이다. 그렇다면 선수들은 대체 무엇을 인내해야 하는 것일까? 바로 고통이다. 암스트롱은 "고통은 일시적이지만 포기는 영원하다."라는 명언을 남겼다.

인생의 다양한 분야에서 성공하느냐 마느냐는 만족을 지연할 줄 아는 능력에 달려 있다. 자산 관리도 훌륭한 예가 될 수 있다. 아마 돈을 예로 들면 더 이해하기가 쉬울 것이다. 수백만 명의 미국인들은 노후자금이 전혀 없거나 아주 부족한 상태로 퇴직한다. 인생에서 가장 좋은 시절 40년을 몸 바쳐 일했지만 그에 대한 금전적인 대가는 거의 눈에 보이지 않는다. 물론 사회보장제도 덕분에 수당을 받을 것이고 정부의 지원 덕분에 굶어 죽지는 않을 것이다. 하지만 많은 사람들이 푼돈에도 벌벌 떨며 여생을 보내게 될 것이다. 대안은 없는 것일까?

물론 있다. 하루에 1달러씩 55년 동안 저축한다면 2만 달러가 모인다. 당신은 "그래서?"라고 말할지도 모른다. 매달 모은 30달러를 금리가 5%인 국채에 투자한다면 55년이 흐른 뒤 10만 1천 달러를 받을 수 있다. 만족을 미루어야만 한다는 말이 아직도 설득력이 부족해 보이는가? 수익률이 9%인 상품에 매일 1달러를 투자한다면 55년이 지난 뒤 48만 1,795달러를 얻을 수 있다. 9% 수익률을 기대하는 것은 합리적이지 못한 일일까? 판단은 어디까지나 당신의 몫이지만, S&P 지수에 따르면 1925년 후 평균 수익률이 12.5%에 달한다.

아직도 설득력이 부족해 보이는가? 매일 3달러씩 55년 동안 수익률이 9%인 상품에 투자한다면 55년 뒤 144만 5,385달러를 얻을 수 있다. 그렇다. 매일 3달러만 아끼면 거의 150만 달러라는 지연된 만족을 얻을 수 있다. 저축액을 하루 5달러로 늘린다면 240만 8,975달러를 모으게 될 것이다. 그런데 왜 사람들은 대부분 모아놓은 돈이 거의 없는 상태로 퇴직하는 것일까? 이유는 2가지다. 첫째, 그들에게는 만족을 지연할 의지가 없었고, 둘째, 시간을 들여 진지하게 자산 계획을 세우지 않았기 때문이다.

반면에 신용카드를 이용하는 미국의 가정에서는 평균 7천 달러 이상의 신용카드 부채를 짊어지고 있다. 소비자 부채가 역대 최고 수준이다. 즉각적인 만족도 역대 최고 수준이다. 소비자 자신감과는 상관없다고 생각한다. 이는 즉각적인 만족과 지연된 만족 간의 싸움이다.

돈이 전부는 아니지만 나라면 부유함과 가난함이라는 갈림길에서 항상 부유함을 선택할 것이다. 당신에게도 같은 선택을 하라고 권하고 싶다. 현실에서 사람들은 대부분 부유함과 가난함 중에 하나를 선택하게 된다.

이제 관계를 고려해보자. 위태로운 관계를 맺고 있는 사람들을 떠올려보자. 그들에게는 만족을 지연할 의사가 있는가? 그 관계를 단지 즐거움을 얻기 위한 수단 정도로 여기지는 않는가? 훌륭한 관계에는 절대 문제가 생길 수 없다는 비현실적인 기대를 품고 있지는 않는가? 개인의 목표와 쾌락보다 관계를 우선시할 마음이 있는가?

개인이 가진 가치 있는 꿈을 이루기 위해서는 반드시 지연된 만족이 필요하고, 그 관계는 훌륭한 관계에 대한 꿈에도 동일하게 적용된다. 인간관계에서 원하는 바를 얻는 방법에 관한 책이 매일같이 쏟아져 나오고 있다. 우리가 관계에서 이러한 접근 방식만을 취한다면 그 관계는 시작부터 이미 끝이 보이는 관계가 되어버린다.

관계의 근본적인 속성은 얻는 것이 아니라 주는 것이며 다른 사람의 여정을 돕는 것이다. 이러한 접근 방식을 취하기 위해서 적어도 초반에는 우리의 욕망과 목표를 잠시 접어둘 마음이 있어야 한다.

## 당장의 만족을 나중으로 미루는 방법

그렇다면 우리의 욕망을 항상 억눌러야 한다는 말일까? 물론 아니다. 다만 훌륭한 관계라는 꿈을 이루고 관계 속에서 개인이나 연인으로서 지니고 있는 다른 여러 가지 꿈을 이루기 위해서 즉각적인 만족을 잠시 미루어야만 할 때가 있다는 뜻이다. 꿈의 실현은 지연된 만족과 떼려야 뗄 수 없는 사이다.

만족을 미루고자 하는 의지와 능력은 훈련을 통해 얻을 수 있다. 의지와 능력은 관계 안에서도 중요하다. 그렇다면 어떻게 해야 당장의 만족을 나중으로 미룰 수 있을까? 미래에 느끼게 될 만족을 늘 떠올리면 된다. 마이클 조던은 역사상 최고의 농구 선수가 되겠다는 꿈을 한시도 잊은 적이 없다. 랜스 암스트롱은 훈련이 길어질 때마다 투르 드 프랑스 우승이라는 꿈을 떠올렸고, 그 꿈을 이루자 2연승의 꿈을 떠올렸고, 다시 3연승의 꿈을 떠올렸으며 역사상 최초로 6연승을 달성하는 꿈을 떠올렸다.

저축하는 사람들은 그 돈이 미래에 그들과 그들이 사랑하는 사람에게 가져다줄 기회를 계속 떠올린다. 만족을 미룰 줄 아는 사람들은 지금의 희생을 통해 얻을 수 있는 보상을 늘 머릿속에 담아둔다. 그들은 꿈에서 눈을 떼지 않음으로써 당장의 만족을 나중으로 미룰 수 있다. 또 다른 비결이 있을까? 그들은 연습하고 연습하고 또 연습한다. 만족을 나중으로 미루는 연습을 함으로써 고통에 대한 내성을 키운다. 고통을 견디는 인내력이 커질수록 그들은 더욱더 스스로를 몰아붙일 수 있게 되고 이는 더 큰 성공으로 이어진다. 마침내 그들은 미래의 승리가 얼마나 달콤할지 머릿속에 그려볼 수 있게 되며 늘 마음속에 그러한 꿈을 품고 산다.

꿈은 당장의 만족을 미루어야만 하는 이유가 되고 영감이 된다. 사람들이 만족을 미루지 못하는 이유는 만족을 미루면서까지 추구할 만큼 가치 있는 꿈이 없기 때문이다. 당신에게는 그런 꿈이 있는가?

지연된 만족은 우리로 하여금 미래를 꿈꾸게 하는데, 이는 관계 내에서도 중요하다. 우리는 누군가를 사랑할 때 그 사람과 함께 꾸려나가는 미래와 모든 신 나는 가능성에 대해 생각하게 된다. 쾌락과 즉각적인 만족에 대한 개인의 욕망만을 채우고자 할 때는 미래와 심지어 상대방에 대해서 전혀 고려하지 않게 된다. 대신 지금 이 순간과 우리 자신만을 생각하게 된다.

꿈은 자기중심적이며 즉각적인 만족의 세계를 벗어나 모든 인간이 갈망하는 사랑, 친밀함, 서로에 대한 존중으로 가득한 미래로 나아갈 수 있도록 우리의 시야를 넓혀준다. 꿈, 공동 목표, 지연된 만족을 추구하는 자세는 세상에 존재하는 그 어떤 쾌락보다 당신의 관계를 더욱 뜨겁게 달굴 것이다.

꿈은 당장의 만족을 미루어야만 하는
이유가 되고 영감이 된다.
사람들이 만족을 미루지 못하는 이유는
만족을 미루면서까지 추구할 만큼
가치 있는 꿈이 없기 때문이다.

# 그 사람과
# 미래를 함께 설계하라

꿈은 그 사람에 대해 많은 것을 알려준다. 그의 현재 모습은 물론 그가 미래에 어떤 사람이 되고 싶어하는지도 알려준다. 꿈은 그 사람이 가치 있게 여기는 것, 열광하는 것, 삶의 중심으로 삼고자 하는 것을 알려준다. 어떤 사람과 인생을 함께할지를 결정할 때 그가 현재 가지고 있는 꿈과 희망이 무엇인지 알면 미래의 모습을 짐작하는 데 도움이 된다.

친밀함의 4단계는 서로의 꿈을 발견하는 단계다. 깊은 수준의 친밀함을 느끼려면 당신이 사랑하는 사람이 무엇으로부터 열정과 에너지, 그리고 활기를 얻는지 아는 것이 중요하다. 사랑하는 사람의 꿈을 아는 것이 중요한 이유는 그들이 꿈과의 상관관계 속에서 인생을 바라보기 때문이다. 물론 당신도 예외가 아니다. 우리는 꿈이라는 렌즈를 통해 이 세상을 본다.

한 가지 예를 들어보겠다. 당신의 아내가 "오늘 가게에서 예쁜 옷을 한 벌 봤어. 내일 당장 가서 사는 게 좋겠어."라고 말한다고 가정해보자. 당신이 옷의 가격을 묻자 아내는 250달러라고 답한다. 이것은 임의로 정한 금액이며 어떤 사람은 이 정도 금액이 적당하다고 생각할지도 모른다. 하지만 당신은 250달러가 터무니없이 비싼 가격이라고 생각하기 때문에 아내에게 화를 낸다. 이미 아내에게는 자주 입지도 않는 옷이 50벌이나 더 있다. 하지만 진짜 중요한 것은 그것이 아니다. 당신이 화가 난 이유는 아내가 새 옷을 사고 싶어하기 때문이 아니라 그 돈을 다른 용도로, 다시 말해 꿈을 실현시키는 용도로 이용하고 싶기 때문이다.

당신의 꿈은 남들보다 일찍 퇴직해서 아직 충분히 건강한 나이에 아내와 여행을 떠나는 것이다. 그리고 그 꿈을 이루기 위해 열심히 저축을 하고 있지만 아직 아내에게 직접 분명하게 말을 하지는 않았다. 넌지시 말을 꺼낸 적은 있지만 아내와 자리에 앉아 계산을 하고 꿈을 이루기 위해 얼마나 더 노력해야 하는지 정확히 논의한 적은 없었다. 아내에게 솔직히 이야기해보자. 새 옷 몇 벌과 조기 퇴직 후의 여행 중 하나를 선택하라고 한다면 아내는 아마 후자를 택할 것이다. 그렇지 않다면 당신은 단순히 옷을 한 벌 사느냐 마느냐 하는 것보다 훨씬 더 큰 문제에 직면하게 된다.

꿈은 우리의 관계를 더욱 명확하게 만들어준다. 그렇기 때문에 함께 미래를 설계하려고 한다면 서로의 꿈을 알아야만 한다. 나는 『위대한 나The Rhythm of Life』라는 책에서 꿈 노트에 대해 짧게 언급한 적이 있다. 꿈 노트는 내가 가고 싶은 장소, 갖고 싶은 물건, 쓰고 싶은 책, 지니고 싶은 미덕 등 나의 모든 꿈을 적어놓은 작은 일기장이다. 나는 비행기 안에서, 러닝머신에서 운동을 하면서, 혹은 자기 전 침대에서 잠시 시간을 내서 꿈 노트를 뒤적인다.

꿈은 반드시 글로 적어야 하며 매일 시간을 내서 확인해야 한다. 그렇게 하지 않으면 가장 중요하지 않은 일 때문에 가장 중요한 일에 소홀해진다. 이 원칙은 우리의 관계에도 똑같이 적용된다. 우리는 바쁜 일상에 치여 너무 쉽게 우리의 꿈을 잊어버리고 산다.

이제 당신도 꿈 노트를 써야 할 때가 아닌가? 이제 당신과 당신의 반려자도 함께 꿈 노트를 써야 할 때가 아닌가? 꿈 노트로 이용할 노트를 하나 마련하기 바란다. 그런 다음 잡지에서 멋진 시계, 자동차, 혹은 휴양지 광고를 보면 잘라서 꿈 노트에 붙이자. 이는 어렵지 않은 일이다. 당신에게 진짜 필요한 것은 혹시 꿈의 주말 아닌가? 꿈의 주말이란 꿈처럼 달콤한 주말여행이 아니라 당신의 반려자와 꿈에 대해 진지하게 대화할 수 있는 주말을 말한다.

나는 꿈을 정리하는 시기가 찾아오면 인생을 7가지 영역, 즉 육체적·정서적·지적·영적·직업적·재정적·모험적 영역으로 나누어 살펴본다. 당신의 꿈은 무엇인지 생각해보기 바란다. 7가지 영역을 살펴보고 각각의 영역에서 어떤 꿈을 꾸고 있는지 말해보자. 그리고 그 꿈을 노트에 적어보자. 개인적인 꿈도 있을 것이고 반려자와 함께 이룰 꿈도 있을 것이다. 그 꿈들을 모두 노트에 적은 다음 목표를 설정해야 한다. 목표는 마감 시점이 있는 꿈을 말한다. 7가지 영역을 각각 살펴보고 지금으로부터 1년 뒤 목표를 설정하도록 하자.

육체적 목표로는 체중을 조금 감량하거나 규칙적으로 함께 운동하는 것 등이 있다. 나의 감정적 목표는 훌륭한 관계를 맺는 것인데, 3부에서 그것이 무슨 의미인지 더 자세하게 설명하겠다. 몇 년째 책을 많이 읽어야겠다고 생각해왔거나 항상 학교로 돌아가고 싶었다면 그것을 지적 목표로 삼으면 된다. 영성을 조금 더 탐험하기 위해 늘 여행을 떠나고 싶었다면 그것을 영적 목표로 삼을 수 있다.

지금 직장이 항상 불만이었다면 새로운 일자리를 구하는 것을 직업적 목표로 설정하면 된다. 항상 저축을 미루어왔는가? 자산 계획을 세우고 저축을 시작하는 것을 재정적 목표로 삼으면 된다. 급류 래프팅이나 패러글라이딩, 항공기 조종 등은 모험의 영역에 포함될 수 있다.

## 꿈을 현실로 만들어줄 목표를 설정하라

꿈은 구체적일수록 실현 가능성이 더 높아진다. 꿈은 절대 저절로 이루어지지 않으며 노력을 통해서만 현실이 된다. 이때 목표는 우리에게 동기를 부여하며 우리 안에서 최고 상태를 이끌어낸다. 꿈과 목표는 우리가 이 세상과 우리 자신을 다른 방식으로 보도록 한다. 목표는 열정과 목적, 에너지를 삶에 가득 불어넣고 당신의 관계에도 열정과 목적, 에너지를 가득 불어넣는다. 더이상 흘러가는 대로 살아서는 안 된다. 꿈을 꾸고 그 꿈을 현실로 만들어줄 목표를 설정하라.

우리는 최대한의 잠재력을 발휘해 변화하고 성장하고 한계를 뛰어넘을 때 인간으로서 가장 살아 있다는 느낌을 받는다. 그 결과 목표를 달성하기 위해 더욱 노력하게 된다. 목표 설정의 기술이란 목표의 난이도를 만만하지는 않지만 충분히 실현 가능한 수준으로 조정하는 것을 말한다. 시시하다고 느껴질 만큼 쉽지 않으면서 지레 포기할 만큼 어렵지 않아야 한다는 뜻이다. 아주 큰 꿈을 꾸고 있다면 그 꿈을 여러 단계로 나누고 각 단계별로 더 세부적이고 현실적인 수준의 목표를 설정하자.

주말에 시간을 내서 당신의 꿈을 살펴보도록 하라. 개인적인 사정 때문에 주말에 시간을 비울 수 없다면 평일 저녁이나 일요일 오후에 시간을 비우도록 하라. 그리고 앞으로 1년 뒤 그동안의 진행 상황을 확인하는 시간을 갖는 것을 또 하나의 목표로 설정하라.

이제 계획을 세워야 한다. 앞으로 1년 동안 달성하고 싶은 목표와 꿈이 무엇인지 살펴보자. 실현하기 위해 1년 이상이 걸리는 꿈은 첫 1년 동안 어느 정도까지 꿈을 이루고 싶은지를 목표로 정하면 된다. 이와 같은 계획을 모두 종이 2장에 옮기도록 하자. 한 장은 늘 가지고 다니면서 낮에 가끔씩 읽어보자. 매달 마지막 날이면 당신의 반려자와 마주 앉아 계획대로 순조롭게 목표를 이루어나가고 있는지 이야기를 나누어보는 것도 좋다.

자녀가 있다면 아이들에게도 꿈을 꾸도록 격려하는 것이 좋다. 자녀에게 꿈 노트를 주면서 가족과 함께 각자의 꿈을 적어보고 그에 대해 이야기하는 시간을 갖도록 하자. 우리가 사랑하는 사람이 꿈을 좇고 실현하도록 돕는 일에는 강한 마력이 있다.

어느 날 갑자기 자고 일어나면 바라던 모든 일이 이루어져 있을 것이라는 터무니없는 환상 속에서 사는 사람이 많다. 하지만 그런 일은 절대 일어나지 않는다. 당신도 마음 깊숙한 곳에서 그 사실을 알고 있다. 이것이 바로 소망과 꿈의 차이다.

사랑하는 사람과 진심으로 친밀해지고 싶다면 그에게 동기를 부여하는 것이 무엇인지 알아야 한다. 삶의 다양한 단계에서 우리는 다양한 것들로부터 자극을 받는다. 그렇기 때문에 매년 지난 한 해를 되짚어보는 것이 중요하다. 지금의 배우자와 처음 만날 당시 꿈이 무엇인지 물어보고 이후 오랫동안 그런 이야기를 나누지 않았다면 오늘날의 꿈은 과거와 많이 달라져 있을 수도 있다. 만약 본인의 상황이 그러하다면 관계를 개선하는 의미에서 우선 반려자에게 이런 질문을 던지기를 바란다. "내가 내 꿈을 좇느라 바쁜 사이 당신은 어떤 꿈을 포기해야만 했어?"

· 사랑하는 사람의 꿈을 알고 그 꿈을 실현하도록 도움으로써 관계 속에 에너지와 영감을 불어넣을 수 있다.

· 인생의 다양한 분야에서 성공하느냐 마느냐는 만족을 지연할 줄 아는 능력에 달려 있다.

· 사람들이 만족을 미루지 못하는 이유는 만족을 미루면서까지 추구할 만큼 가치 있는 꿈이 없기 때문이다.

· 깊은 수준의 친밀함을 느끼려면 당신이 사랑하는 사람이 무엇으로부터 열정과 에너지, 그리고 활기를 얻는지 아는 것이 중요하다.

· 꿈은 구체적일수록 실현 가능성이 더 높아진다. 꿈은 절대 저절로 이루어지지 않으며 노력을 통해서만 현실이 된다.

# 11 | 친밀함의 5단계: 감정을 드러내다

친밀함의 5단계는 감정의 단계다. 감정은 '정서적인 반응'으로 정의되며 우리는 하루에도 수천 가지의 감정을 느낀다. 아침에 일어나 파란 하늘을 보면 정서적인 반응이 일어난다. 이것이 감정이다. 으스스하고 구름이 가득한 하늘을 보면 다른 종류의 감정을 느낀다.

· 당신이 마지막으로 보였던 정서적 반응은 어떤 것인가?
· 지금 이 순간에는 어떤 감정을 느끼고 있는가?

어떤 감정은 금방 왔다가 사라지기 때문에 우리가 거의 관심을 두지 않으며 심지어 알아차리지도 못한다. 또 어떤 감정은 몹시 강렬해서 그대로 내버려두면 우리를 완전히 집어삼키기도 한다.

우리의 감정을 알고 공유하는 것은 친밀함에서 중요한 부분이다. 5단계에서는 다양한 사람과 장소, 사물이나 사건에 대해 우리가 어떤 감정을 느끼는지 알아보고 그 감정을 사랑하는 사람에게 알려줌으로써 우리의 내면을 공유하는 방법을 배워보자.

# 기꺼이 약점을 드러낼
# 마음이 있는가?

친밀함의 5단계에서는 이 책의 1장에서 언급했던 거절당하는 것에 대한 두려움과 정면으로 맞서야 한다. 우리와 관련된 사실들은 우리가 누구인지 말해준다. 의견은 그 사실에 대해 우리가 어떻게 반응하는지를 보여준다. 꿈과 희망은 우리가 어떤 인생을 원하는지, 어떤 사람이 되려고 노력하는지를 알려준다. 이 모든 것은 우리에 대한 무언가를 보여주며 이 과정을 통해 정도의 차이야 있겠지만 우리의 약점이 드러난다. 감정은 정서적인 신경의 말단부로서 우리의 망가진 부분, 인간적인 면, 지지와 관심과 사랑을 얻고자 하는 마음을 날것 그대로 보여주는 경우가 많다. 결국 감정을 드러내는 것은 치명적인 약점을 드러내는 것과 같다.

앞서 친밀함의 2단계에서 고민했던 문제는 "상투적인 말의 단계를 넘어서 자신에 대한 사실을 이야기할 수 있는가?"였다. 친밀함의 3단계에서 고민했던 문제는 "자신의 의견을 드러내고 의견이 다른 사람을 인정할 의사가 있는가?"였다. 친밀함의 4단계에서 고민했던 문제는 "즉각적인 만족을 잠시 미루고 함께 미래를 설계할 의지가 있는가?"였다.

이제 친밀함의 5단계에서 고민해야 할 문제는 "기꺼이 약점을 드러낼 마음이 있는가?"다. 당신의 반려자에게 경계를 풀고 가면을 벗고 약점을 드러내며 당신의 감정을 이야기할 마음이 없다면 절대 친밀함을 경험할 수 없다. 더 깊은 단계의 친밀함으로 나아가면서 각 단계마다 치러야 할 대가가 있다. 5단계가 우리에게 요구하는 대가는 약점을 드러내는 것이다.

## 약점을 드러내고 위안을 얻다

감정을 드러내면 약점이 드러날 수밖에 없지만 무언가를 얻기 위해서는 위험을 감수해야만 한다. 약점을 드러내는 것에 대한 보상은 정신 건강이다. 모든 성공적인 정신 치료의 중심에는 어린아이가 엄마에게 그러듯 모든 것을 다 말하고 털어놓고 존재의 핵심까지 전부 보여줄 수 있는 관계가 존재한다. 매년 수백만 명이 정신과 의사를 찾아가는 것도 결국 같은 이유 아닌가? 그렇다면 단 한 명이라도 진정으로 친밀한 관계를 맺고 있는 사람이 있다면 굳이 정신과 의사를 찾아갈 필요가 없지 않을까?

아무것도 숨길 게 없다는 것은 얼마나 아름답고 마음 편한 일일까? 정직한 마음, 포용하는 마음, 존중하는 마음으로 두 사람이 서로에게 자신의 모습을 드러내려고 할 때, 그들은 고독함과 외로움으로부터 서로를 구원할 수 있다. 모든 것을 다 털어놓을 수 있는 관계를 원하지 않는 사람이 있을까?

우리는 너무 많은 것을 억누르고 산다. 그러다 보니 감정의 덩어리가 응고되면서 결국 미치고 만다. 나는 이로 인해 아직 인간이 이해하지 못하는 방식으로 수많은 질병이 발생한다고 생각한다. 우리는 모두 무언가 할 말이 있지만 어떻게 말해야 할지, 혹은 누구에게 말해야 할지를 모른다.

친밀함은 위험과 같다. 가볍게 생각해서도 안 되지만 기꺼이 감수할 줄도 알아야 한다. 한 명의 타인에게도 제대로 알려지지 않은 채로 충만한 삶을 살았던 사람은 없다. 친밀함은 풍요로운 삶을 살고자 하는 사람에게는 전제 조건이나 다름없다. 진정한 친밀함을 추구하는 모험과 위험이 가득한 여정을 미루는 단 하나의 이유는 모든 것을 믿고 털어놓을 만한 사람이 없다는 것이다.

우리는 안전함과 무사함이 결국 환상에 불과하다는 사실을 직시하지 않고 안전함에 매달리고 무사함을 우상화한다. 안전할 수 있는 것은 안전함이 깨지지 직전까지이며, 무사할 수 있는 것도 무사함이 깨지기 직전까지다. 당신이나 사랑하는 사람이 내일 당장 사고를 당해 참혹한 죽음을 맞이한다면 안전함과 무사함이 다 무슨 소용인가?

아직 태어나지 않은 아이에게 엄마의 자궁 안에 머무는 것과 놀라운 이 세상에 태어나는 것 중에 하나를 선택하라고 한다면 그 아이는 분명 자궁을 택할 것이다. 누구든 이미 알고 있는 것을 사랑하는데, 아이는 자궁을 잘 알고 있기 때문이다. 자궁은 안전하고 안심할 수 있고 따뜻하며 필요한 모든 것이 다 갖추어져 있는 곳이다. 그러므로 자궁 바깥세상에 무엇이 있는지 전혀 모른 채 선택권이 주어졌을 때 아이는 자신이 이미 알고 있는 세계를 택할 것이다.

친밀함에 관해서라면 당신과 나 역시 아직 태어나지 않은 아이와 다를 바가 없다. 우리는 어떤 세상이 우리를 기다리고 있는지 모른다. 진정한 친밀함을 경험한 다음에야 우리의 말을 귀담아들어주고 우리를 소중히 여기고 인정하고 격려하고 이해하는 사람이 절실하게 필요했음을 깨닫게 된다. 친밀함의 신세계를 경험해본 사람만이 자신만의 세계를 벗어나는 것이 얼마나 중요한지 알게 된다. 반면에 친밀함이 우리를 움직이고 자극하고 해방시킨다는 사실을 모르는 사람들은 자신이 가진 작은 것에 집착하며 자신은 잃을 것이 너무 많다고 말한다. 산해진미가 다 차려진 풍성한 친밀함의 식탁을 앞에 두고 그 밑에 떨어진 음식 부스러기로 만족하는 사람들이 너무나 많다.

두려움 때문에 약점을 드러내지 않으려고 하는 사람은 상황이나 필요에 의해 마음을 바꾸지 않는 한 결코 친밀함을 얻을 수 없다. 중요도가 높은 일차적인 관계에서 자신의 약점을 보여주는 위험을 감수하지 않는 사람은 결코 친밀함을 경험할 수 없다.


## 건강한 방식으로
## 감정을 표현하는 방법

우리는 감정을 표현할 정당한 필요를 느낀다. 하지만 건강한 감정 표현에는 몇 가지 조건이 따른다. 이때 육하원칙에 따라 "누가? 언제? 어디서? 무엇을? 어떻게? 왜?"라는 질문을 해보면 도움이 된다. "누가?"에 대한 대답이 가장 중요하지만, "왜?"에 대해서 먼저 생각해보아야 한다. 우리가 바라는 목표가 모든 것을 결정하기 때문이다. 그냥 소리 내어 무언가를 말하고 싶다면 그 상대가 누구라도 상관없다. 단순히 말이 하고 싶은 것이라면 빈방에 들어가서 문을 닫고 혼자 말하면 된다.

어떤 사람에 대한 감정을 표현하고 싶다면 가장 좋은 대화 상대는 바로 그 사람이다. 하지만 비판적인 기운이 섞인 감정이라면 그것을 전달할 때 그 사람의 최고 수준의 자아실현을 돕기 위해서라는 점을 분명히 해야 한다. 반면에 아주 복잡하고 내밀한 감정을 느껴서 누군가가 당신의 이야기를 듣고 이해해주기를 바란다면 일차적인 관계를 맺고 있는 사람에게 눈을 돌려야 한다.

갓난아이에게 감정을 표현해서 그 아이가 당신의 말을 잘 들어주고 이해해준다는 느낌을 받기는 어려울 것이다. 심각한 문제에 대한 당신의 감정을 10대 자녀에게 털어놓는 것도 옳다고 볼 수는 없다. 아이는 당신을 도와주지도 못할 것이고, 너무 어린 나이부터 심각한 문제에 대한 걱정을 떠안고 살 위험이 있기 때문이다. 슈퍼마켓 점원도, 이제 막 이사를 온 이웃집 사람도 그런 감정을 표현하기에 적당한 상대가 아니다.

"무엇을?"에 대한 대답도 전적으로 당신에게 달렸다. 물론 감정을 표현할 때는 항상 "나는"이라는 말로 시작해서 사실이나 구체적인 내용에 초점을 맞춰야 한다. "어떻게?"에 대한 대답은 다음의 예를 통해 설명하겠다. "난 화났어. 당신이 퇴근을 늦게 해서 가족들과 저녁식사를 하지 못했으니까." 이 말에서는 우선 감정을 먼저 표현했고(난 화났어), 그 이유와 감정을 촉발시킨 사건을 설명했고(당신이 퇴근을 늦게 해서), 그 사건이 관계에 미친 영향을 설명했다(가족들과 저녁 식사를 하지 못했으니까). 또한 화났다고 말하는 순간에 진짜 화를 내면서 그 감정을 전달할 필요는 없다는 점을 알아두어야 한다. 상처를 받았더라도 듣는 사람에게 상처가 되지 않는 방식으로 감정을 표현하려고 노력해야 한다. 이야기를 듣는 사람이 당신에게 상처를 준 장본인이라 해도 노력해야 한다.

타이밍이 전부라는 말이 있다. 나에게는 집중력과 주의력을 요하는 대화가 통하지 않는 3가지 순간이 있다. 아침에 막 일어났을 때, 하루 업무를 보기 위해 사무실에 막 도착했을 때, 그리고 출장을 다녀와서 집에 막 도착했을 때다. 내게 필요한 건 몇 시간이 아니며 10분 정도만 기다려주면 마음을 안정시킬 수 있다. 내 주변 사람들은 맑은 정신과 강한 집중력이 요구되는 사안에 대해서 말을 꺼내기 전에 항상 내게 숨 돌릴 시간을 준다.

우리는 사랑하는 사람과 친밀한 대화를 나누기에 가장 적절한 때를 알아야 한다. 어떤 사람과 1단계의 대화를 할지 5단계의 대화를 할지가 타이밍에 달려 있는 경우도 있다. 그렇기 때문에 감정을 표현해야 할 필요를 느낄 때 그 필요를 다른 종류의 즉각적인 만족으로 대체해서는 안 된다. 그렇지 않으면 우리의 감정 표현은 쇼핑몰에서 떼를 쓰는 어린아이나 어휘력이 부족하고 감정 표현이 서툴러 욕설만 남발하는 10대 아이와 같은 모습으로 변한다.

"오늘 말하고 싶은 게 있으니까 몇 분만 시간을 내줘."라는 말이 강력한 무기가 될 수도 있다. 집중해서 대화를 나눌 수 있는 시간을 상대방에게 직접 정하게 할 수 있기 때문이다. 이 모든 것은 두 사람 사이에 서로를 존중하는 마음이 있을 때, 그리고 두 사람이 서로의 최고 수준의 자아실현을 돕고자 할 때 가능하다. 이와 같은 공동 목표가 설정되지 않은 채로 각 단계에서 친밀함을 추구하는 것은 훨씬 더 힘든 일이다.

이제 "어디서?"에 대한 대답이 남았다. 우리 세대는 많은 시간을 귀가 아플 정도로 시끄러운 음악이 가득한 곳에서 보냈기 때문에 내 또래 중에는 오랫동안 관계를 맺고 있는 사람 사이에서도 친밀함을 거의 찾아볼 수 없는 경우가 많다.

반려자나 자녀와 부모와의 관계에서 친밀함을 높일 수 있는 대화를 나누고 싶다면 그들과 이야기를 나눌 장소가 텔레비전 앞이어서는 안 된다. 서로의 말을 알아듣기 힘든 시끄러운 술집이어서도 안 되고 여러 사람이 함께 있는 장소여서도 안 된다. 친밀함을 불러일으키는 장소는 따로 있다. 보통 서로 대화를 나누기에 적당하면서 다른 사람의 방해를 받지 않는 조용한 장소가 여기에 속한다.

건강한 방식으로 감정을 표현하는 방법을 배우는 데는 시간이 걸린다. 각자의 성격과 취향에 따라 "언제? 어디서? 무엇을? 어떻게? 왜?"에 대한 대답은 달라질 수 있다. 가장 효율적인 대화를 나눌 수 있는 시간과 장소, 방법을 파악함으로써 의미 있는 대화를 나눌 수 있는 가능성을 높이는 것도 누군가와 친밀해지는 과정의 일부다.

# 처음에는 고통스러운
## 타인과의 감정 공유

처음에는 다른 사람과 감정을 공유하는 것이 이를 뽑는 일처럼 고통스럽게 느껴질 수도 있지만 시간이 지남에 따라 그것은 습관이 되고 마침내 제2의 천성이 된다. 상대방에게 진심으로 관심을 기울인다면 나중에는 그가 말을 꺼내기도 전에, 혹은 그의 감정을 그가 직접 인식하기도 전에 우리가 먼저 알아차리기 시작할 것이다.

나는 신경 쓰이는 문제가 있거나 스트레스를 받을 때 휘파람을 분다. 주로 아주 가볍고 행복한 노래를 휘파람으로 불기 때문에 나를 모르는 사람들은 '저 사람이 오늘 기분이 아주 좋은 모양이야.'라고 생각한다. 하지만 나를 아는 사람들은 다르다. 내가 의식적으로 휘파람을 부는 것은 아니다. 나를 잘 아는 사람이 "무슨 걱정 있어?"라고 물어보기 전까지는 내가 휘파람을 부르고 있었다는 것조차 모르는 경우가 많다. 보통 그 말을 듣고 나서야 내가 휘파람을 불고 있었다는 사실을 깨닫는다. 이렇듯 주변 사람에 대해 무언가를 알게 되고 친밀함이 커져갈수록 우리는 상대가 감정을 보여주는 신호를 더 많이 인식하게 된다.

각 단계의 친밀함을 습득할 수 있는 방법은 오직 연습뿐이다. 5단계에서 필요한 연습은 정기적으로 우리의 감정을 표현하는 것이다. 내가 적어도 하루에 한 번, 혹은 하루에 여러 번씩 감정을 표현해야 한다고 말하면 많은 사람들이 당혹스러워할 것이다. 감정을 표현하는 것은 언뜻 보기에 부자연스럽고 불편하기 때문이다. 감정 표현은 롤러코스터를 타는 것과 비슷하다고 생각한다. 처음에는 무섭지만 시간이 갈수록 편해지고 결국 긴장을 풀고 모든 것을 놓아버린 채 즐기는 상태에 도달한다. 상처받은 감정을 표현하는 것은 도통 익숙해지지 않을지 몰라도 연습을 통해 그런 감정을 표현할 줄 아는 용기를 차츰 얻게 될 것이다. 또한 분노를 표현하는 것을 결코 즐길 수 없을지 몰라도 연습을 통해 건강한 방식으로 분노를 표현하는 법을 배우게 될 것이다.

친밀함의 5단계에서 우리는 3단계에서 언급했던 인정의 중요성에 대해 다시 짚고 넘어가야 한다. 인정받는 기분을 느낄 때 우리는 용기를 얻고 감정을 공유함으로서 약점까지 드러낸다. 사람들은 비평과 비판의 대상이 되지 않고 지금의 모습과 현재의 위치에서 있는 그대로 인정받을 수 있다고 확신할 때 비로소 마음의 문을 연다. 우리는 비난이나 비판, 거절에 대한 두려움 때문에 마음의 문을 단단히 걸어 잠근다. 당신이 사랑하는 사람에게 있는 모습 그대로를 인정하며 그를 바꿀 마음이 없으며 이해하기 위해 노력하고 있다는 확신을 줄 때 그는 속내를 드러낼 것이다. 또 당신과 그는 친밀함의 미스터리를 만끽할 수 있게 될 것이다.

시간이 흘러 서로에게 익숙해지고 믿음이 단단해지면 감정을 공유하는 일이 훨씬 더 자연스러워지고 심지어 숨 쉬는 것처럼 편해질 것이다. 그런 단계에 도달하면 이런 말까지도 할 수 있을 것이다. "오늘 멋진 하루를 보냈어. 이유는 모르겠어. 아마도 해가 나서 그런 것 같아. 해가 뜨면 기분이 좋아지고 기운이 나거든. 햇살이 비칠 때면 더 행복해지는 것 같아." 날씨처럼 단순한 현상이 우리 감정에 이렇게까지 영향을 미치는 것을 보면 참으로 놀랍다. 아니면 이런 말도 할 수 있을 것이다. "오늘 하루는 정말 멋졌어. 로빈슨 씨가 우리 팀이 진행중인 프로젝트가 업계에 변화를 불러왔다는 말을 회의에서 했거든. 우리에게는 그런 칭찬이 필요했어. 적어도 나에게는 말이지. 그 말 덕분에 기분이 아주 좋아졌어. 남에게 인정받는 건 정말 기분 좋은 일이야."

반대로 이런 말을 하면서 큰 해방감을 느낄 수도 있을 것이다. "오늘 하루는 정말 끔찍했어. 이유는 모르겠지만 기분이 너무 안 좋아." 가끔은 감정을 끊임없이 분석하기보다는 있는 그대로 받아들이는 것이 더 좋을 때도 있다. 감정에는 항상 이유가 있는 것이 아니다.

이렇듯 단순한 대화를 통해 사랑하는 사람들에게 내가 누구인지, 내면에서 어떤 일이 벌어지고 있는지를 알려줄 수 있다. 우리를 사랑하는 사람들은 우리 내면의 세계를 탐험할 수 있기를 간절히 원하지만 그것은 어디까지나 우리의 허락이 있어야만 가능한 일이다. 이때 대화를 통해 그들에게 우리 내면의 세계를 보여줄 수 있다. 그들은 책이나 관람을 통해서 당신의 내부 세계에 대해 배울 수 없으므로 당신이 직접 이야기를 해주어야만 한다.

시각 장애인을 미술관에 데려가서 작품을 소개한다고 가정해보자. 이때 "이건 피카소의 작품입니다."라는 설명은 통하지 않을 것이다. 이러한 설명은 작품의 외관에 대한 정보를 담고 있지 않기 때문이다. 대신 작품의 길이와 폭을 설명해야 할 것이고 그림인지 조각인지 판화인지 사진인지부터 알려주어야 할 것이다. 색깔을 설명할 수도 있겠지만 태어날 때부터 시각 장애인이었던 사람에게는 이마저도 통하지 않기 때문에 그 사람이 이해할 수 있는 방식으로 작품을 설명해야만 한다. 따뜻한 느낌인가, 차가운 느낌인가? 질감은 거친가, 부드러운가?

이와 같은 방식으로 우리가 관계를 맺고 있는 사람들에게 우리의 내부 세계를 설명할 수 있어야 한다. 그들이 우리의 말을 쉽게 이해할 수 있으리라고 함부로 가정해서는 안 된다. 서로의 내부 세계에 관해서라면 대부분의 사람들은 미술관을 따라간 시각 장애인과 다를 바가 없다.

다른 사람과 감정을 공유하면 강한 안도감이 밀려온다. 가끔은 어깨 위에 올려놓았던 무거운 짐을 내려놓는 듯한 기분마저 든다. 마음과 정신이 고통받을 때 육체도 비명을 내지르기 마련이다. 우리의 감정과 그 감정의 원인을 공유함으로써, 혹은 원인은 모르겠지만 일단 감정만이라도 공유함으로써 우리는 육체적 · 정서적 · 심리적 · 영적으로 한층 더 건강해질 수 있다.

나는 인간이 각각 얼마나 독특하고 독립적인 존재인지를 확인하고 매번 놀란다. 하지만 행복과 친밀함을 찾는 여정 속에서 인간은 지극히 상호의존적이다. 사랑하는 사람에게 "나 오늘 너무 기분이 굉장히 좋아."라고 말했을 때 우리의 행복이 커지는 것은 어떻게 설명할 것인가? 우리를 걱정하는 사람에게 "아빠가 돌아가신 후 계속 외로움을 느껴."라고 말했을 때 그 외로움이 줄어드는 것은 왜인가?

나도 이유를 모르지만 몰라도 상관없다고 생각한다. 중요한 것은 내가 다른 사람의 행복을 늘리고 외로움을 줄이는 것을 도울 수 있다면 기꺼이 그렇게 하겠다는 것이다.

감정은 대부분 일시적인 것에 불과하고 인생의 거대한 틀과 비교해보았을 때 너무도 사소하다. 10년 후에 봤을 때, 지금 이 순간 내가 느끼는 어떤 감정은 우리의 관계라는 거대한 스크린 위를 순식간에 스쳐 지나가는 깜빡임 하나에도 미치지 못할 것이다. 하지만 계속해서 감정을 표현하는 것은 중요한 일이다. 그래야만 주변 사람들에게 우리가 누구인지 알려줄 수 있기 때문이다. 이렇듯 서로에 대한 사소한 정보가 모여야만 친밀함이 점점 더 커질 수 있고, 서로를 더 많이 알아가고 서로에게 더 많이 알려질 수 있다.

## 잘 들어주는 사람이 되는 비결

오늘날의 대화는 대부분 귀머거리들의 대화다. 다들 말을 하려고만 하고 들으려는 사람은 없다. 남편과 아내, 남자친구와 여자친구, 부모와 자녀, 직원과 고용주 사이는 물론 국가 간에서도 이와 같은 현상을 확인할 수 있다. 들으려는 사람이 전혀 없는 세계에는 친밀함이 존재할 수 없다. 흔히 사람들은 존경하는 유명인을 만난 뒤에 이렇게 말한다.

계속해서 감정을 표현하는 것은
중요한 일이다.
그래야만 주변 사람들에게 우리가 누구인지
알려줄 수 있기 때문이다.

- 테레사 수녀님을 만났어. 정말 대단한 일이지. 테레사 수녀님께 내가 코네티컷에서 무슨 일을 하는지 말씀드렸어.
- 나는 달라이 라마Dalai Lama를 만나서 이런 말을 했어.
- 교황을 만나서 이런 말을 했어.
- 대통령을 만나서 이런 말을 했어.
- 넬슨 만델라Nelson Mandela를 만나서 이런 말을 했어.

그럴 때 나는 항상 이런 질문을 던진다. "그 사람은 뭐라고 말했는데?" 이 경우 제대로 대답을 하지 못하는 사람이 많다. 유명인에게 말할 기회를 아예 주지 않았거나 자기 말에만 심취한 나머지 그의 말을 귀담아듣지 않았기 때문이다.

내가 만약 테레사 수녀, 달라이 라마, 교황, 대통령, 넬슨 만델라, 혹은 과거나 현재의 세계 지도자 중 누군가를 만나 30초나 3분 동안 이야기를 나눌 수 있다면 내 이야기를 하면서 시간을 낭비하지는 않을 것이다. 대신 그들이 들려주는 이야기를 듣고 싶다. 그들의 견해와 생활방식이 나와 맞지 않는다고 해도 그들의 특별한 경험에서 분명히 무언가 배울 점이 있을 것이다. 아무리 그래도 한 시대를 풍미한 사람이 하는 말인데 새겨들을 것이 하나도 없다고 말하는 것은 너무 이기적이고 소인배 같은 자세가 아닐까? 현실을 살펴보면 우리가 아는 사람, 인생에서 만나는 사람들은 모두 대단한 경험의 소유자다. 그들의 대단한 경험을 활용하는 방법을 배운다면 대화는 시시한 이야기를 주고받는 일에서 인생을 바꾸는 기회로 바뀔 것이다.

사람들이 위대한 영적인 지도자를 만난 뒤에 "세상에 아무것도 존재하지 않고 그분과 나만 남아 있는 것 같았어."라고 말할 때 나는 항상 놀라움을 느낀다. 이러한 현상이 발생하는 이유는 그 지도자가 아주 강한 집중력을 발휘했기 때문인 경우도 있고, 그 순간 두 사람의 눈에는 다른 어떤 것도 존재하지 않았기 때문인 경우도 있다.

이유가 무엇이든 간에 우리는 그런 느낌을 좋아한다. 당신이 마지막으로 다른 사람에게 그런 기분을 느끼도록 해준 것은 언제인가? 언제 마지막으로 당신의 반려자에게 세상에 단둘만 남은 것 같은 느낌을 느끼도록 해주었는가? 경청하는 법을 배운다면 사람들에게 그런 느낌을 느끼도록 해줄 수 있다.

경청은 오늘날 잊혀져가고 있는 기술이다. 다들 이런 경험을 해보았을 것이다. 사랑하고 신뢰하는 사람을 찾아가 "오늘 몇 가지 이야기를 하고 싶어."라고 말한다. 그런 다음 우리가 겪고 있는 어려움을 털어놓기 시작하는데 듣고 있던 사람이 몇 분도 지나지 않아 계속 말을 끊는다. "그러니까 네가 해야 될 일은…." "그건 고려해봤어?" "왜 그렇게 하지 않아?"

말을 듣던 사람은 문제 해결사 역할을 자처한다. 하지만 우리에게 필요한 것은 문제 해결사가 아니라 단지 말을 들어줄 사람이다. 무엇을 해야 하는지는 이미 알고 있는 경우가 많다. 우리는 그저 누군가에게 내 이야기를 다 털어놓고 싶었을 뿐이다.

잘 들어주는 사람이 되기 위해서는 우선 이런 질문을 던져야 한다. "이 사람은 지금 왜 이런 말을 하고 있을까?" 일반적으로 잘 들어주는 것은 다른 사람이 하는 말에만 집중하는 것이라 생각한다.

하지만 그 말을 하는 이유는 말의 내용 자체보다 더 중요한 경우가 많다. 상대방이 그 말을 하는 이유를 알기 전까지는 그저 조용히 들어주어야 한다. 당신의 말이 필요한 경우 그 사람은 "그래서 말인데, 어떻게 생각해?"라고 물어볼 것이다.

잘 들어주는 사람이 되는 두 번째 비결은 당신이 듣는 것에서 어떠한 가치를 찾아내는 것이다. 나는 듣는 것을 좋아한다. 말을 하면서는 절대 무언가를 배울 수 없기 때문이다. 나는 직업 특성상 말을 많이 하지만 개인적인 생활에서는 대부분 남의 이야기를 들어준다. 내 마음에 영양분을 제공하고 새로운 영감을 주고, 내가 지속적으로 성장하고 변화하도록 도와서 최고 수준의 자아실현을 가능하게 하는 것은 바로 경청하기다.

모든 상황에서 경청하기는 큰 가치가 있다. 대화는 말을 하는 사람뿐만 아니라 듣고 있는 사람에게도 가치 있는 일이다. 하지만 상황별로 경청하기의 가치가 크게 달라진다. 예를 들어 다이아몬드 광산으로 향하는 남자를 생각해보자. 그는 그곳에 다이아몬드가 있다는 사실과 다이아몬드의 시장 가치를 알고 있다. 다시 말해 그가 찾는 것은 이미 가치가 알려진 물건이다.

반면에 이른 아침 해변을 걸으며 조개껍데기를 찾는 여자를 떠올려보자. 이날은 멋진 휴가의 마지막 날로 그녀는 휴가 동안 남편과 미래의 꿈과 희망에 대해 이야기를 나누었고, 이제 완벽한 조개껍데기를 찾아 행복한 시간을 상징하는 기념품으로 삼고자 한다. 그녀가 찾는 것은 '가치가 알려진' 물건이 아니다. 오히려 그녀는 독특한 모양의 조개껍데기에서 '가치를 찾고' 있다. 작은 조개껍데기를 찾는다면 멋진 펜던트로 이용할 수 있을 것이고, 큼직한 조개껍데기를 찾는다면 종이가 날아가지 않도록 잡아두는 우아한 문진으로 이용할 수 있을 것이다. 어떤 쪽이든 그녀는 가치를 발견해내는 셈이다.

경청하기는 이와 비슷한 모험이라고 할 수 있다. 3일이라는 시간과 수천 달러의 돈을 투자해서 당신이 속한 업계의 미래 동향에 대해 전문가의 설명을 들을 수 있는 콘퍼런스에 다녀온다고 생각해보자. 이 경우 당신은 다이아몬드를 찾는 남자와 비슷하다. 반면 10대인 딸과 느긋한 오후 한때를 보내며 딸의 이야기를 들어준다고 생각해보자. 이 경우 당신은 해변에서 조개껍데기를 찾는 여자와 비슷하다.

모든 사람의 말에는 가치가 있으며, 특히 우리가 사랑하고 아끼는 사람들의 말은 더욱 가치가 있다. 상대방의 의견에 동의할 수 없을 때조차도 그 말을 들어주는 행위 속에는 본질적인 가치가 존재한다. 우리는 경청하는 기술을 갈고닦을수록 더 깊은 친밀감을 경험할 수 있다.

이야기를 잘 들어주는 것은 우리 모두가 익혀야 하는 기술이다. 이때 가장 큰 장애물은 바로 우리의 조급함이다. 메신저, 온라인 주문, 익일 배송, 휴대전화의 세상 속에서 우리는 시스템이 평소보다 조금만 느려도 조급해하고, 천성적으로 느긋한 성격 때문에 빛의 속도를 자랑하는 오늘날의 기술을 따라잡지 못하는 인간을 견디지 못한다.

앞서 도덕적인 사람이 도덕적이지 않은 사람보다 항상 더 나은 관계를 유지한다고 설명하면서 관계 안에서의 미덕의 가치를 언급한 적이 있다. 여기에서는 그 말이 사실임이 실질적으로 드러난다. 인내심이 많은 사람은 인내심이 부족한 사람보다 더 나은 관계를 맺게 되는데, 이는 인내심이 많은 사람들은 그렇지 않은 사람들보다 이야기를 잘 들어주기 때문이다. 그 결과 인내심이 많은 사람은 인내심이 부족한 사람보다 더 깊은 친밀감을 경험하게 된다.

기억해야 할 점은 인내심을 타고나는 사람은 없다는 것이다. 막 태어났을 때 우리는 모두 떼를 쓰며 엄마의 젖이나 다른 무언가를 요구한다. 다른 모든 미덕과 마찬가지로 인내심도 훈련을 통해 키울 수 있다.

경청하기는 사소한 부분에 신경을 써야 하는 기술이다. 다른 사람의 말을 들을 때는 일반적인 부분에서 사소한 부분으로 관심을 옮겨와야 한다. 물론 상대방이 하는 말의 핵심과 전반적인 생각을 파악하는 것도 중요하지만 무엇보다 그들이 사용하는 단어를 유심히 살펴야 한다. 특히 형용사에 주의를 기울이는 것이 중요하다.

형용사는 그 사람이 들려주는 이야기를 넘어서서 그가 느끼는 감정을 담고 있다. 누군가가 "그 여행은 지겨웠어."라고 말할 때 그가 이야기하는 대상은 여행보다는 그의 감정에 가깝다. 그 여행은 훌륭한 기회가 될 수도 있었지만 그는 비슷한 여행을 이미 한 번 다녀왔던 것일지도 모른다. 감정은 주관적인데, 형용사는 객관적인 사실 너머에 존재하는 주관적인 감정을 보여주는 경우가 많다. 그러므로 형용사를 귀담아듣는 법을 배워야 한다.

경청하기의 다른 강력한 기술로는 상대방의 말 반복하기, 질문하기, 더 많은 정보 요구하기 등이 있다.

첫째, 상대방이 했던 말을 반복하는 것은 아주 유용한 무기가 될 수 있다. 이것은 당신이 이야기를 제대로 듣고 있고 그 이야기에 관심이 있고 제대로 이해하려고 노력하고 있으며 마침내 제대로 이해했다는 것을 보여준다. 만약 상대방의 말을 제대로 듣지 못했다면 말 반복하기를 통해 상대방에게 상황을 다시 정확히 설명할 기회를 줄 수 있다. 상대방의 말을 정확하게 이해하기 위해 다음과 같은 말을 이용해서 그 사람의 말을 반복해보자.

- 그러니까 네 말은….
- 지금 네가 했던 말을 다시 정리하자면….
- 그건 …했다는 뜻이야?
- 결론적으로 네 말은….

둘째, 질문도 경청하기에서 빠질 수 없는 부분이다. 질문은 듣는 사람의 집중력과 흥미를 보여주며 질문을 통해 특정 사안에 대한 더욱 정확한 정보와 추가적인 정보를 얻을 수 있다.

셋째, 다른 사람의 말을 들을 때 반드시 상대방을 바라보기 바란다. 나는 집이나 사무실에서 통화를 할 때 눈을 감는다. 눈을 감으면 주변 사물에 주의를 빼앗기지 않고 온전히 대화에만 정신을 집중할 수 있다. 하지만 직접 사람을 만나 대화할 때는 눈을 바라보는 것이 중요하다. 상대방의 말 반복하기와 질문하기처럼 눈 마주치기는 그 사람의 말에 당신이 집중하고 있으며 흥미를 가지고 있음을 보여준다. 흥미 있는 것처럼 보이기만 해서는 안 되고 진심으로 흥미를 가져야 한다. 진심으로 흥미를 가지면 당연히 겉으로도 그런 점이 드러날 것이다.

경청하는 능력과 경청을 통한 기쁨은 친밀함을 키워가는 데 중요한 요소다. 경청하기는 자기가 끼어들 기회만 애타게 기다리며 남의 말을 들어주는 것이 아니다. 우리는 경청하기를 통해 사람들의 역사, 인생 이야기, 가치, 기대, 의견, 꿈과 희망을 알 수 있다. 그리고 무엇보다 경청하기를 통해 사람들이 느끼는 감정과 그 감정의 원인을 알 수 있다.

우리는 모두 잘 들어주는 사람을 좋아한다. 나도 주변에 그런 사람이 더 많았으면 하고 바란다. 당신은 잘 들어주는 사람인가?


## 감정은 반응이라는 사실을 기억하라

감정은 인간에게 아주 중요한 부분이다. 관계에서 깊은 친밀함이 형성되고 팀으로서의 집단적 자아가 형성됨에 따라 우리는 분열과 고립으로 이어지는 부정적인 감정보다는 통합으로 이어지는 긍정적인 감정에 조금 더 집중하게 된다. 친밀함은 불신보다는 신뢰, 당연시하는 마음보다는 감사하는 마음, 분노보다는 인정으로 우리를 이끌어간다.

친밀함의 5단계에서 중요한 것은 자신의 감정과 친숙해지고 사랑하는 사람에게 그 감정을 표현하는 법을 배우는 것이다. 감정의 단계에서는 다른 사람의 말을 경청하는 법을 배우는 것이 중요하지만 우리 자신의 목소리를 듣고 친밀함의 7단계를 미리 준비하는 것 또한 중요하다.

감정은 참 놀랍다. 똑같은 사건이라도 사람에 따라 다른 감정을 불러일으키는 것을 보면 정말 신기하다. 감정은 우리의 의견과 가치, 선택에 큰 영향을 미치며 위험할 정도로 지대한 영향을 미치는 경우도 많다. 감정은 어머니의 직관처럼 심오하고 통찰력이 넘친다. 하지만 동시에 맹목적이며 극도로 제한적이기도 하다. 영화에 나온 항공기 추락 사고를 보고 무서워서 비행기를 타지 않겠다고 말하는 사람들을 보면 그 점을 잘 확인할 수 있다.

감정은 반응이라는 점을 반드시 기억해야 한다. 사람마다 반응은 각각 다른데, 이것은 과거의 경험, 친구와 부모님의 사상, 인간을 늘 괴롭히는 변화에 대한 일반적인 두려움과 관련이 있음을 명심해야 한다. 일단 감정이 반응이라는 것을 인식하면 우리가 다른 반응을 보이도록 스스로를 훈련할 수 있다. 이것은 물론 쉬운 일이 아니지만 사람들이 매일 하는 일이기도 하다.

친밀함을 향한 여정은 사람들이 왜 특정한 감정을 느끼는지, 그리고 왜 특정한 사람과 상황에 그들만의 방식으로 반응하는지를 이해해가는 과정이다. 하지만 함부로 남의 감정을 판단하거나 비판하지 않을 때 우리는 비로소 사랑하는 사람에 관한 진실을 발견할 수 있다. 인정은 5단계에서 친밀함을 키우기 위한 열쇠 역할을 한다.

절박한 사람들은 섣부른 판단과 비판의 대상이 될 위험을 감수하면서까지 감정을 털어놓는다. 하지만 보통은 우리의 모습을 있는 그대로 인정받을 수 있다는 확신이 들 때만 감정을 드러낸다. 상대방이 우리를 판단하거나 비판하는 대신 받아들이고 이야기를 잘 들어주리라는 믿음이 있을 때 약점을 드러내는 것이다.

사랑하는 사람이 자유롭게 감정을 드러낼 수 있도록 해주는 것은 우리가 그들에게 해줄 수 있는 최고의 선물이다. 우리는 모두 정신착란에 가까운 감정, 다시 말해 편집증, 환상, 추측이나 오해로 인한 감정을 느낀다. 인간의 마음을 이런 감정으로부터 해방시킬 수 있는 가장 좋은 방법은 사랑이 넘치고 무조건 인정해주는 분위기 속에서 우리를 정말 아끼는 사람들에게 그 감정을 다 털어놓는 것이다. 만약 당신이 내가 아는 것을 털어놓으면 즐거워하겠지만 당신이 느끼는 것을 털어놓으면 나는 매우 흥미로워할 것이다.

· 당신의 반려자에게 경계를 풀고 가면을 벗고 약점을 드러내며 당신의 감정을 이야기할 마음이 없다면 절대 친밀함을 경험할 수 없다.

· 정직한 마음, 포용하는 마음, 존중하는 마음으로 두 사람이 서로에게 자신의 모습을 드러내려고 할 때, 그들은 고독함과 외로움으로부터 서로를 구원할 수 있다.

· 다른 사람과 감정을 공유하면 강한 안도감이 밀려온다. 가끔은 어깨 위에 올려놓았던 무거운 짐을 내려놓는 듯한 기분마저 든다.

· 모든 상황에서 경청하기는 큰 가치가 있다. 대화는 말을 하는 사람뿐만 아니라 듣고 있는 사람에게도 가치 있는 일이다.

· 감정은 반응이라는 점을 반드시 기억해야 한다. 사람마다 반응은 각각 다른데, 이것은 과거의 경험, 친구와 부모님의 사상, 인간을 늘 괴롭히는 변화에 대한 일반적인 두려움과 관련이 있음을 명심해야 한다.

# 12 친밀함의 6단계: 숨길 것이 없어지다

친밀함의 6단계는 결함과 두려움, 그리고 실패의 단계다. 우리는 보통 이 단계에서 과거의 상처를 돌아보는데, 몇 년씩 방치해둔 결과 상처가 곪아 터져 있는 경우도 있다. 상처를 소독하는 데는 지독한 고통이 따르지만 더 건강해지고 튼튼해지기 위해서는 피할 수 없는 일이다.

우리는 이미 친밀함의 5단계인 감정의 단계에서 약점을 드러냈지만 6단계에서는 우리의 모습을 전부 보여주게 된다. 6단계는 감정적으로 벌거벗은 모습을 보여주는 단계로, 그런 모습을 보여줄 수 있는 상대는 일반적으로 일차적인 관계를 맺고 있는 사람뿐이다. 중요도가 높은 관계를 맺고 있는 사람에게도 어느 정도 자신을 보여줄 수는 있겠지만 사람이 많을 때는 나체보다는 수영복 차림이 더 적절하다고 본다.

## 도움이 필요해! 두려워!
## 내가 다 망쳤어!

친밀함의 6단계에서 첫 번째 요소는 완전히 경계를 풀고 가면을 벗고 반려자에게 우리의 결함을 보여주는 것이다 한다. 반려자가 이미 몇 년 전부터 그 결함을 알고 있었다면 이제 와서 당신이 그 결함을 인정한다고 해서 두 사람의 관계가 갑자기 나아지지는 않는다. 더 나은 관계로 발전하기 위해서는 사랑하는 사람에게 솔직하고 겸허하게 "도움이 필요해."라고 말할 수 있어야 한다.

모든 사람은 똑같다. 우리에게는 도움이 필요하고, 우리의 결함 중 많은 부분은 누군가의 도움을 통해서만 극복할 수 있다. 여기에서 중요한 것은 인정하는 태도와 상대방이 진심으로 우리가 잘되기를 바란다는 믿음이다. 우리가 최고 수준의 자아를 실현할 수 있도록 반려자가 돕고 있다는 확신이 들 때 비로소 우리는 결함을 전부 드러내고 도움을 요청할 수 있다.

친밀함의 6단계에서 두 번째 요소는 반려자에게 "난 두려워."라고 마침내 말할 수 있게 되는 것이다. "당신이 나를 떠날까 봐 두려워." "퇴직한 뒤 돈이 부족할까 봐 두려워." "직장을 잃을까 봐 두려워." "아이들이 나쁜 친구랑 어울릴까 봐 두려워." "애들이 좋은 대학에 가지 못할까 봐 두려워." "나쁜 사람을 만나 결혼할까 봐 두려워." "부모님이 돌아가실까 봐 두려워."

우리의 두려움은 종류도 다양하고 복잡하지만 친밀함의 6단계에서는 편안한 마음으로 반려자에게 그 두려움을 털어놓을 수 있다.

또한 반려자는 자신의 역할이 상대의 두려움을 없애는 것이 아니라 곁에 있어주는 것임을 알게 된다.

5단계에서 감정을 다룰 때 두려움을 왜 포함시키지 않았는지 의아하게 생각할 수도 있다. 그 이유는 두려움이 일반적인 감정보다 훨씬 대단하기 때문이다. 두려움은 우리의 결정은 물론 삶의 다양한 분야에 아주 큰 영향을 미친다. 이러한 이유와 이 장에서 소개할 또 다른 이유 때문에 두려움은 친밀함의 5단계와 6단계 양쪽에 모두 걸쳐 있다고 말할 수 있다.

친밀함의 6단계에서 세 번째 요소는 실패를 드러내는 것이다. 이것을 과거사 되짚기 정도로 생각하는 사람도 많을 것이다. 당신의 반려자는 당신을 만나기 전까지 이미 20~30년의 인생을 살았을 테고, 우리는 평생을 함께하고 싶은 사람을 만나기 전까지 수많은 실패를 경험한다. 모든 사람이 아주 수치스럽고 대단한 비밀을 안고 사는 것은 아니겠지만 우리는 모두 과거에 실패를 경험해보았다. 그리고 자세히 살펴보면 그 실패가 우리의 현재에도 영향을 끼치고 있음을 알 수 있다.

친밀함의 6단계에는 지금 우리가 어떤 사람인지, 과거에 어떤 사람이었는지, 어떤 일을 할 수 있는지, 어떻게 실패했는지를 인정하는 것이 포함된다. 앞서 언급한 다섯 단계를 통해 마침내 우리는 "내가 다 망쳤어!"라고 말할 수 있는 힘과 용기를 얻게 되었다. 이것은 모든 관계에서 큰 발전을 의미하는데, 과거의 실패를 인정할 줄 모르는 사람은 오늘날 무언가에 실패한다 해도 인정하지 않을 가능성이 크기 때문이다.

도움이 필요하다고, 두렵다고, 자신이 다 망쳤다고 인정할 줄 아는 능력은 인간으로서 많이 성숙했음을 보여주는 신호다. 또한 서로의 결함과 두려움, 실패를 받아들일 줄 아는 능력은 그 관계가 많이 성숙했음을 보여준다.

## 결함과 두려움, 실패의 주인이 되자

결함과 두려움, 실패의 주인이 되는 것이 중요하다. 그렇지 않으면 그것들의 희생양으로 전락하기 때문이다. 도움이 필요하다는 사실, 두렵다는 사실, 우리가 다 망쳤다는 사실을 인정하지 않으면 도덕적 · 윤리적 · 정서적으로 제대로 성장할 수 없다.

결함과 두려움, 실패를 인정하면 적극적인 결정권자가 될 수 있다. 과거는 바뀔 수 없음을 인식함으로써 우리는 미래에 대한 결정을 할 수 있게 된다. 계속해서 과거가 우리의 미래를 결정하도록 내버려둘 것인가? 아니면 과거보다 더 부유하고 풍요로운 미래를 만들기 위한 결정을 내리기 시작할 것인가?

'더 부유하고'라는 표현은 금전적인 부분만을 말하는 것이 아니라 더 신 나고 보람 있는 무언가, 즉 삶의 모든 분야에서 누릴 수 있는 부유함을 의미한다. 특히 관계에 있어서의 부유함을 더욱 강조하고 싶다.

역사를 살펴보면 모든 시대의 영웅, 리더, 전설적인 인물, 성인, 챔피언은 적극적인 결정권자였으며 절대 희생양이 아니었다. 순교자조차도 스스로를 죽음과 더 나은 삶을 선택한 사람으로 여겼으며 희생양으로 보지 않았다. 친밀함의 6단계에서는 희생양의 족쇄에서 벗어나 적극적인 결정권자가 되는 것이 중요하다.

"아버지가 나에게 소리를 많이 지르셨기 때문에 지금 내가 이렇게 됐어."라는 말은 적극적인 결정권자가 아니라 희생양의 목소리다. 우리에게는 깊은 상처를 받은 경험도 있고, 우리가 어떠한 상황에 특정한 방식으로 반응하도록 만든 경험도 있다. 하지만 인간은 변한다. 인간은 변화하고 성장해서 최고 상태의 자아에 도달할 수 있는 놀라운 능력을 지니고 있다.

모든 훌륭한 사람은 적극적으로 자신의 삶을 결정했다. 어떤 분야에서든 성공을 거둔 사람은 적극적으로 결정을 내리는 능력을 가지고 있다. 고만고만한 사람들은 늘 안주하려 하고 피해자 같은 태도를 취한다. 적극적인 결정권자가 되기 위한 첫걸음은 우리의 결함과 두려움, 실패의 주인이 되는 것이다.

## 내 안에 어두운 면이 있음을 알게 되다

친밀함의 6단계에서는 우리 모두에게 어두운 면이 있음을 알게 된다. 우리는 다른 사람이 기대하는 모습이나 스스로 원하는 모습과

일치하지 않는 생각, 말, 행동을 할 때가 있다. 또한 우리가 따르려고 노력하는 핵심적인 가치나 믿음, 삶의 철학과는 부합하지 않는 생각이나 말, 행동을 할 때도 있다.

여기에서 가장 중요한 단어는 '노력하는'이다. 우리는 최고 수준의 자아를 실현하려고 노력한다. 나에게서 결함을 발견한 사람들은 종종 나를 위선자라고 부른다. 그들은 이렇게 따진다. "최고 수준의 자아실현에 대해 강의하고 글을 쓰면서 어떻게 그런 일을 할 수가 있죠?"

하지만 나의 의도는 최고 수준의 자아실현을 위해 노력해야 한다는 것이지 지금 당장 최고 수준의 자아에 도달해야 한다는 것이 아니다. 우리에게 생명력을 가져다주는 것은 노력하는 행위 그 자체다. 노력하는 과정 속에서 삶의 열정과 목적을 발견할 수 있다.

그렇다면 이런 질문이 뒤따를 수밖에 없다. "최고 수준의 자아에 도달한 것을 언제 알 수 있는가?" "어느 날 갑자기 아침에 일어났더니 이미 최고 수준의 자아에 도달해 있더라." 같은 이야기는 불가능하다. 대신 인생을 되돌아봤더니 "내가 그 일을 했을 때 난 최고 수준의 자아에 도달했었어."라고 말할 수 있는 순간이 떠오를 수도 있다. 그리고 스스로 생각하기에 최고 수준에 한참 못 미쳤던 순간이 많이 떠오를 수도 있다. 어느 순간 최고 수준의 자아에 도달했다가 곧바로 최고 수준의 자아에서 멀어지기도 한다. 이때 인간에게 생명력을 불어넣는 것은 최고 수준의 자아에 도달하려는 노력이다. 인생에 대한 열정을 불어넣는 것도 바로 최고 수준의 자아에 도달하려는 노력이다.

요점은 이것이다. 우리 모두에게는 어두운 면이 있으며 나도 예외가 아니다. 모두에게는 어두운 면이 있고 다들 그 사실을 알고 있다. 하지만 사람들은 마치 자신에게는 어두운 면이 없는 것처럼 행동한다. 이것은 우리가 사회적 상호관계 속에서 흔히 하는 행동이다. 대다수가 자신은 평균 이상이며 남들보다 훨씬 낫다고 생각하는 이 세상에서 우리가 타인과 관계를 맺는 데 어려움을 겪고 있는 것이 과연 놀라운 일일까?

가장 간단한 예를 들어보자. 100명의 사람들을 모아놓고 스스로 평균 이상의 운전자라고 생각한다면 손을 들어보라고 하자. 모인 사람의 80% 이상이 손을 들 것이다. 그런 다음 평균 정도의 운전자라고 생각한다면 손을 들어보라고 하자. 아까 손을 들지 않았던 나머지 사람들이 모두 손을 들 것이다. 마지막으로 평균 이하의 운전자라고 생각하는 사람들에게 손을 들어보라고 하면 아무도 손을 들지 않을 것이다.

나는 가끔 세미나에서 이와 같은 실험을 한다. 하지만 우리는 80%의 사람들이 평균 이상의 운전자가 될 수는 없고, 100명 중 상당수는 평균 이하의 운전자라는 사실을 잘 알고 있다. 이것은 아주 간단한 통계적 현실이다. 물론 내 세미나에 매번 평균 이상의 운전자만 참석하는 것일 수도 있다.

우리는 인격을 왜곡시키는 자기기만 속에 살고 있다. 친밀함은 이러한 자기기만과 왜곡에서 우리를 해방시킨다. 하지만 친밀함을 통

모두에게는 어두운 면이 있고
다들 그 사실을 알고 있다.
하지만 사람들은 마치 자신에게는
어두운 면이 없는 것처럼 행동한다.

해 해방되기 위해서는 우선 우리의 어두운 면을 인정해야 한다. 그렇지 않으면 우리는 어두운 면을 계속 숨길 것이고, 어두운 면모는 숨길수록 더 강해질 것이다. 우리가 어두운 면을 숨기려고 애쓸수록 그것은 더욱 강력하게 우리를 집어삼킬 것이다.

이러한 원리는 알코올 중독과 조금 비슷하다. 많은 알코올 중독자들은 자신의 문제를 숨기려 하는데, 숨기면 숨길수록 알코올 중독은 더욱 심각해진다. 그렇게 시간이 흐르면 알코올 중독자들의 인생은 술을 중심으로 흘러가게 되고, 계획을 세울 때 다음번에 술 마실 기회를 염두에 두게 된다.

문제를 숨기려고만 한다면 우리의 인생도 서서히 어두운 면을 중심으로 흘러가게 되고 그것이 삶을 지배하기 시작한다. 우리의 결함과 두려움, 실패를 중심으로 하루의 일정, 일주일의 일정, 한 달의 일정, 그리고 인생 전체를 계획하기 시작한다. 우리의 인생이 그 어둠으로 인해 마비되고 삶이 통제 불가능한 수준에 도달할 때까지 이러한 현상은 끊임없이 이어진다.

우리에게는 중독, 갈망, 바람직하지 않은 욕망, 끊임없는 이기심이 있고 이런 것들은 우리의 어두운 면을 구성한다. 이것들은 과거의 족쇄가 될 수도 있고, 더 부유하고 풍요로운 미래로 가기 위한 열쇠가 될 수도 있다. 선택은 우리의 몫이다.

친밀함의 놀라운 점은 사랑하는 관계에서 우리가 어두운 면을 밖으로 꺼내놓을 때 그 어둠은 힘을 잃어버린다는 것이다. 사랑의 빛 앞에서 어둠은 무너진다. 우리의 손을 잡고 과거와 현재의 어둠을 헤쳐 나가도록 돕는 것도 친밀함이고, 결함과 두려움과 실패로부터 해방시키는 힘을 가지고 있는 것도 바로 친밀함이다.

## 그 사람의 과거를 함부로 판단하지 말자

"모든 성인에게는 과거가 있고 모든 죄인에게는 미래가 있다."라는 말이 있다. 기독교에는 특히나 화려한 과거를 자랑하는 성인이 한 명 있다. 방탕한 청소년기와 청년기를 보낸 것으로 유명한 아우렐리우스 아우구스티누스Aurelius Augustinus는 젊은 시절 기독교를 믿지 않았고, 15년간 정부와 살았으며, 사제가 된 이후 주교가 되기 전에 아이를 낳기도 했다. 신학적으로도 탁월하고 심리학적으로는 현대적인 통찰력을 담고 있는 아우구스티누스의 걸작 『고백록 Confessions』에는 거칠고 방탕했던 그의 젊은 시절 이야기가 고스란히 담겨 있다.

우리 모두에게는 과거가 있다. 우리는 지금에 와서는 후회하는 일을 저지르며 살았다. 그 사실을 늘 명심하고 다른 사람의 과거 잘못을 함부로 평가하려는 마음을 버려야 한다.

한 친구가 몇 년 전 결혼을 준비했다. 그는 아주 진실한 사람이며, 그의 약혼녀 역시 대단히 훌륭한 사람이다. 당시 그들은 아주 행복했고, 나도 그들을 위해 기뻐했다. 하지만 결혼식이 다가오면서 그들은 난간에 부딪혔다. 결혼식 6주 전에 친구에게서 전화가 왔는데,

나는 그의 목소리를 통해 심상치 않은 문제가 있음을 바로 알아차렸다.

상황을 설명하자면 이렇다. 그는 젊은 시절 방탕한 생활을 했는데, 어디까지나 약혼녀에 비해 방탕한 정도였지 아주 심각하지는 않았다. 그는 젊은 시절에 몇몇 여성과 성관계를 맺은 반면에 그의 약혼녀는 혼전순결을 유지하고 있었다. 그들은 처음 사귀기 시작할 때 이미 이런 이야기를 나누었고 내 친구는 약혼녀에게 모든 것을 숨김없이 털어놓았다. 하지만 결혼식이 다가오면서 이 문제가 다시 불거진 것이었다.

그는 나에게 자신의 약혼녀와 대화를 해달라고 부탁했다. 나도 얼마든지 돕고 싶어 그녀와 대화를 해보니 그녀는 이런저런 걱정이 많았다. 그녀는 그의 기대에 미치지 못할까 봐 걱정했고, 아무리 젊을 때라지만 그의 가치가 그녀의 가치와 그토록 다를 수 있었는지 의아해했다. 나는 그녀의 이야기를 열심히 들어주었다. 이 상황에 대해 어떻게 생각하느냐고 그녀가 물었을 때 나는 이렇게 답했다.

"그의 지금 모습을 사랑한다면 과거의 모든 경험을 통해 지금의 그가 완성되었다는 사실을 깨달아야만 해요. 그가 그런 경험을 하지 않았다면 그는 지금과는 다른 사람이 되어 있을 테니까요. 그런 경험 이후에 다른 사람이 되었다면 결국 그 경험 덕분에 더 나은 사람이 된 거예요. 과거의 경험 중에서 당신이 좋아하는 것과 싫어하는 것을 선별적으로 받아들일 수는 없어요. 그의 과거가 불편하게 느껴질 수도 있겠지만 그 경험 덕분에 그는 지금처럼 따뜻하고 섬

세하고 사랑과 인정이 넘치는 사람이 될 수 있었어요."

그리고 마지막으로 그녀에게 지우고 싶은 과거가 없냐고 물었다. 그녀는 얼굴이 붉어졌다. 우리 모두에게는 과거가 있다. 6단계에서 가장 중요한 부분은 다른 사람의 과거에 대해서 알아가는 것이다. 상대방에게 모든 것을 말해야 할까? 반드시 그럴 필요는 없다. 지나친 솔직함이 오히려 상대방에게 큰 상처로 남을 경우에는 더더욱 그럴 필요가 없다. 우리의 과거를 너무 상세하게 털어놓았을 때 사랑하는 사람이 상처를 받을 것 같으면 다소 모호하게 이야기해주는 것으로도 충분하다. 하지만 자신의 이야기, 개인사, 좋은 부분과 안 좋은 부분을 반려자와 나누려는 솔직한 시도는 반드시 필요하다. 이런 방식을 통해 친밀함을 키울 수 있으며 더 많이 알리고 알아갈 수 있다.

사랑하는 사람이 편안하게 말을 꺼낼 수 있도록 상대의 과거를 함부로 판단하지 말아야 하고, 과거를 판단하는 듯한 느낌조차 주지 않도록 노력해야 한다. 우리 때문에 다른 사람이 자신의 과거에 대해 수치심이나 죄책감을 느낀다면 우리는 그 사람과 친밀함을 나눌 자격이 없다. 우리가 우리의 실수에 대해 부끄러움을 느끼듯 그 역시 이미 자신의 실수에 대해 부끄러워하고 있기 때문에 굳이 당신이 그 부분을 상기시킬 필요는 없다.

내가 함부로 남을 판단하려는 순간에 나는 이런 생각을 한다. 내가 그 사람의 인생을 경험하고 그와 같은 교육(정규적인 교육이든 비정규적인 교육이든)을 받았더라면 나도 똑같은 일을 했을 것이고, 어쩌면 더 나쁜 일을 했을지도 모른다는 생각이다. 친밀함 속에는 섣부른 판단이 들어설 자리가 없다.

다른 사람의 과거가 어떻든 간에 우리의 역할은 상대방이 더 나은 미래를 설계하도록 돕는 것임을 기억하자. 최고 수준의 자아실현을 위해 함께 노력하는 과정에서 우리는 과거가 미래를 결정하도록 절대 내버려두어서는 안 된다.

## 용서는 관계에서 중요한 부분을 차지한다

용서는 인간의 마음이나 영혼과 관련된 아주 어려운 주제로 꼽힌다. 우리에게 죄를 지은 사람을 용서하는 것은 아주 힘든 일이다. 하지만 앞서 논의했던 이야기들은 용서하지 못하는 마음이 끼칠 수 있는 해악에서 우리를 해방시키는 데 도움이 된다.

용서하지 못하는 마음은 독약은 본인이 마시고 다른 사람이 죽기를 바라는 것과 같다. 그러한 마음은 인간의 정신을 노예 상태로 만들며 그것은 우리의 미래를 강탈하기 위해 과거에서 온 강도와 다를 바가 없다.

용서에 대해 오랫동안 진지하게 고민해왔지만 우리가 가지고 있는 용서하지 못하는 마음에 대해 어떤 조언이나 쉬운 해답을 내놓을 자신은 없다. 하지만 다른 사람을 용서하기 위한 열쇠는 우리도 항상 용서를 필요로 한다는 점을 깨닫는 것이 아닐까 짐작해본다.

용서는 모든 관계에서 중요한 부분을 차지한다. 우리는 우리의 한계를 더 많이 인식할수록 다른 사람의 한계도 더 잘 받아들일 수 있게 된다. 이렇게 더욱 성숙해감에 따라 우리의 자기 인식은 더 쉽게 남을 용서할 수 있는 능력과 의지로 이어진다. 용서하려는 의지가 부족한 것이 용서하는 능력보다 더 큰 문제가 되는 경우가 있다.

남을 용서하는 능력은 영적·정서적인 성장을 의미하며 이는 우리가 사랑하는 사람에게 용서를 구할 줄 아는 능력도 마찬가지다. 성장 과정에서 남을 용서하는 법을 배우는 것이 중요하기는 하지만 그렇다고 해서 우리에게 큰 잘못을 저지른 사람과 계속 관계를 유지해야 된다는 말은 아니다.

얼마 지나지 않아 용서는 우리 모두에게 중요한 문제로 다가올 것이다. 이는 지구라는 멋진 장소에 60억 명의 놀랍고도 불완전한 인간이 모여 살다 보면 필연적으로 나타날 수밖에 없는 결과다.

## 친밀감을 키우기 위해 유머를 사용하자

두 사람 간의 가장 가까운 거리는 유머라는 말이 있다. 유머는 인간이 가진 강력하고 놀라운 능력이며 웃음은 인체에 내장된 스트레스 해소 장치다. 웃음은 우리가 가장 높은 단계의 삶을 경험하고 즐기는 데 꼭 필요한 가벼운 마음을 만들어냄으로써 경험의 수준을 끌어올린다. 하지만 유머에도 어두운 면이 있으며 관계에서는 이런 어두운 유머를 특히 경계해야 한다.

　미국의 문화는 성에 집착하는 것만큼이나 성적인 유머에 집착한다. 나는 음담패설을 하며 사람들을 웃기는 직업 코미디언을 좋아하지 않는다. 음담패설은 가장 손쉬운 형태의 유머이며 재능이 부족한 사람들이 주로 이용하는 것이다. 훌륭한 유머는 이미 오래전부터 우리 앞에 놓여 있던 것들을 새로운 시각에서 바라보도록 만든다. 그리고 훌륭한 유머는 자신을 내세우지 않고 낮추는 유머인 경우가 많다. 물론 우리의 불안함과 자기혐오를 유머 속에 감추지 않도록 조심해야 한다.

　아주 흔한 형태의 유머로는 빈정거림이 있는데, 빈정거림은 관계를 파괴할 만한 힘을 지니고 있다. 일반적인 대화를 통해 말해야 할 내용을 유머를 통해 전달하지 않도록 늘 주의해야 한다. 유머가 재미있게 느껴지는 이유는 그 속에 항상 어느 정도의 진실이 담겨 있기 때문이다. 하지만 사랑하는 사람에게 말을 할 때 항상 유머만을 이용해서는 안 된다. 빈정거림은 우리가 성숙하고 친밀한 방식으로 어떤 문제를 직접 거론할 용기가 없을 때 이용하는 대화 방법이며, 수동적인 형태를 띠고 있으면서 지극히 공격적이다.

　내 경험에 따르면 사람들은 자신이 얼마나 자주 빈정대는 말을 내뱉는지, 그리고 그것이 주변 사람들에게 어떤 영향을 미치는지 잘 모른다. 빈정거림은 농담처럼 사용하기 아주 쉽다. 간단한 농담은 처음 만난 사람들 간의 어색한 분위기를 누그러뜨리는 데 유용하다. 그런 면에서 유머는 친밀함의 1단계와 2단계에서 강력한 힘을 발휘한다. 하지만 더 높은 단계의 친밀함에서 유머가 미치는 영향에 대해서는 반드시 고민해보아야 한다. 3단계(의견)에서 유머는 의견을 회피하기 위한 도구로 이용되는 경우가 많다. 유머 중에서도 특히 빈정거림은 각자 다른 의견을 가진 두 사람 간의 진심 어린 대화를 이끌어내기는커녕 '수면으로의 부상 기술'의 수단으로 이용된다. 즉 유머를 이용해 깊어지려는 대화를 다시 1단계와 2단계(상투적인 말과 사실)의 얕은 수준으로 끌어올리는 것이다.

유머 자체는 선하지도 악하지도 않다. 중요한 것은 돈, 텔레비전, 섹스, 음식과 마찬가지로 그것을 우리가 어떻게 활용하느냐다. 유머는 긴장감과 불편함을 해소함으로써 친밀함의 각 7단계에서 더 깊은 친밀함을 이끌어낼 수도 있고 친밀함을 피하는 데 이용될 수도 있다. 여기에서도 선택은 우리 몫이다.

하지만 유머의 긍정적인 면도 간과해서는 안 된다. 유머는 다른 무엇보다 인간의 마음을 가볍게 만들며 관계에 아주 강력하고 긍정적인 영향을 미친다. 개인으로서 혹은 연인으로서 스스로의 모습을 보고 웃음을 터뜨릴 수 있다면 우리는 성장과 번영을 방해하는 자의식으로부터 자유로워질 수 있다. 특히 어려움에 시달리거나 스트레스가 심할 때 유머는 우리와 우리의 관계에 큰 해방감을 가져다준다.

앞서 모든 관계에는 해결되지 않는 문제가 있으며, 그러한 관계의 지속 여부는 그 문제를 떠안고 사는 법을 배우느냐 못 배우느냐에 달려 있다고 말했다. 많은 연인들은 풀리지 않는 문제를 다룰 때 유머를 이용한다. 그들의 유머는 비난이나 비하가 아니라 오히려 연인과 풀리지 않는 문제를 있는 그대로 받아들이고 있다는 신호다.

관계 안에서 유머를 잘 활용하는 비결은 무엇일까? 그것은 친밀함을 피하기 위해서가 아니라 친밀감을 키우기 위해 유머를 사용하는 것이다. 친밀함을 피하기 위한 유머만 자꾸 이용하다 보면 처음에는 다소 불편할 수 있겠지만 서로를 알아가고 서로에게 알려지기 위해 꼭 필요한 대화를 제대로 나눌 수 없다.

## 아무것도 숨길 것이 없을 때 느끼는 해방감

우리는 두려움으로 가득하고 실수에 대해 비판적이고 완벽하지 않은 과거에 대해 용서를 베풀지 않는 문화 속에 살고 있다. 그렇기 때문에 친밀함을 향한 우리의 여정은 더욱 험난해지고, 동시에 진정한 친밀함에 대한 우리의 욕구는 더욱 강해진다.

친밀함의 6단계는 결코 탐험하기 쉬운 영역이 아니다. 하지만 아무것도 숨길 것이 없을 때 느끼는 해방감은 그러한 불편함과 고통마저도 기꺼이 견딜 수 있게 한다. 다른 사람에게 제대로 알려지기 위해서는 가식의 껍질을 한 번에 한 겹씩 벗고 우리의 진정한 모습을 보여주어야 한다.

결함과 두려움, 실패를 털어놓는 친밀함의 6단계에서는 우리가 어떤 인간인지는 물론 왜 이런 인간이 되었는지가 드러난다. 또한 이 단계에서 우리가 사랑하는 사람들은 우리에게 무엇이 필요한지, 왜 그것이 필요한지를 알 수 있게 된다. 이렇듯 서로의 필요를 잘 이해해야만 역동적인 관계로 발전할 수 있다. 이어지는 친밀함의 7단계에서 이러한 역동적인 관계의 정점에 대해 알아보자.

• 결함과 두려움, 실패를 인정하면 적극적인 결정권자가 될 수 있다. 과거는 바뀔 수 없음을 인식함으로써 우리는 미래에 대한 결정을 할 수 있게 된다.

• 친밀함의 놀라운 점은 사랑하는 관계에서 우리가 어두운 면을 밖으로 꺼내 놓을 때 그 어둠은 힘을 잃어버린다는 것이다.

• 우리 모두에게는 과거가 있다. 우리는 지금에 와서는 후회하는 일을 저지르 며 살았다. 그 사실을 늘 명심하고 다른 사람의 과거 잘못을 함부로 평가하 려는 마음을 버려야 한다.

• 용서하지 못하는 마음은 독약은 본인이 마시고 다른 사람이 죽기를 바라는 것과 같다.

• 유머는 긴장감과 불편함을 해소함으로써 친밀함의 각 7단계에서 더 깊은 친밀함을 이끌어낼 수도 있고 친밀함을 피하는 데 이용될 수도 있다. 여기 에서도 선택은 우리 몫이다.

• 결함, 두려움, 실패를 털어놓는 친밀함의 6단계에서는 우리가 어떤 인간인 지는 물론 왜 이런 인간이 되었는지가 드러난다.

# 13 친밀함의 7단계:
## 역동적으로 협력하다

친밀함의 7단계는 서로를 알아가고 서로에게 알려지는 우리의 여정이 역동적인 협력으로 나아가는 단계다. 이것은 친밀함의 마지막 단계로 정당한 필요의 단계다. 우리 모두에게는 정당한 필요가 있다. 이를테면 음식을 먹지 않거나 숨을 쉬지 않으면 죽는다. 이렇듯 정당한 필요는 육체적인 영역에서 가장 쉽게 설명될 수 있지만 우리는 삶의 육체적·정서적·지적·영적 영역에서 모두 정당한 필요를 느낀다.

서로를 알아가는 관계 속에서 다른 사람의 정당한 필요를 파악하는 것은 중요한 일이다. 개인으로서 정당한 필요가 충족될 때 당신은 발전할 수 있다. 이는 당신의 반려자, 자녀, 부모, 친구, 직장 동료에게도 모두 적용되는 이야기다. 우리가 '원하는 것'을 얻어서는 발전할 수 없다. 우리가 '필요로 하는 것'을 얻어야 발전할 수 있다.

## 서로의 정당한 필요를
## 충족시키는 관계

친밀함의 7단계에서 중요한 것은 단순히 서로의 정당한 필요를 아는 것이 아니라 그 필요를 충족시킬 수 있도록 서로 돕는 것이다. 당신이 훌륭한 관계를 맺고 있다고 할 때 당신의 정당한 필요는 항상 충족될 것인가? 그렇지 않다. 가끔씩 예상치 못한 일이 벌어져서 우리의 정당한 필요가 피해를 보기도 한다. 하지만 이것은 어디까지나 예외적인 경우일 뿐 일반적인 상황이 되어서는 안 된다. 정당한 필요가 지속적으로 충족되지 못할 때 우리는 짜증과 안달이 나고 불만과 절망을 느낀다. 어떠한 개인이나 관계도 이러한 압박을 오래 견딜 수는 없다.

친밀함의 7단계는 서로의 정당한 필요를 파악하고 거기에 맞추어주기 위해 가장 역동적인 방식으로 협력하는 단계다. 또한 정당한 필요가 충족될 때 인간이 발전할 수 있고 우리의 관계 역시 발전할 수 있다는 사실을 인식하고 사랑하는 사람과 서로의 정당한 필요를 충족시킬 수 있는 삶의 방식을 만들어가는 단계다.

친밀함을 향한 여정에서 정점에 해당하는 7단계에서는 가장 가까운 사람들과 우리의 필요를 공유할 수 있어야 한다. 연인이나 가족이 서로의 정당한 필요를 파악하고 그 필요를 충족시키기 위해 함께 노력하는 모습은 그 자체만으로도 감동을 자아내기에 충분하다.

그러한 관계를 보면 그들이 강한 친밀감을 나누고 있음을 알게 된다. 서로 다른 의견과 가끔은 충돌하는 의견까지도 받아들이고(3단계) 꿈과 희망을 털어놓고(4단계) 서로의 독특한 감정을 존중해주고 (5단계) 서로의 결함이나 두려움, 실패를 알아감으로써(6단계) 우리는 상대의 개성을 다양한 방식으로 존중하고 축복하는 방법을 배우게 된다. 이제 7단계에서는 서로의 정당한 필요를 알아냄으로써 최고 수준의 자아실현을 돕는 삶의 방식을 만들어가야 한다.

- 당신의 정당한 필요가 무엇인지 아는가?
- 반려자의 정당한 필요가 무엇인지 아는가?

## 4가지 영역에서의 정당한 필요

"잠시 동안 상대방의 눈으로 세상을 보는 것보다 더 큰 기적이 존재할 수 있을까?" 이것은 헨리 소로가 던졌던 질문이다. 또한 이것이 바로 친밀함의 7단계에서 이야기하고자 하는 기적이다. 친밀함의 7단계에서 우리는 서로의 눈으로 세상을 바라보고 서로의 가슴으로 느끼고 서로의 마음에 들어가고 서로의 영혼을 찾아간다. 게다가 이것은 더 큰 기적의 첫 단계일 뿐이다. 그렇기 때문에 소로의 질문에 대한 답은 "그렇다."다.

우리가 다른 사람의 관점으로 조금이라도 삶을 경험해보려고 한다면 그 사람의 필요를 파악할 수 있을 것이고 그것이 충족되도록 도울 수도 있을 것이다. 이러한 방식으로 7단계의 기적, 즉 역동적인 방식으로 서로의 필요를 알아내고 그것에 대해 반응하는 단계에 도달하는 기적을 맛볼 수 있다.

인간의 4가지 영역, 즉 육체적 · 정서적 · 지적 · 영적 영역에서 우리가 가진 정당한 필요의 성격에 대해서는 이미 다루었다. 2부의 도입부에서 육체와 관련된 정당한 필요의 가장 기본적인 형태에 대해서 언급했다. 숨을 쉬지 않으면 죽는다. 이것은 인과관계가 매우 분명하기 때문에 쉽게 이해할 수 있다. 하지만 다른 3가지 영역인 정서적 · 지적 · 영적 영역에서의 정당한 필요는 육체적 영역의 정당한 필요보다 훨씬 미묘하며 인과관계가 불분명하다.

정당한 정서적 필요에는 사랑하고 사랑받을 기회가 포함된다. 물론 그런 기회가 없는 것이 직접적인 원인이 되어 사람이 죽지는 않는다. 하지만 정당한 정서적 필요를 무시함으로 인해 나타나는 영향이 아주 미약하기는 해도 분명히 존재한다는 점을 명심해야 한다. 다른 사람에게 의견을 드러내고 싶은 마음, 남이 그 말을 진지하게 들어주었으면 하는 마음, 감정을 공유하고 싶은 마음, 본연의 모습 그대로 인정받고 싶은 마음 모두 정당한 필요에서 기인한다. 이는 모두 친밀함에 대한 정당한 필요와 직결된다. 이러한 정당한 정서적 필요가 충족되지 않는다고 해서 당장 죽지는 않겠지만 시간이 지남에 따라 아주 실질적이고 끔찍한 여파가 드러나게 된다.

정당한 지적 필요는 훨씬 더 미묘하고 개인차가 심하다. 하지만 일반적으로 사람들은 다양한 형태의 지적 자극에 대한 정당한 필요를 느낀다.

정당한 영적 필요는 4가지 영역 중에서 가장 미묘하다. 몇 년 동안 영적 필요를 무시하고 살면서도 그로 인한 영향을 전혀 못 느끼는 경우도 있다. 하지만 우리가 인식하든 그렇지 않든 그 영향은 분명히 실존한다. 가장 근본적인 영적 필요로는 침묵과 고독이 있다. 아주 긍정적이고 친밀한 관계를 맺고 있는 사람들조차도 고독을 필요로 한다. 삶의 4가지 영역에서 우리만의 정당한 필요를 찾아내기 위해서는 침묵과 고독이 필요하다. 시끄럽고 바쁜 일상 속에서는 자신에게 진정으로 필요한 것이 무엇인지 알아내기가 어렵다. 이럴 때는 명상이 필요한데, 침묵과 고독은 그러한 명상을 위한 완벽한 환경을 제공한다.

가장 기본적인 형태를 제외한다면 관계에서 정당한 요구는 사람마다 차이가 난다는 점을 알 수 있다. 예를 들어 중요한 결정을 내리기 전에 혼자 조용히 생각할 시간이 필요한 남자가 있는가 하면, 친구들과 그 문제를 논의할 시간이 필요한 여자가 있다. 이 2가지 필요는 모두 정당하다.

4가지 영역에서의 정당한 필요와 관련해서 반드시 기억해야 할 것이 있다. 우리의 삶이 그 정당한 필요를 중심으로 돌아갈수록 우리는 더 발전할 수 있고, 우리의 관계가 정당한 필요를 중심으로 돌아갈수록 그 관계가 더 발전할 수 있다는 점이다.

당신은 발전하고 있는가? 아니면 그저 생존하고 있는가? 하루하루 사는 일이 급급하게만 느껴진다면 당신의 정당한 필요 중 대부분이 충족되지 않고 있을 가능성이 크다. 일차적인 관계가 발전하고 있지 않고 힘겹게 유지되는 정도라면 그 관계를 맺고 있는 사람들은 서로의 정당한 필요의 충족을 중요시하지 않을 가능성이 크다.

정당한 필요의 충족이 개인의 행복과 관계를 맺고 있는 두 사람의 행복에 그토록 중요하다면 왜 그것에 조금 더 관심을 쏟지 않는 것일까? 그 이유는 우리가 너무 쉽게 산만해지기 때문이다. 어쩌면 '현혹'이라는 단어가 더 잘 어울릴지도 모르겠다. 무엇으로부터 현혹되는 것일까? 바로 우리의 정당하지 않은 욕구다. 우리의 정당한 필요는 다소 시시하고 지루해 보이는 반면에 우리의 정당하지 않은 욕구는 훨씬 흥미진진하고 매혹적으로 비춰진다.

## 서로가 최고 수준의 자아를 실현하도록 돕자

오늘날의 대중문화는 "당장 나가서 인생에서 원하는 것을 쟁취하라!"라는 메시지를 보낸다. 이 메시지는 미묘하거나 그리 복잡하지도 않은 방식으로 우리의 일상에 영향을 미치는데, 우리는 이것을 다른 모든 것은 물론 관계에까지도 적용한다. 그 결과 수많은 관계들은 태생적으로 실패할 운명을 떠안게 된다.

"원하는 것을 쟁취하라."라는 철학은 두 사람에게 절대 대단하거나 만족스러운 관계를 가져다줄 수 없다. 이 철학을 통해서 만들어질 수 있는 것은 한 사람의 실재적이고 정당한 필요를 희생해가며 다른 사람의 이기적인 욕구만을 충족시키는 관계뿐이다. 하지만 무자비할 정도의 이기심이 축복받고 환영받는 문화 속에서 사람들은 관계를 맺으면서 점점 더 이기심을 당연한 것으로 받아들인다. 하지만 그들의 방식에는 분명히 심각한 오류가 존재한다.

그렇다면 관계 안에서 개인적인 만족을 추구해서는 안 된다는 뜻인가? 물론 아니다. 단지 상대방을 희생하면서까지 개인적인 만족을 추구해서는 안 된다는 의미다. 더 분명하게 말하자면 개인적인 만족과 순간의 쾌락 충족을 혼동하지 않도록 주의해야 한다.

관계가 시작되고 성장하고 꽃을 피우고 오랫동안 발전하기 위해서는 무엇이 필요할까? 그런 관계를 만들기 위해서는 우리의 초점을 정당하지 않은 욕구 추구에서 정당한 필요 충족으로 옮겨야 한다. 개인으로서, 그리고 관계 안에서 이런 변화를 시도해야 한다.

오늘날 정당한 필요를 중심으로 돌아가는 삶을 사는 사람은 극히 드물며 대부분은 정당하지 않은 욕구를 좇으며 살기에 바쁘다. 그들은 원하는 것을 충분히 얻으면 언젠가 행복해지고 충만해지고 만족하게 될 것이라고 생각한다. 하지만 정작 필요하지도 않은 것은 아무리 많이 소유해도 늘 부족하게 느껴지는 법이다. 그럼에도 우리는 그저 정당하지 않은 욕구만을 좇는다.

우리는 이렇듯 건강하지 않은 사고방식을 우리의 관계에도 적용하며 마치 원하는 것을 얻어내는 것이 인생의 목표인 양 행동한다. 일단 이 심리전이 시작되면 자신의 욕구와 반려자의 욕구 사이에서는 팽팽한 줄다리기가 벌어진다. 이 경기는 한번 시작하면 중단하기가 아주 힘들며 승리하기 위해 감정적인 속임수나 협박, 다양한 심리적 장치가 이용된다. 우리는 반드시 이길 작정으로 싸움에 임하는데, 이때의 승리는 자기 마음대로 관계를 이끄는 것을 말한다. 모든 사람이 자신의 이익만을 위해 싸운다. 이것은 충돌하는 자아 간의 전쟁이다. 이때 개인적인 자아들은 절대 하나의 집단적 자아를 형성하지 못하며 그렇기 때문에 친밀해지기 위한 모든 시도는 실패로 끝날 수밖에 없다.

앞서 설명했듯 관계의 핵심은 원하는 것을 얻어내는 것이 아니라 서로가 최고 수준의 자아를 실현할 수 있도록 돕는 것이다. 욕구의 역할은 아주 작은 반면에 필요의 역할은 매우 중요하다.

조만간 우리는 개인으로서 선택의 갈림길에 서게 될 것이다. 정당한 필요의 추구와 정당하지 않은 욕구 추구 중에 어떤 것을 삶의 중심축으로 삼을 것인지 선택해야만 한다.

관계 안에서도 똑같은 선택의 갈림길에 서게 될 것이다. 이때 개인의 욕구를 선택한다면 그 관계는 이미 죽었음을 인정하는 것이나 다름없다. 그 관계는 앞으로 1~2년, 혹은 10년까지도 유지될 수 있을지 모르지만 개인의 욕구를 중심으로 돌아가는 관계는 절대 발전할 수 없다. 그러한 관계의 목표는 관계의 가장 근본적인 본질에 위배된다. 반면에 개인적인 욕구를 잠시 접어두고 자신과 반려자의 정당한 필요를 관계의 중심축으로 삼는다면 두 사람은 어느새 역동적인 협력관계로 접어들게 될 것이다.

주로 이기적이며 자아의 지배를 받는 욕구와 욕망에서 정당한 필요로 시선을 돌린다면 당신의 인생은 앞으로 영원히 변할 것이다. 개인적인 필요와 욕구에서 당신과 반려자의 정당한 필요로 관계의 초점을 옮긴다면 둘의 관계는 앞으로 영원히 변할 것이다.

이미 눈치챘겠지만 나는 직접적으로 사랑을 언급한 적이 거의 없다. 하지만 매번 간접적으로 사랑에 대해 이야기해왔다. 이제 다음의 질문들을 한번 생각해보자.

- 사랑은 무엇인가?
- 당신이 누군가를 사랑한다는 것을 어떻게 알 수 있는가?
- 누군가가 당신을 사랑한다는 것을 어떻게 알 수 있는가?

사랑은 원하는 것, 소유하는 것, 선택하는 것, 변하는 것이다. 사랑은 상대에게서 최고의 모습을 이끌어내고자 하는 욕망, 그가 앞으로 더 나은 사람으로 변하는 모습을 보고자 하는 욕망이다. 사랑은 더 나은 관계를 위해 우리의 개인적인 계획이나 욕망 또는 목표를 기꺼이 내려놓고자 하는 의지다. 사랑은 지연된 만족이나 쾌락이고 고통이다. 사랑은 혼자서도 충분히 잘 살 수 있지만 함께하기를 선택하는 것이다.

더 나은 관계를 위해 당신이 개인적인 계획이나 욕망, 목표까지도 기꺼이 내려놓고자 할 때 당신은 자신이 누군가를 사랑하고 있음을 깨닫게 된다. 더 나은 관계를 위해 다른 사람이 개인적인 계획이나 욕망, 목표까지도 기꺼이 내려놓고자 할 때 당신은 그가 당신을 사랑하고 있음을 알 수 있다.

가끔씩 상대방의 필요를 충족시키기 위해 당신의 욕구를 포기할 수 있어야 한다. 그리고 가끔씩은 상대방의 필요를 충족시키기 위

사랑은 더 나은 관계를 위해
우리의 개인적인 계획이나 욕망 또는 목표를
기꺼이 내려놓고자 하는 의지다.
사랑은 혼자서도 충분히 잘 살 수 있지만
함께하기를 선택하는 것이다.

해 당신의 실재적이고 정당한 필요마저도 포기해야 하는 순간이 찾아온다. 당신에게 묻고 싶다.

- 당신에게는 그럴 만한 의지가 있는가?
- 사랑을 위해 기꺼이 마음 아파할 수 있는가?
- 당신은 진정한 관계를 만들기 위해 어디까지 고통을 감당할 수 있는가?
- 당신의 모든 변덕, 욕구나 욕망을 접어두고 훨씬 더 단조롭고 단순해 보이는 무언가를 추구할 준비가 되어 있는가?

사람들은 대부분 그럴 준비가 되어 있지 않은데, 그렇게 사는 것도 나쁘다고 말할 수는 없다. 하지만 감정적인 갈증을 달래줄 수 있는 진정한 친밀함의 샘물을 마시고 싶다면 그 물이 샘솟고 있는 산에 도착하기 위해 힘든 여정을 견뎌야만 한다. 그러한 대가를 치를 마음이 없다면 감정적인 도시 안에 머물며 생수병에 든 물만 마셔야 할 것이다. 친밀함의 샘물은 한낱 여행객들에게는 감히 허락되지 않는다. 친밀함은 진정으로 상대를 알아가고 상대에게 알려지고자 하는 사람에게만 허락된다.

친밀함은 정상 체험이며 친밀함의 정점은 두 사람이 서로의 정당한 필요를 충족시키기 위해 역동적으로 협력하는 것이다. 이 과정에는 지속적인 관심이 필요하다. 자동조종장치를 이용해 관계를 이끌어나갈 수는 없다. 그렇기 때문에 우리는 사랑하는 사람이 그의 필요를 정확한 언어로 표현하지 못할 때조차도 상대의 필요를 먼저 알아차릴 수 있도록 우리의 감각을 예민하게 갈고닦아야 한다.

# 필요의 언어를
구사하고 이해하자

이러한 정당한 필요를 충족시킬 수 있는 삶의 방식을 둘이서 구축하는 것은 결코 쉬운 일이 아니다. 대부분은 사랑하는 사람의 정당한 필요가 무엇인지 알기는커녕 자기 자신의 정당한 필요가 무엇인지도 모르고 산다. 우리의 정당한 필요를 더욱 역동적으로 충족시키기 위해 자신이 가진 필요의 언어와 반려자가 가진 필요의 언어를 각각 배워야 한다.

사람들은 자신이 원하는 바와 자신의 감정에 대해 항상 솔직하지는 않으며 자신이 필요로 하는 것에 대해서는 거의 말을 꺼내지 않는다. 우리가 맺는 관계는 대부분 서로에 대한 반응과 우리 주변의 사람이나 사물, 사건에 대한 반응으로 구성된다. 단순히 반응하는 입장이라고 할 때 우리는 그 자리에 가만히 있거나 뒤로 물러서는 등 방어적인 자세를 취하게 된다.

친밀함의 7단계는 우리에게 수동적으로 반응하기보다는 능동적으로 대응하는 법을 알려준다. 수동적 반응과 능동적 대응의 차이는 아주 사소하고 단순해 보이지만 우리의 일상과 관계 속에서 큰 영향을 미친다. 필요의 언어를 구사하고 이해할 수 있게 된다면 우리는 더이상 충족되지 못한 필요에 대해 불만을 터뜨리거나 속앓이를 하는 대신 서로의 정당한 필요를 충족시킬 방법에 대해 논의하게 될 것이다. 이때 첫걸음은 반려자가 우리가 무엇을 필요로 하는지, 언제 그것을 필요로 하는지 이미 다 알고 있다는 바보 같은 생각을 버리는 것이다.

짐은 피곤한 하루를 보냈다. 그가 관리하는 지사에 본사 사장이 방문해서 그의 업무 방식을 마구 헐뜯었기 때문이다. 짐은 종일 이런 생각만 했다. '빨리 집에 가서 저녁을 먹고 농구 경기나 보면서 쉬고 싶다.' 하지만 짐이 집에 도착하자 아내인 수전은 짐에게 딸아이 결혼식에 올 손님 명단을 정리하자고 말했다. 짐은 비협조적이고 불만이 가득하고 침울한 반응을 보였다. 수전은 손님 명단에 문제가 있다고 생각했지만 손님 명단과는 전혀 상관없는 일이었다.

짐은 자신이 원하는 것을 알고 있었지만 그것을 제대로 전달하지 못했다. 짐이 오후에 수전에게 전화해서 "들어봐, 여보. 오늘 하루 정말 스트레스가 심했어. 오늘은 집에 가서 당신이랑 저녁 먹고 조용히 쉬고 싶어."라고 말했다면 상황은 달라졌을 것이다. 짐이 그렇게 했다면 아내인 수전은 짐의 필요가 무엇인지 알게 되었을 것이다. 하지만 이러한 대화가 없었기 때문에 수전은 짐이 회사에서 얼마나 피곤한 하루를 보냈는지 전혀 알지 못했다.

하루는 에너지가 넘치는 짐이 문을 박차고 들어와 평소처럼 수전과 함께 강아지를 산책시키려고 했다. 하지만 수전은 이날 친구와 다투었기 때문에 그저 자리에 앉아 남편에게 속상한 이야기를 털어놓고 싶었다. 하지만 수전이 말을 해주기 전까지 짐은 그 사실을 알수가 없다. 수전이 전화로 "짐, 오늘 저녁에 당신이 집에 오면 조용히 이야기를 나누고 싶어. 강아지 산책시킬 기분도 아니고 저녁 준비할 기운도 없어."라고 말했다면 상황은 달라졌을 것이다.

그랬다면 짐은 수전의 필요를 알고 이렇게 말했을 것이다. "걱정하지 마. 둘이 앉아서 술이나 한잔하면서 이야기를 하면 되지. 당신만 괜찮다면 피자를 주문하는 것도 좋고!"

이것은 상황에 따라 달라지는 정당한 필요의 예라고 할 수 있다. 하지만 더 중요한 것은 우리의 일상적인 필요를 파악하고 이해하는 일이다. 일반적으로 가장 사소한 것들이 우리의 관계와 행복에 큰 영향을 끼친다. 예를 들어 나는 며칠 연속으로 8시간 이상 잠을 자지 못하면 예민해지고 침울해지고 집중력이 떨어지고 비효율적이 된다. 나에게 있어 잠에 대한 필요는 정당하며, 우리 회사 직원들이나 내가 사랑하는 사람들은 아주 급한 경우가 아니라면 내가 늦은 밤이나 이른 아침에 일하지 않는다는 것을 잘 알고 있다.

지난 몇 년 동안 강연 여행을 다니면서 일정이 바빠지고 스트레스가 심해질수록 직원들에게 운동이 필요하다는 사실이 점점 더 분명해졌다. 그래서 직원들에게 오후에 1시간 정도 운동을 할 수 있도록 해주었더니 강연 여행 6주차부터는 확실한 변화를 느낄 수 있었다. 나는 직원들의 건강을 위해서 운동이 꼭 필요하다는 사실을 알고 있다. 그리고 내 역할은 직원들이 운동을 하는 대신 낮잠을 1시간 자려고 할 때 마음을 바꾸도록 옆에서 격려하는 것이다.

상대방의 정당한 필요를 알고 인정하고 존중하는 것, 이것이 친밀함의 7단계다. 이것은 아내와 남편, 여자친구와 남자친구, 부모와 자식, 직원과 고용주의 관계를 비롯해 친밀함을 요구하는 모든 관계에서 정점을 의미한다.

## 우리가 필요로 하는 것이
## 가장 중요하다

7단계는 상대의 필요만을 충족시키고 자신의 필요는 무시하는 것이 아니다. 친밀함의 7단계는 부드럽게, 그리고 가끔은 너무 부드럽지만도 않은 방식으로 서로의 필요를 나누고 알아가고 충족시키기 위해 함께 노력하는 것이다. 7단계에서는 자신만을 챙기지 않고 상대를 배려하는 사려 깊은 마음이 반드시 요구된다. 이제까지 우리가 우리 자신과 상대방에 대해 배우고 발견했던 모든 것의 정점을 7단계에서 확인할 수 있다.

1단계에서는 상투적인 말을 배웠다. 7단계에서는 사랑하는 사람이 상투적인 말만 할 때 문제가 있음을 알아차릴 수 있다. 그것은 그냥 넘어갈 수 없는 정당한 필요와 상처나 벽이 존재한다는 의미다.

2단계에서는 상대방의 개인사를 존중하는 법을 배웠다. 또한 서로를 만나기 이전의 삶이나 만난 이후에는 함께하지 못하는 삶의 영역을 알아가기 위해 지속적으로 노력하는 법을 배웠다.

3단계에서는 각자 다른 의견과 기대에도 불구하고 서로 인정하는 법을 배웠다. 이렇게 서로를 받아들이면 더욱 편안하게 우리의 꿈과 희망, 감정, 결함, 두려움, 실패를 공유할 수 있게 됨으로써 더 깊은 단계의 친밀함으로 통하는 문을 열 수 있다.

친밀함의 7단계 모델이 너무 단순해서 거짓말처럼 느껴질 수도 있다. 그래서 이제껏 우리가 얼마나 먼 길을 왔는지, 그리고 친밀함의 7단계에서 얼마나 많은 내용을 다루었는지 미처 깨닫지 못할 수도 있다. 1단계에서 2단계로 발전하는 데 도움이 되었던 무작정 함께 보내는 시간은 사실 모든 단계에서 유용하게 이용될 수 있다.

개인적인 사실과 역사를 공유하면 2단계의 일상적이고 지루한 면을 넘어설 수 있고, 또한 우리가 가지고 있는 감정과 꿈, 두려움이나 필요의 근원이 무엇인지 이해할 수 있게 된다.

3단계에서는 관계에 생명력을 불어넣는 방식으로 서로에게 동의하고 반대하는 법을 배웠다. 3단계에서 언급된 우리의 선입견과 편견을 없애는 데 필수적인 '인정하기'를 통해 우리는 각자 다른 위치에 서 있으며 바로 그곳에서 상대방을 사랑할 수 있음을 알게 되었다. 이 방법을 통해 우리의 개인적인 자아를 잠시 접어두고 집단적인 자아를 형성할 수 있게 된다. 이것이야말로 함께하는 진정한 여정의 시작이다.

4단계에서는 우리의 운명이 연결되어 있으며 공동의 꿈과 희망을 실현시키기 위해 이기적인 욕망을 접어두어야 한다는 점을 배웠다. 또한 개인적인 꿈과 희망이 필요하다는 사실과 그것을 충족시키기 위해 서로 돕는 방법에 대해 배웠다. 무엇보다 4단계의 가장 큰 교훈은 즉각적인 만족을 잠시 미루어둘 의지 없이는 절대 가치 있는 꿈을 이룰 수 없다는 점이다.

5단계의 선물은 건강한 방식으로 우리의 약점과 감정을 드러낼 줄 아는 능력이다. 이어 친밀함의 6단계는 우리의 결함과 실패를 인정함으로써 더 부유하고 풍요로운 미래를 만들어가는 지혜를 알려준다. 여기에서 우리는 남을 용서하고, 다른 사람의 용서를 받아들이고, 우리 자신을 용서하는 것의 중요성에 대해서도 알아보았다.

모든 단계에서 우리는 더욱 일관성 있는 형태의 삶의 방식을 구축했다. 이를 통해 개인으로서도 발전할 수 있고 우리의 관계도 발전할 수 있다. 1단계부터 6단계까지는 우리가 대화를 나누고 서로의 삶에 관여함으로써 상대방의 최고 수준의 자아실현을 도울 수 있는 다양한 도구를 제공했다.

친밀함의 7단계에서는 우리가 원하는 것이 아니라 필요로 하는 것이 가장 중요하다는 사실을 알게 되었다. 7단계의 지혜를 통해 이 사실을 깨달아야만 정당하지 않은 욕구를 좇는 일을 멈추고 정당한 필요를 충족시키기 위해 진심으로 노력할 수 있게 된다.

두 사람이 힘을 모아 서로의 정당한 필요를 충족시키기 위한 삶의 방식을 구축하는 모습은 친밀함의 정수를 그대로 보여준다. "나에게 도움이 되는 게 뭐야?"라는 철학을 버리고 "어떻게 하면 당신이 모든 잠재력을 발휘할 수 있도록 도울 수 있을까?"라는 철학을 가슴으로 받아들인다면 우리의 관계는 온통 배려로 가득하게 변할 것이다. 배려심이 뛰어난 두 사람이 서로를 존중하고 도울 때, 그 속에서 변하지 않는 깊은 사랑을 발견할 수 있다.

분노와 불만, 그리고 좌절은 합리적이지 않은 기대 때문에 발생하는 경우도 있지만 대부분은 우리의 필요가 충족되지 않고 있다는 신호다. 우리는 분노와 좌절, 긴장의 목소리를 잘 감지할 수 있어야 한다. 그것은 당신에게 무언가를 알려주기 때문이다. 혹시 분노와 좌절, 긴장 속에서 충족되지 않은 정당한 필요의 아우성이 들리지는 않는가?

친밀함의 7단계는 우리가 반복해서 떠나는 위대한 모험을 의미한다. 각 단계로 다시 접어들 때마다 새롭고 예전과 달라 보일 것이다. 이것은 우리가 예전과 비교해 새로워지고 달라졌기 때문이다. 우리의 필요와 꿈, 감정과 의견은 변하기 마련이고 그에 따라 우리를 둘러싼 세상도 변한다.

탈무드에는 이런 말이 있다. "모든 잔디의 잎에는 그 잔디 잎을 굽어보며 '잘 자라렴.'이라고 속삭이는 천사가 있다." 나는 내가 사랑하는 사람에게 이러한 격려의 천사이고 싶다. 친밀함의 7단계가 당신에게 격려의 천사가 되었으면 좋겠다. 그리고 당신이 다른 사람들에게 격려의 천사가 되었으면 한다.

우리 모두에게는 때때로 격려가 필요하다. 사랑하는 사람이 건네는 격려는 우리가 두려움에 떨고 있을 때 용기를 주고, 절망에 빠져 있을 때 희망을 주고, 어둠 속에 있을 때 빛이 되어주고, 의심에 시달릴 때 믿음을 주고, 슬픔에 젖어 있을 때 기쁨을 주고, 불안감에 사로잡혀 있을 때 평화를 준다.

· 친밀함을 향한 여정에서 정점에 해당하는 7단계에서는 가장 가까운 사람들과 우리의 필요를 공유할 수 있어야 한다.

· 개인적인 욕구를 잠시 접어두고 자신과 반려자의 정당한 필요를 관계의 중심축으로 삼는다면 두 사람은 어느새 역동적인 협력관계로 접어들게 될 것이다.

· 필요의 언어를 구사하고 이해할 수 있게 된다면 우리는 더이상 충족되지 못한 필요에 대해 불만을 터뜨리거나 속앓이를 하는 대신 서로의 정당한 필요를 충족시킬 방법에 대해 논의하게 될 것이다.

· 두 사람이 힘을 모아 서로의 정당한 필요를 충족시키기 위한 삶의 방식을 구축하는 모습은 친밀함의 정수를 그대로 보여준다.

훌륭한 관계를
실제로 경험하기

# 14

## 훌륭한 관계를
## 맺지 못하는
## 10가지 이유

훌륭한 관계를 원하지 않는 사람이 어디 있을까? 모든 사람이 훌륭한 관계를 원하지만 그것을 실제로 경험하는 사람은 극소수에 불과하다. NBA 팀에서 농구선수로 활약하는 꿈을 꾸는 젊은이들은 매년 수만 명이나 되지만 그들 중 꿈을 이루는 사람은 0.1% 미만이다. 사람들은 대부분 부자가 되기를 꿈꾸지만 현실을 살펴보면 미국인의 10%가 미국 내에서 거래되는 주식의 90%를 소유하고 있다.

내가 처음 읽고 크게 놀란 글이 있다. 바로 바뤼흐 스피노자Baruch Spinoza의 명저 『에티카Ethics』에 나온 마지막 구절이다. 스피노자는 유대인 혈통의 17세기 네덜란드 철학자다. 그의 글에 전부 동의하는 것은 아니지만 『에티카』의 마지막 구절은 어느 분야에서든 성공하기 위해 노력하는 사람에게 대단한 통찰력을 제공한다고 생각한다.

"모든 대단한 것은 찾아내기 힘든 만큼 성취하기도 힘들다." 이 말은 우리가 남다른 성공을 지켜보면서 간과하기 쉬운 위대한 진리다. 대단한 부富는 찾아내기 힘든 만큼 성취하기도 힘들다. 그렇기 때문에 대단한 부를 누리는 사람은 극소수다. 운동경기에서 대단한 재능 역시 찾아내기 힘든 만큼 성취하기도 힘들다. 그렇기 때문에 극소수만이 그러한 재능을 선보이고 수십만 명의 사람들은 그들의 경기를 지켜보기만 한다. 훌륭한 관계 역시 찾아내기 힘든 만큼 성취하기도 힘들다. 그렇기 때문에 모두 훌륭한 관계를 원하지만 진정한 의미에서 훌륭한 관계를 조금이라도 경험하는 사람은 극히 드물다.

이렇듯 어느 분야에서든 성공을 거두는 사람들은 남들보다 더 큰 염원과 절제력이 있다. 훌륭한 관계를 맺지 못하는 한 가지 이유는 사람들이 그것을 원하지 않기 때문이다. 더 정확히 말하자면 아주 간절히 원하지 않기 때문이다.

하지만 훌륭한 관계를 맺지 못하는 이유는 절대 한 가지가 아니므로 이제부터 10가지 이유를 살펴보자. 이 10가지 이유가 너무 단순하기 때문에 우리가 쉽게 간과하거나 무시하는 경향이 있다. 이처럼 단순한 처방은 복잡함을 추구하는 오늘날의 문화와는 다소 맞지 않는 것처럼 보이기 때문이다. 그렇다면 지금 당신의 삶에는 더 복잡한 무언가가 필요한가? 당신의 관계에는 더 복잡한 무언가가 필요한가? 그렇지 않다. 우리의 인생은 조금 더 단순한 무언가를 간절히 필요로 한다.

사람들은 사랑을 얻고 싶다고 말하면서 실은 사랑을 피하기 위해 온 힘을 쏟는다. 사람들은 친밀함을 간절히 원한다고 말하면서 실은 친밀함을 피하기 위해 온 힘을 쏟는다. 수많은 사람들은 절실하게 훌륭한 관계를 원한다고 말하면서 훌륭한 관계를 피하거나 망치기 위해 온 힘을 쏟는다. 사람들이 훌륭한 관계를 맺지 못하는 10가지 이유를 살펴보자.

## 이유 1:
## 공동의 목적을 설정하지 않는다

대부분의 사람들은 누군가를 만나고 그 사람에게 열중하고 사랑에 빠지고 연애를 하고 결혼을 할 때까지 한 번도 그 관계의 목표에 대해 논의하거나 살펴보지 않는다. 그 결과 개인적인 자아와 이기적인 욕망이라는 정신없는 바람 속에서 그들의 관계는 이리저리 휘날리다가 방향성을 상실하게 된다.

우리 개인의 근본적인 목적은 열정과 목적으로 충만한 삶을 구축하기 위한 토대 역할을 한다. 우리는 최고 수준의 자아실현을 위해 이 땅에 태어났다. 이러한 근본적인 목적은 모든 관계를 위한 공동 목적을 제공해준다. 바로 관계 속에서 서로가 최고 수준의 자아를 실현할 수 있도록 돕는 것이다. 여기에서 말하는 관계에는 아내와 남편, 부모와 자식, 친구와 친구, 이웃과 이웃, 경영자와 고객의 관계를 모두 포함한다.

관계의 첫 번째 목적과 의무, 책임은 서로가 서로의 근본적인 목적을 달성할 수 있도록 돕는 것이다. 이는 서로가 열정과 목적으로 충만한 삶을 구축하는 데 커다란 도움이 될 것이다.

## 이유 2:
## 훌륭한 관계에 대한 정확한 정의가 없다

훌륭한 관계에 대한 생각과 비전은 사람마다 천차만별이다. 심지어 대부분의 사람들은 훌륭한 관계를 맺고 있다는 느낌을 주는 것이 무엇인지 정의조차 내리지 않는다. 그렇기 때문에 당연히 훌륭한 관계를 찾지 못한다.

자신이 찾고 있는 것이 무엇인지조차 모른다면 절대 그것을 찾아낼 수 없으며 설령 눈앞에 있다고 해도 알아보지 못하고 넘어가기 때문이다.

다른 사람의 일차적인 관계가 환상적일 정도로 멋져 보이는 경우가 있다. 우리는 행복해 보이는 그들을 보며 질투심마저 느낀다. 하지만 우리가 질투하는 두 사람은 서로의 관계에 불만이 가득하거나 심지어 비참한 기분을 느끼고 있을지도 모를 일이다. 왜냐하면 훌륭한 관계에 대한 생각은 사람마다 다르기 때문이다. 당신에게 멋져 보였던 면이 그들에게는 불만일 수도 있다.

"훌륭한 관계에 대한 당신의 비전은 무엇인가?" "당신이 관계 속에서 충만함을 느끼기 위해서는 무엇이 필요한가?" 이런 질문을 받으면 대부분의 사람은 제대로 답을 하지 못하고 두서없이 피상적인 대답만 늘어놓는다. 왜냐하면 한 번도 이 문제에 대해 진지하게 고민해본 적이 없기 때문이다.

## 이유 3:
## 훌륭한 관계를 움직이는 목표로 만든다

계획도 없고 목적도 없고 움직이는 목표만이 존재하는 이러한 상황에서는 불만이 쌓이고 충만함을 느낄 수 없다. 훌륭한 관계에 대한 정의를 분명히 내리지 않는다면 우리는 계속해서 윈도쇼핑밖에 할 수가 없다. 그렇다면 변덕, 욕망, 자존심, 자기중심적인 이해관계에 따라 훌륭한 관계에 대한 우리의 비전은 매일매일 변하게 된다.

이러한 상황에서 우리는 계속 만족하지 못하고 목표를 바꾸게 된다. 그러나 이로 인해 더 큰 불만이 쌓이고 당신의 반려자는 큰 실망감을 느낀다. 이는 마치 미식축구를 하는데 경기가 시작된 직후에 엔드 존이 이동하는 것과 같다. 그리고 내가 찬 공이 떠 있는 동안 계속 골대가 움직이는 것과 같다.

당신의 관계는 계속해서 움직이는 표적을 맞히려고 애쓰고 있는가? 이러한 이유에서 잠시 한발 물러서서 큰 그림을 살펴보고 자신이 가지고 있는 훌륭한 관계에 대한 비전이 무엇인지 짚어보는 것이 중요하다.

우리는 항상 변화하고 성장하고 더 나은 사람이 되려고 노력하겠지만 어느 순간이 오면 "우리는 이미 훌륭한 관계를 맺고 있어."라고 말할 수 있어야 한다. 다시 말해 우리의 관계가 발전하는 것을 축복하는 순간이 있어야만 한다. 지금까지의 변화를 위해 얼마나 많은 일을 해왔는지에 대해 감사하는 순간이 있어야만 한다. 가끔은 "계속해서 우리 관계를 다듬어가자. 우리는 이미 훌륭한 관계를 맺고 있으니 이것을 유지하기 위해 최선을 다하자."라고 말할 수 있어야 한다.

관계의 목적에 대한 명확한 정의나 실질적인 계획이 없다면 사람들은 대부분 얼마 지나지 않아 실망감을 느끼게 된다. 목적과 계획은 우리 인생과 관계에 초점을 부여하는데, 이 초점이 없다면 사람들은 불안해하거나 초조함과 불만을 느끼게 된다. 서로가 동의하는 목적이나 계획이 없다면 그 관계는 방향성을 상실하고 목표가 움직이기 때문이다.

## 이유 4: 훌륭한 관계를 불가능해 보이도록 만든다

훌륭한 관계를 맺지 못하는 네 번째 이유는 사람들이 훌륭한 관계 자체를 불가능해 보이도록 만들기 때문이다. 사람들은 비현실적인 용어로 훌륭한 관계를 정의한다. 예를 들면 절대 싸우지 않는 관계나 해결되지 않는 문제가 존재하지 않는 관계를 훌륭한 관계로 본다.

이렇듯 비현실적인 비전을 가진 사람은 반려자가 취향이나 의견을 가진 하나의 인격체이며 자신과는 전혀 다른 인생을 경험하고 교육받은 사람이라는 점을 잊고 지낸다. 무엇보다 그들은 기계처럼 완벽히 작동하는 인간이 존재하지 않는다는 사실을 잊고 산다.

훌륭한 관계를 해결되지 않는 문제가 없는 관계, 혹은 전혀 충돌이 없는 관계로 정의한다면 분명 실망과 좌절을 느끼게 될 것이다.

당신은 그 좌절의 원인이 반려자라고 생각할지도 모르지만 진짜 원인은 당신 자신이다. 이러한 좌절은 당신의 잘못된 기대에서 시작된다. 그 좌절은 결국 당신의 비현실적인 기대와 완벽하지 않은 현실 사이의 간극을 의미하기 때문이다.

## 이유 5:
## 불가능하다고 여겨 시도하지 않는다

우리는 믿음이 실질적이지 않고 감상적인 것이라고 여기는 시대에 살고 있다. 그렇지만 인간은 믿음에 의존해 살며, 믿음 없이는 오래 버틸 수 없다. 자동차 운전을 예로 들어보자. 우리는 반대편 차선에서 달리는 운전자가 이쪽 차선으로 넘어오지 않으리라는 믿음을 가지고 있다.

우리의 삶 속에는 이와 비슷한 단순한 믿음이 수천 가지는 존재하며, 그 믿음으로 인해 우리의 삶은 순조롭게 굴러간다. 우리가 믿지 않아서 반대편 차선의 운전자가 이쪽 차선으로 넘어오지 않으리라는 믿음도 없다면 운전을 할 때마다 두려움 때문에 온몸이 뻣뻣하게 굳어버릴 것이다. 두려움은 믿음의 부재에 대한 지극히 자연스러운 반응이며 믿음의 부재에 대한 결과이기도 하다.

사람들이 훌륭한 관계를 맺지 못하는 다섯 번째 이유는 훌륭한 관계에 대한 비전이 너무 장대하고 비현실적이라서 스스로 그것을 얻는 것은 불가능하다고 보고 시도조차 하지 않기 때문이다. 훌륭한 관계를 맺는 것은 굉장히 멀고 높이 있는 목표처럼 비추어진다. 그래서 "그렇다면 굳이 뭐 하러 그 어려운 목표에 닿아야 하지?"라고 말한다. 이러한 사람들은 대부분 부정적이고 냉소적이고 비판적이다.

비전을 만들라. 당신의 원하는 관계의 목표를 설정하라. 두 사람이 모두 동의할 수 있는 현실적인 계획을 따르라. 믿으라. 그 어떤 좋은 일도 믿음 없이 이루어지지는 않는다.

## 이유 6: 훌륭한 관계가 꼭 필요하다고 보지 않는다

훌륭한 관계가 필요한 사람이라면 그런 관계를 맺고 있을 것이다. 숨을 쉬고 물을 마시는 것처럼 그런 관계가 반드시 필요한 사람이라면 지금쯤 이미 훌륭한 관계를 맺고 있을 것이다. 사람들은 발전하는 것보다는 단순히 생존하는 데 더 많은 관심을 쏟으며, 대부분은 갖고 싶은 것이 아니라 반드시 가져야만 하는 것을 얻기 때문이다.

훌륭한 관계를 맺지 못하는 여섯 번째 이유는 사람들이 훌륭한 관계를 꼭 필요하다고 보지 않기 때문이다. 잠시 시간을 내서 훌륭한 관계가 자신에게 미칠 수 있는 좋은 영향에 대해서 전부 종이에 적어본다면 그런 관계를 맺는 것이 당신에게 훨씬 더 중요한 일로 다가올 것이다. 훌륭한 관계가 당신과 당신의 삶을 어떻게 바꾸어놓을지에 대해 계속 생각한다면 어느 순간 훌륭한 관계는 반드시 필요하다는 결론에 도달하게 될 것이다.

이런 종류의 사색을 하지 않는 사람은 그저 "훌륭한 관계를 맺고 싶어." 혹은 "훌륭한 관계를 맺을 수 있다면 좋겠어." 혹은 "언젠가 나에게도 그런 일이 벌어졌으면 해."라고 생각하고 말한다. 그들은 훌륭한 관계를 맺게 되는 것이 단순히 운이라고 말하며 훌륭한 관계를 절대적으로 필요한 것으로 보지 않는다.

훌륭한 관계는 찾기 힘든 만큼 성취하기도 힘들다. 훌륭한 관계는 운이나 기회만으로 얻을 수 없다. 어디선가 갑자기 나타나지도 않고 절대 편하지만도 않다. 훌륭한 관계를 맺고 있는 사람들은 역동적인 협력 없이는 단 하루도 살 수 없다고 단단히 마음을 먹는다. 그들은 훌륭한 관계는 반드시 필요하다고 본다. 보통 사람들이 덧없고 피상적인 대상에 많은 시간과 에너지를 쏟는 반면에 훌륭한 관계를 맺고 있는 사람들은 그 관계를 더 중요시한다. 역동적인 관계가 정서적 영역에 좋은 영향을 미치고 육체적 · 지적 · 영적 영역에도 긍정적인 자극과 혜택을 가져다주기 때문이다. 그들은 친밀함에 대한 자연스러운 갈망을 알아차린 뒤 그 친밀함의 꿈을 실현시키려고 노력하는 것이다.

당신은 적당히 필요하거나 하나 있으면 왠지 좋을 것만 같은 관계가 아니라 반드시 필요하다고 느끼는 관계만을 얻을 수 있다. 훌륭한 관계가 없다면 절대 발전할 수 없다는 사실을 깨닫는 순간 비로소 훌륭한 관계를 맺기 위한 첫걸음을 내딛을 수 있다. 그렇기 때문에 훌륭한 관계가 반드시 필요하다고 보아야 한다.

훌륭한 관계는 찾기 힘든 만큼 성취하기도 힘들다.
훌륭한 관계는 운이나 기회만으로 얻을 수 없다.
어디선가 갑자기 나타나지도 않고
절대 편하지만도 않다.

## 이유 7:
## 계획을 정작 실천하지 않는다

어떤 사람은 비현실적인 계획을 세우기 때문에 훌륭한 관계를 맺지 못한다. 또 어떤 사람은 계획은 현실적이지만 계획을 실천하지 못하기 때문에 훌륭한 관계를 맺지 못한다.

매년 수많은 사람이 신년 계획을 세우지만 그들 중 90% 이상은 한 달이 채 지나가기도 전에 계획을 포기한다. 비현실적인 계획 때문에 포기하는 사람도 있지만 대다수는 현실적인 계획조차도 실천으로 옮기지 못해 결국 포기한다. 새로운 계획이 습관으로 굳어진다면 삶이 얼마나 건강하게 바뀔지 사람들은 이미 잘 알고 있다. 그럼에도 계획을 습관으로 바꾸는 데 실패하는 것이다.

계획을 실천하지 못하는 데는 수만 가지 이유가 있지만 가장 근본적인 이유는 우리가 정말 간절하게 원하지 않기 때문이다. 우리는 훌륭한 관계를 맺는 일을 뒤로 미룬다. 비교적 중요하지도 않은 일에 신경을 쓰느라 훌륭한 관계에 도움이 되는 계획을 무시하는 것이다.


## 이유 8:
## 당신에게는 의무가 없다

서로에게 의무를 부여하는 일은 친밀함을 얻기 위한 과정에서 아주 대단하고도 어려운 부분이다. 의무는 어떤 사람에게 최고 수준의 자아실현을 위한 길을 걷도록 강제하는 도구로 이용되기 때문이다. 의무는 더 나은 사람이 되기 위한 훌륭한 자극제 역할을 하며 축구장에서든 관계 안에서든 신비로운 방식으로 우리에게 최고의 모습을 이끌어낸다. 동시에 의무는 친밀함의 영역에서 아주 어려운 부분이다.

다른 사람에게 의무를 부여하기 위해서는 사랑과 용기가 필요하다. '사랑'이 필요한 이유는 의무야말로 다른 사람이 최고 수준의 자아를 실현하도록 돕는 최상의 방법이기 때문이다. '용기'가 필요한 이유는 누군가 최고 수준의 자아를 배신했거나 배신하고자 할 때 못 본 척 넘어가는 것이 더 마음 편하기 때문이다.

훌륭한 관계를 맺지 못하는 여덟 번째 이유는 관계에 속한 사람들에게 어떠한 의무가 없기 때문이다. 다시 말하자면 상대방의 일에 관여하지 않기 때문이다. 친밀함은 친밀하게 다른 사람의 일에 관여하는 것을 말한다.

많은 연인은 함께 계획을 세우지만 그 계획에 대해서 서로에게 의무를 부여하거나 스스로 의무를 다하려 하지 않기 때문에 계획은 결국 깨지고 만다. 이런 이유에서 애초에 함께 계획을 세우지 않는 연인도 많다. 계획이 생기면 책임과 의무가 뒤따르는데, 인간은 게으르고 이기적인 속성이 있어서 책임과 의무를 혐오한다. 인간의 게으르고 이기적인 면은 자율성과 자발성을 부르짖는다. 이는 단순히 책임과 의무를 회피하기 위해 자율성과 자발성이라는 훌륭한 가치를 왜곡하는 것에 불과하다.

훌륭한 관계를 맺고 싶어하는 동시에 훌륭한 관계를 맺지 않으려는 사람들이 있다. 그들은 훌륭한 관계를 맺고 싶어하지만 친밀함을 원하지 않는다. 그들은 누군가를 옆에 둠으로써 편리함과 편안함을 얻으려 한다. 혼자 남아 있으면 비참하고 한심한 자기 자신과 직접 마주할 수밖에 없기 때문이다. 그래서 어떻게든 혼자 남는 것을 피하려 한다.

또한 애초의 목표는 진정한 친밀함을 얻는 것이지만 결국 비참하고 한심한 자신 때문에 상대방도 피해를 입는다. 이러한 사람들은 자신에게 의무를 부여하려는 사람을 매번 회피해버릴 것이다. 우리 모두에게는 의무가 필요하다. 의무는 우리를 정직하게 만들며 우리에게서 최고의 모습을 이끌어낸다. 의무는 모든 친밀한 관계의 전제 조건이다. 의무를 거부하는 사람들은 친밀한 관계에서도 똑같이 거부당해야 한다.

앞서 함께 설계하는 미래에 대해 언급하면서 공동의 목표를 설정하고 그에 대한 계획을 세워야 한다고 했다. 그리고 꿈을 확인하기 위해 주말이나 주중에 시간을 내고, 1년 뒤 그것을 평가하기 위해 어딘가로 떠날 날짜를 잡으라고 말했다. 이러한 일련의 과정을 통해 당신에게는 의무가 생긴다. 당신의 목적과 목표, 꿈과 계획을 종이에 적으라고 조언하기도 했다. 이를 통해 당신에게는 또 의무가 생긴다.

## 이유 9:
## 큰 위기를 만났을 때 포기한다

승승장구하고 축하받는 상황에서 한 사람의 인격이 발전하는 경우는 드물다. 훌륭한 인격은 보통 지독한 고난과 고통의 용광로 속에서 탄생한다. 관계에서도 마찬가지다. 모든 일이 잘 풀릴 때 함께하기는 쉽지만 인생의 고난이 우리 관계의 문을 두드릴 때 두 사람은 시험에 들게 된다.

최근 나는 친한 친구와 아침을 먹었다. 지난 5~6년은 그녀와 그녀의 가족에게 고통스러운 성장의 시간이었다. 대략 6년 전에 그녀의 남편은 그녀에게 직장이 너무 끔찍하기 때문에 삶이 절망스럽게 느껴진다고 털어놓았다.

내 친구는 남편에게 이 이야기를 듣기 18개월 전부터 남편이 삶에 대한 의욕을 잃는 모습을 목격했고, 그것이 그들의 관계나 가족에게 미치는 영향을 걱정하고 있었다. 그녀는 곧바로 남편에게 다른 직장을 찾아보라고 말했다. 그는 아내의 말에 따라 얼마 지나지 않아 더 큰 만족감을 얻을 수 있을 것 같은 일자리를 구했다. 하지만 곧 새로운 직장도 예전 직장과 별반 다르지 않다는 사실을 알게 되었다. 자녀가 4명이나 있어서 경제적인 책임 때문에 부담을 느끼던 그는 절망하기 시작했다. 부부는 이에 대해 좀더 논의했고 내 친구는 남편에게 일주일 동안 어딘가에 가서 쉬면서 스스로 하고 싶은 일을 고민해보라고 말했다.

일주일 뒤 돌아온 그는 사업을 시작하고 싶다고 말했다. 그녀는 남편을 격려하며 물심양면으로 지원했다. 그들은 주택을 담보로 대출을 받았고 내 친구는 사업 초기 단계에 추가 수입을 얻기 위해 파트타임 직장에서 일하는 시간을 늘렸다. 그러는 사이에 이 부부에게 가해지는 경제적인 압박은 점점 더 커졌다. 남편은 돈 걱정에 뜬 눈으로 밤을 지새웠고, 아내는 앞으로 살길이 막막해서 남편이 일하러 가고 아이들이 학교에 간 사이 눈이 붓도록 울었다. 하지만 그 과정에 부부는 계속 대화를 나누었고 서로를 격려하며 어떻게든 이 상황을 극복하겠다고 서로에게 다짐했다.

사업은 끝까지 초기 단계를 넘어서지 못했기 때문에 내 친구의 남편은 다시 일자리를 찾아야만 했다. 이번에는 훌륭한 회사에서 썩 괜찮은 일자리를 찾았다. 그가 좋아하는 일을 좋은 사람들과 함께 할 수 있는 곳이었다. 그는 이제 자신이 회사에 무언가 기여하고 있다고 느끼게 되었으며 고용주에게 인정받는 것은 물론 돈도 많이 벌고 있다. 하지만 그동안의 여정은 내 친구의 가족에게 매우 험난한 시간이었다.

아침을 먹으며 친구는 내게 말했다. "나는 남편이 아주 자랑스러워. 평생을 비참하게 살면서 그걸 바꾸려고 노력하지 않는 남자들이 정말 많잖아. 하지만 그는 용기를 내서 거기에서 벗어났고 자기 인생을 더 좋게 만들었어. 물론 힘든 과정이었지만 우리는 결국 성공했고 나는 그걸 바꾸고 싶지 않아. 그 과정을 통해 남편은 더 나은 사람이 되었고 우리는 더 나은 부부, 더 나은 가족이 되었어."

함께 고난을 견디는 과정을 통해 우리는 더 단단해지고 친밀함은 더 강해진다. 훌륭한 관계를 맺고 있는 사이는 한 번도 시련을 경험하지 않은 사이가 아니라 용감하게 함께 시련에 맞선 사이다.

## 이유 10:
## 양질의 코칭을 받지 않는다

우리는 모든 것을 함께하는 사람에게서 배운다. 다른 사람이 걷는 것을 보고 걷는 법을 배우고, 다른 사람이 말하는 것을 보고 말하는 법을 배우며, 다른 사람의 설명을 듣고 자전거 타는 법을 배운다. 다른 사람들은 우리를 지도해주고 문제점을 알려주고 계속 시도할 수 있도록 격려해준다. 수많은 분야에서 찾아볼 수 있는 이러한 코칭은 가치를 따지기 어려울 만큼 소중하다. 그렇다면 훌륭한 관계를 위한 분야에서도 이러한 코칭은 매우 소중하지 않을까? 우리가 훌륭한 관계를 맺지 못하는 마지막 이유는 양질의 코칭을 받지 않기 때문이다.

훌륭한 코칭은 수천 가지 형태와 방법으로 이루어진다. 당신은 지금도 코칭을 받고 있다. 책은 우리의 인생을 바꾸며 우리 자신과 세계에 대한 시야를 넓혀준다. 인간관계에 대한 훌륭한 책은 인간관계에 대한 시야를 넓혀준다.

책 읽을 시간이 없다면 인간관계에 대한 오디오북을 앞으로 1년 동안 매달 1개씩 듣기 바란다. 운전을 하면서 오디오북을 틀기만 하면 된다. 아주 간단하고 쉬운 일처럼 보이지만 이와 같은 습관이 당신의 관계에 미치는 영향을 나중에 확인하면 크게 놀랄 것이다. 이것이 어떻게 가능할까? 오디오북의 마력 때문이 아니라 인간이 가진 생각의 창조성 덕분에 충분히 가능하다. 우리의 생각은 현실이 된다. 그리고 당신이 관심을 쏟는 대상은 당신의 인생에서 점점 커져갈 것이다.

코칭을 받을 수 있는 다른 방법은 부부 상담사를 찾아가는 것이다. 사람들은 대부분 문제가 생긴 뒤에 부부 상담사를 찾아간다. 물론 지금 당장 당신에게는 문제가 없는 것처럼 보일 수도 있지만 어쩌면 문제가 숨어 있는 것일지도 모른다. 또한 우리에게는 너무 늦기 전에 양질의 코칭이 필요한 것일지도 모른다. 부부 상담사를 찾아간 사람들은 대부분 문제가 터지기 전에 진작 상담사를 찾았었더라면 하고 후회한다. 많은 사람들은 상담을 통해 배운 것을 진작 알고 있었더라면 애초에 문제가 생기지도 않았을 것이라고 말한다. 문제가 없는 부부가 단순히 결혼 생활을 향상시키기 위해 상담사를 찾아가는 경우는 얼마나 될까? 그런 일은 거의 없다. 사람들은 이혼 직전이나 더이상 한방에 있기도 힘든 지경에 이르러서야 부부 상담사를 찾아간다.

조용한 휴가나 세미나도 관계에 대한 새로운 생각과 코칭을 얻을 수 있는 좋은 기회다. 새로운 생각은 세상을 바꾸는데, 이것을 입증하는 예는 무수히 많다. 플라톤Platon부터 토마스 아퀴나스Thomas Aquinas, 알베르트 아인슈타인Albert Einstein부터 찰스 다윈Charles Darwin에 이르기까지 새로운 생각은 이 세상과 인간의 생활방식을 바꾸어왔다. 또한 새로운 생각은 우리의 인생과 우리의 관계를 바꾸기 때문에 새로운 생각이라는 훌륭한 양식과 연료를 우리 마음에 공급하는 일을 늘 우선순위로 삼아야 한다. 조용한 휴가와 세미나는 새로운 생각을 얻을 수 있는 훌륭한 공간이며, 당신과 당신이 맺고 있는 관계를 발전시키려고 노력하는 사람들을 만날 수 있는 좋은 장소다.

관계에 대한 코칭을 얻기에 가장 좋은 대상은 이미 훌륭한 관계를 맺고 있는 다른 사람들이다. 우리는 책보다 친구에게 훨씬 많은 것을 배운다. 훌륭한 관계를 맺고 있는 연인이 주변에 많으면 그들의 관계와 교류 방식을 계속 지켜볼 수 있으며 진정한 친밀함을 키우는 사랑과 배려에 대해 배울 수 있다. 이는 우리보다 훨씬 나이가 많은 부부도 앞으로는 친구로 받아들여야 한다는 것을 의미할 수도 있다. 사랑하는 기술과 사랑받는 기쁨을 가장 많이 아는 것은 보통 그런 사람들이기 때문이다.

코칭은 우리 삶의 모든 영역에서 강력한 힘을 발휘한다. 당신이 발전시키려고 하는 삶의 분야에서 한 명, 혹은 여러 명의 코치를 찾길 바란다. 책이나 오디오북을 통해서 만날 수 있는 코치, 세미나나 조용한 휴가를 통해 만날 수 있는 코치도 간과해서는 안 된다. 친구나 전문가도 코치가 될 수 있다. 코칭은 최고 수준의 자아실현을 위한 여정에서 아주 소중하다. 훌륭한 관계를 구축할 수 있도록 우리를 돕는 코칭의 위력을 결코 과소평가해서는 안 된다.

# 훌륭한 관계를 맺게 되는
# 10가지 이유

이제까지 훌륭한 관계를 맺지 못하는 주된 이유를 설명했다. 이 이유들은 대부분 헛웃음이 나올 정도로 단순하기 그지없다. 이 이유를 뒤집어도 결과는 역시 단순한데, 그렇게 할 경우 훌륭한 관계를 맺게 되는 10가지 이유가 나온다.

- 이유 1: 공동의 목적을 설정한다.
- 이유 2: 훌륭한 관계에 대한 정확한 정의가 있다.
- 이유 3: 훌륭한 관계를 위한 계획에 서로 동의한다.
- 이유 4: 계획이 현실적이다.
- 이유 5: 목표를 달성할 수 있다고 믿는다.
- 이유 6: 훌륭한 관계를 절대적으로 필요한 것으로 본다.
- 이유 7: 인내하고 실천한다.
- 이유 8: 목적과 계획에 대해 서로에게 의무를 부여한다.
- 이유 9: 큰 위기를 만났을 때 포기하지 않는다.
- 이유 10: 양질의 코칭을 받는다.

체코의 극작가 겸 인권 운동가이며 대통령을 역임하기도 했던 바츨라프 하벨Václav Havel은 이런 글을 남겼다. "나는 영원히 사라지는 것은 없다고 믿으며 그것은 행동도 마찬가지다. 그렇기 때문에 인생에서 분명한 결과를 가져오는 것 이상의 무언가를 시도하는 일은 충분히 의미 있다고 믿는다." 우리 인생에서 진정 아름다운 관계를 만드는 일에 힘쓰는 것보다 가치 있는 일이 또 어디 있을까?

- 훌륭한 관계를 맺지 못하는 10가지 이유 중 첫 번째 이유는 공동의 목적을 설정하지 않기 때문이다. 두 번째 이유는 훌륭한 관계에 대한 정확한 정의를 내리지 않기 때문이다.

- 세 번째 이유는 계획과 목적 없이 목표를 바꾸기 때문이다. 네 번째 이유는 훌륭한 관계 자체를 불가능해 보이도록 만들기 때문이다.

- 다섯 번째 이유는 불가능하다고 여겨 시도하지 않는 데 있다. 여섯 번째 이유는 훌륭한 관계가 꼭 필요하다고 보지 않기 때문이다.

- 일곱 번째 이유는 계획을 실천하지 않기 때문이다. 여덟 번째 이유는 아무런 의무도 없기 때문이다.

- 아홉 번째 이유는 위기를 만났을 때 포기하기 때문이다. 열 번째 이유는 코칭을 받지 않기 때문이다.

# 15 훌륭한 관계를 디자인하기

"계획에 실패하는 사람들은 실패를 계획하게 된다." 나폴레옹 1세가 한 말이다. 각국의 청중에게 관계에 대한 강연을 할 때 나는 먼저 다음과 같은 질문을 한다. "훌륭한 관계를 맺고 싶지 않은 사람은 손을 들어보세요!" 손을 드는 사람은 아무도 없다.

사람들은 훌륭한 관계를 맺고 싶어하지만 앞서 언급한 다양한 이유 때문에 대부분 그저 그런 관계를 맺고 친밀함에 목말라한다. 이 책을 통해서 근본적인 목적을 우리 인생과 관계의 중심축으로 삼는 것이 중요하다는 점을 강조했다. 이것은 성공적인 관계를 맺기 위해 필수적인 요소 중에서도 첫 번째로 꼽힌다. 두 번째로 중요한 요소는 계획을 세우는 것이다. 우리는 앞서 계획 수립과 관련된 이론을 논의했다. 이 장에서는 조금 더 실질적이고 개인적인 방식으로 그 계획에 접근해보고 싶다.

마이클 조던은 인터뷰에서 이런 말을 했다. "저는 제가 가고 싶은 곳과 되고 싶은 선수상을 머릿속으로 그려보았습니다. 제가 원하는 위치를 정확히 알았고 그곳에 도달하기 위해 정신을 집중했죠." 모든 성공담 뒤에는 계획이 존재한다.

랄프 로렌Ralph Lauren이 아무 계획도 없이 옷감을 재단한다고 생각하는가? 그렇지 않다. 그는 먼저 스케치를 한다. 그 스케치를 통해 디자인이 나온다. 그 디자인을 보고 재단을 시작한다. 그도 실수를 할까? 당연하다. 디자인을 변경하는 경우도 있을까? 물론이다. 스케치는 그에게 있어 계획이다.

결별하려고 관계를 시작하는 사람은 없다. 이혼하려고 결혼하는 사람도 없다. 사람들은 대부분 영원히 함께하리라는 믿음으로 결혼을 한다. 그럼에도 오늘날 결혼한 부부의 절반 이상은 결국 이혼을 하거나 별거를 한다. 사람들은 실패하고 싶어서 실패하는 것이 아니다. 실패를 계획하지는 않았고 계획에 실패했을 뿐인데, 결국 계획에 실패하는 것은 실패를 계획하는 셈이 된다. 그러므로 진심으로 훌륭한 관계를 맺고 싶다면 반드시 계획을 세워야 한다.

## 궁극의 반려자가
## 누구인지 살펴보자

다시 싱글이 되었다고 상상해보자. 현재 싱글이라면 상상이 필요하지 않을 것이다. 당신에게 있어 훌륭한 관계는 어떤 모습인가? 사람들은 대부분 자신이 관계에서 무엇을 원하는지 모르기 때문에 그저 흘러가는 대로 산다. 하지만 계획 단계에서는 원하는 것이 무엇인지 정확히 아는 것이 중요하다.

이미 관계를 맺고 있고 거기에서 벗어날 수도 없는데 다시 싱글이 되었다고 상상하는 것이 무슨 소용이냐고 묻는 사람도 있을 것이다. 하지만 아무런 제한 없이 꿈을 꾸면 지평이 넓어지는 것처럼 아무런 제약 없이 디자인하면 우리에게 정말 중요한 것이 무엇인지를 알 수 있다. 같은 이치로 이미 관계를 맺고 있는 사람이라도 다시 싱글이 되었다고 가정해봄으로써 배우자에게 원하는 점과 현재의 관계를 발전시킬 방법을 더욱 명확하게 파악할 수 있다.

다시 싱글이 되었다고 상상하면서 당신의 이상적인 배우자가 반드시 지니고 있어야 할 자질을 모두 적어보자. 이상적인 배우자를 마음속에 떠올린 뒤 다음의 질문에 대해 답하자.

- 이상적인 배우자의 신체적인 특징과 건강 상태는 어떠한가?
- 이상적인 배우자가 가지고 있는 정서적인 자질은 어떠한가?
- 이상적인 배우자가 가지고 있는 지적 특징은 어떠한가?
- 이상적인 배우자가 가지고 있는 영적 믿음과 신앙은 어떠한가?
- 이상적인 배우자의 직업적인 인생은 어떠한가?
- 이상적인 배우자의 취미와 흥미, 열정, 가치, 믿음은 어떠한가?

어떤 대답이 나왔는가? 대부분 원하지 않는 것은 분명히 알고 있지만 원하는 것은 잘 설명하지 못한다. 하지만 원하는 것을 더욱 구체적으로 설명할 수 있을 때 당신의 관계 속에 그것이 나타날 가능성이 커진다.

이상적인 배우자의 자질에는 수천 가지가 있지만 그것을 모두 갖춘 사람은 없다. 그래서 훌륭한 관계를 디자인하기 위한 다음 단계는 이상적인 배우자가 갖고 있기를 바라는 자질을 다시 훑어본 다음 절대 포기할 수 없는 부분을 찾아내는 것이다. 이상적인 배우자에게서 절대 포기할 수 없는 부분의 예는 다음과 같다.

> 진실한 사람, 스스로를 돌볼 줄 아는 사람, 잘 차려입든 후줄근하게 입든 멋진 사람, 모험심이 있는 사람, 유머 감각이 풍부한 사람, 지역사회에 봉사하는 사람, 책 많이 읽는 사람, 마음이 열려 있는 사람, 호기심이 많은 사람, 영적인 사람, 잘 들어주는 사람, 편견이 없는 사람, 변화를 만들고자 하는 사람, 어머니가 되려는 사람, 아버지가 되려는 사람, 똑똑한 사람, 손재주 좋은 사람, 야외 활동을 좋아하는 사람, 특정 지역에 사는 사람….

무한대의 가능성이 존재한다. 문제는 당신에게 절대 포기할 수 없는 부분이 무엇인지다. 지금 싱글일 경우 앞으로 만날 배우자에게서 절대 포기할 수 없는 부분이 무엇인지 모두 적어보기 바란다.

어떤 자동차를 사야겠다는 마음먹은 이후로 길에서 온통 그 차만 눈에 들어오는 경험을 한 적이 있는가? 이것은 당신이 그 차종에 집중하기 때문에 발생하는 일인데, 우리가 주의를 기울이는 부분은 그것이 무엇이든 우리 삶에서 점점 커져간다.

우리는 우리가 생각하는 것을 우리 삶으로 끌어들인다. 부정적인 생각을 할 때는 부정적인 기운을 끌어들이고, 긍정적인 것을 생각하면 긍정적인 것을 끌어들인다. 부족함에 대해 생각하면 부족함을 끌어들이고, 풍요로움에 대해 생각하면 풍요로움을 끌어들인다. 관계를 맺을 때 원하지 않는 것에 대해서만 생각한다면 원하지 않는 것들만 끌어들이게 된다. 관계를 맺을 때 원하는 것에 대해 생각하면 우리가 원하는 관계를 끌어들일 수 있다. 그렇기 때문에 관계를 맺을 때 원하는 것이 무엇인지 정확히 아는 것이 중요하다.

명확한 비전만큼이나 강력한 것은 거의 없다. 일단 원하는 것을 분명히 알고 나면 그것이 얼마나 빨리 눈앞에 나타나는지를 보고 놀라게 될 것이다. 이제 당신이 원하는 궁극의 관계가 무엇인지 살펴보도록 하자.

## 궁극의 관계는 어떤 모습인가?

당신이 원하는 궁극의 관계는 어떤 모습인가? 서로를 어떻게 대할 것인가? 함께하는 시간을 어떻게 보낼 것인가? 서로에게 어떤 기분을 맛보도록 해줄 것인가? 여기에서도 구체적일수록 더 좋은 결과를 얻을 수 있다. 흐릿한 목표는 흐릿한 결과를 낳는다. 명확한 비전은 특별한 관계를 만들기 위한 첫걸음이다.

차량 구입과 관련된 예로 돌아가도록 하자. '새 차를 살 거야.'라고만 생각한다면 어떤 종류의 차에도 관심을 집중할 수 없을 것이다. 구체적인 의도가 구체적인 결과를 낳는다. 그러므로 당신이 원하는 궁극의 관계를 최대한 구체적으로 묘사해보자.

여기에도 수천 가지의 가능성이 존재한다. 궁극의 관계의 조건에는 함께 운동하기, 함께 요리하기, 함께 여행하기, 서로에게 의무를 부여하기, 함께 기도하기, 공공장소에서도 편안하게 애정을 표현하기, 자녀 양육하기, 지역 대학에서 함께 단기 코스 수료하기, 매년 캠핑 다녀오기, 최고 수준의 자아실현을 위해 돕기 등이 포함된다. 이 밖에도 무한대에 가까운 다양한 조건이 존재한다.

## 현재의 관계를 솔직하게 살펴보자

이제 현재의 관계를 살펴보자. 현재 당신이 싱글이라면 이전에 만났던 사람 중에서 가장 좋았던 사람을 떠올리며 질문에 답을 하면 된다. 그것이 너무 고통스럽다면 좀더 생각하기 편한 상대를 떠올려도 좋다. 이 과정에서는 당신과 당신의 반려자, 둘의 관계에 대해서 잔인할 정도로 솔직해져야만 한다. 당신의 현재의 관계를 떠올리면서 다음의 질문에 답을 하라.

- 당신의 반려자가 가진 훌륭한 자질 10가지는 무엇인가?
- 당신의 반려자가 더 높은 수준의 자아를 실현하기 위해 보여주었으면 하는 10가지 변화는 무엇인가?
- 당신의 관계에서 3가지를 바꿀 수 있다면 무엇을 바꾸고 싶은가? 이러한 변화가 당신의 관계에 미칠 영향은 무엇인가?
- 당신의 반려자는 이 변화를 통해 얻을 수 있는 장점에 대해 알고 있다고 생각하는가?
- 당신의 최고 수준의 자아실현을 위해 당신의 반려자가 당신에게 원한다고 생각하는 10가지 변화는 무엇인가?

당신의 반려자도 이 질문에 답을 하고자 한다면 당신은 아주 건강한 대화를 나눌 수 있는 기반을 얻게 될 것이다. 우선 당신의 반려자에게 이 책을 추천해서 궁극의 관계를 디자인하는 것이 대체 무슨 의미인지 알려주기 바란다. 반려자가 비협조적이거나 별 관심을 보이지 않는다면 이 관계에 대해 애착이 부족하다는 뜻일 수도 있고, 당신이 부탁을 하는 방식에 문제가 있었다는 뜻일 수도 있다. 혹은 단순히 상황이 안 좋아서 비협조적으로 나온 것일 수도 있다.

## 훌륭한 관계를 디자인하기 위한 10단계

당신의 반려자가 이 책을 읽고 함께 질문에 답을 하려고 한다면 축하할 만한 일이다. 당신과 함께 더 풍요로운 미래를 설계할 의지가 있다는 뜻이기 때문이다. 두 사람은 이제 협력을 통해 훌륭한 관계를 만들어갈 준비가 되었다.

지금까지 했던 것은 무엇이 우리에게 감동과 자극을 주는지, 무엇이 우리에게 중요한지를 깊이 있게 알아보기 위한 브레인스토밍에 불과하다. 이제부터는 실질적인 디자인 단계를 살펴본 다음에 계획과 실행 단계로 넘어가자.

아직 일기장이 없다면 당신의 반려자와 함께 각각 하나씩 마련하자. 함께 상점에 가서 일기장을 고른 다음 카페에 앉아 일기장 첫 페이지에 서로를 위한 짧은 글을 남기자. 이제 두 사람은 훌륭한 관계를 디자인할 준비가 되었다.

당신이 싱글인 경우라도 혼자서 이 과정을 따라온다면 많은 것을 얻게 될 것이다. 이 과정을 통해 당신이 원하는 것과 중요시하는 것을 더욱 명확하게 파악할 수 있을 것이다. 몇 년 동안 힘든 관계를 유지했던 사람들 중에는 자아 성찰을 위한 이러한 질문을 진작 알지 못했던 것을 아쉬워하는 경우가 많다. 우리 사회는 종종 싱글로 지내는 것을 무슨 병처럼 취급한다. 싱글이라고 해서 절대 불완전하거나 부족하다고 느껴서는 안 된다.

싱글로 지내는 시간은 자기 자신과의 친밀함을 키울 수 있는 좋은 기회다. 이 시간은 나중에 다른 사람과의 친밀함을 키울 때 대단한 가치를 발휘한다. 자신에 대해 알아갈 수 있기 때문이다.

## 1단계: 공동의 목적을 설정하라

개인으로서 당신의 본질적인 목적이 최고 수준의 자아실현이라는 데 동의한다면 관계의 공동 목적과 목표를 서로가 최고 수준의 자아를 실현할 수 있도록 돕는 것으로 설정하는 일이 한결 수월해진다. 당신의 근본적 목적이 최고 수준의 자아실현이라는 데 동의할 수 없다면 그 문제 자체를 토론해볼 필요가 있다. 물론 이 토론은 당신이 생각하는 근본적 목적이란 무엇인지에 초점이 맞추어져야 한다. 그래야만 당신의 관계를 위한 분명한 공동 목표를 설정할 수 있다.

### 2단계: 훌륭한 관계를 명확하게 정의하라

앞서 적어둔 메모를 보며 당신이 생각하는 훌륭한 관계의 필수 요소를 논의하라. 서로의 메모에서 가장 좋은 부분을 골라 두 사람이 생각하는 훌륭한 관계의 간결한 정의를 내려라. 이것은 많은 측면에서 일차적인 관계를 위한 하나의 강령 역할을 한다. 이것을 제대로만 이용한다면 선택의 기로에서 더욱 명확한 결정을 내릴 수 있게 되고 시간이 지나더라도 집중력을 유지할 수 있을 것이다.

### 3단계: 훌륭한 관계 구축을 위한 계획에 동의하라

현실적이면서 측정이 가능한 계획을 세우는 것이 중요하다. 예를 들어 "우리는 다시는 싸우지 않을 것이다." 같은 내용을 실천 방안으로 삼아서는 안 된다. 이것은 비현설적이며 근본적인 목적이나 강령과도 충돌할 수 있기 때문이다.

"우리는 서로에게 더 많은 사랑을 보여줄 것이다." 같은 내용은 너무 모호하고 일반적이다. 실천 방안은 반드시 측정이 가능해야 한다. 매일, 매주, 매달, 매년, 당신이 세운 계획을 스스로 잘 지키고 있는지 객관적으로 측정할 수 있어야 한다.

실천 방안을 만들라. 매우 구체적이고 복잡할 필요는 없다. 필요하다면 한 달에 한 번씩 실천 방안을 조금씩 조정할 수 있고, 1년에 한 번씩은 전면적으로 조정할 수 있기 때문이다. 계획을 세운 뒤 두 사람이 그 계획을 잘 따르겠다고 동의하는 것이 중요하다. 4단계로 넘어가기 전에 실천 방안을 하나씩 살펴보면서 그것이 두 사람이 동의한 본질적 목적이나 강령과 충돌하는 부분이 없는지 다시 확인해보자.

### 4단계: 계획이 현실적인지 확인하라

계획이 너무 비현실적이라면 관계에 활력을 불어넣거나 계획을 재정비하거나 향상시키려는 노력은 그리 오래 가지 못할 것이다. 1단계부터 3단계까지를 돌아보며 다음과 같은 질문에 답을 해보도록 하자.

- 1단계에서 두 사람이 동의한 공동 목표는 충분히 현실적인가?
- 2단계에서 두 사람이 함께 작성한 강령은 현실적인가?
- 각각의 실천 방안은 현실적인가?

여기에서 '현실적'이라는 말은 당신을 자극하고 관계의 성장을 촉진할 만큼의 난이도를 지니고 있지만 동시에 좌절감을 안겨줄 정도로 어렵지는 않아야 한다는 의미다. 지금의 단계에서 목표 지점까지 갈 길이 너무 멀다고 생각한다면, 그 여정을 충분히 감당할 수 있는 수준의 세부 단계로 쪼개는 것이 중요하다.

### 5단계: 계획을 지킬 수 있다고 믿어라

믿음은 희망에 의해 자라나는 마음과 정신의 습관이다. 우리의 관계를 의심할 때 부정적인 과거 경험이나 반려자가 가진 안 좋은 자질 쪽으로 생각이 기운다. 이때 두 사람이 함께 행복했던 순간과 반려자가 가진 사랑스럽고 존경스러운 자질 쪽으로 눈을 돌린다면 미래에 대한 희망과 두 사람이 함께 동의한 계획에 대한 믿음을 키울 수 있을 것이다.

며칠이나 몇 주 동안 당신의 관계와 반려자가 가진 부정적인 면만 떠올린다면 모든 희망과 믿음을 잃게 될 것이다. 한가한 시간에 두 사람이 함께했던 멋진 순간과 반려자의 사랑스럽고 존경스러운 자질에 대해 생각한다면 두 사람이 풍요로운 미래를 만들어갈 수 있다는 희망과 믿음은 더욱 커질 것이다. 믿음을 택하도록 하라.

### 6단계: 훌륭한 관계를 절대적으로 필요한 것으로 보라

당신에게 중요한 것이 무엇인지 논의하고 반려자에게도 똑같은 질문을 하자. 중요한 것의 목록에는 일, 친구, 가족, 일차적인 관계, 친구들과 축구 보기, 멋진 레스토랑에서 식사하기, 좋은 옷 입기, 매년 휴가 가기, 경제적인 안정, 인정받는 기분, 건강, 멋진 집 등이 포함된다. 물론 훨씬 다양한 내용이 포함될 수 있겠지만 이와 같은 내용들은 출발점으로 삼기에 적당하다.

당신에게 중요한 모든 것을 목록으로 만들자. 이때 너무 사소하다고 생각하는 것까지 다 적어야 한다. 그 목록을 반려자와 공유하도록 하자. 그런 다음 가장 중요한 일은 1, 가장 덜 중요한 일은 3으로 해서 각각의 항목마다 '1, 2, 3'으로 순위를 매기자.

당신의 목록에는 일차적인 관계도 적혀 있을 테고 일차적인 관계는 아마도 1순위일 것이다. 일차적인 관계 외에 1순위에 오른 것은 무엇인가? 당신의 일차적인 관계가 다른 1순위보다 더 중요한지에 대해 질문을 던져보자. 아마도 일차적인 관계가 인생의 다른 무엇보다도 중요하다는 데 대부분 동의할 것이다. 하지만 일상에서는 일차적인 관계보다 일, 경제적 안정, 혹은 덜 중요한 다른 문제들을 우선시하는 경우가 있을지도 모른다.

실험의 목적은 당신과 당신의 반려자에게 무엇이 중요한지를 알려주고 당신의 삶에서 가장 중요한 것은 일차적인 관계임을 보여주는 것이다. 그리고 서로가 서로에게 의무를 부여할 수 있도록 돕는 것이다. 다음번에 당신이나 반려자가 두 사람의 관계보다 덜 중요한 무언가를 우선시할 때, 남은 한 사람은 책임지고 그 사람에게 우선순위가 무엇인지를 친절하게 상기시켜주어야 한다. 피치 못할 사정 때문에 다른 일을 우선 처리해야만 하는 경우도 있는데, 이때는 수용하는 태도와 이해심이 필요하다. 또한 이런 경우는 반드시 예외적인 상황이어야 하며 계속 반복되어서는 안 된다.

내일 당장 반려자가 갑자기 죽는다고 상상해보자. 당신의 삶은 어떻게 변할 것인가? 개인의 진실성을 유지하는 것을 제외한다면 일차적인 관계보다 중요한 일은 없음을 인식해야 하며 훌륭한 관계 맺기를 절대적으로 필요한 일로 보아야 한다.

## 7단계: 인내하고 실천하라

폭풍에 대비하는 한 가지 방법은 그것을 예측해보는 것이다. 당신의 공동 목표, 강령, 실천 방안을 다시 살펴보면서 연인으로서 또 개인으로서 그 계획을 지키는 데 있어 가장 큰 장애물은 무엇이라 생각하는가? 당신이 생각하는 장애물을 적어보자.

인내하고 실천하기 위한 다른 방법은 정기적인 점검 시기를 정해두는 것이다. 플래너를 당장 꺼내서 1년에 한 번 함께 떠나는 주말 여행 계획을 세우자. 일기장에 날짜를 적고 앞으로 4주 동안은 일주일에 한 번, 이후 11개월 동안은 한 달에 한 번 그동안의 성과를 점검하는 시간을 갖는 것에 서로 동의하자. 그 점검 시간 역시 지금 당장 정하자.

일상에서 이용하는 기본적인 성공 비법들을 왜 우리의 관계에는 잘 적용하지 않는 것일까? 계획의 실천 가능성을 높이기 위한 마지막 방법은 실천 여부를 매일 점검하는 것이다. 이때 일기장을 꿈 노트와 겸용으로 이용하는 것도 좋다. 함께 적든 따로 쓰든 중요한 것은 일기장을 매일 읽는 것이다. 일기장이 온갖 꿈과 목표와 계획으로 빡빡해지면 나중에는 하루에 몇 쪽밖에 못 읽게 될지도 모른다. 그렇지만 훌륭한 관계를 맺기 위해서는 계속해서 계획을 점검하는 것이 중요하다. 이와 같은 과정이 있어야만 인생사가 복잡해질 때도 늘 머릿속에 그 계획을 담아둘 수 있다.

### 8단계: 목적과 계획에 대해 서로에게 의무를 부여하라

초기 단계에서 가장 힘든 부분은 함께 동의한 목적과 계획에 대해서 용기를 내어 서로에게 의무를 부여하는 일이 될 것이다. 의미를 부여할 때는 자아를 배제하고 상대방에 대한 진정한 사랑을 보여주는 것이 무엇보다 중요하다. 진정한 사랑은 상대방이 최고 수준의 자아를 실현하기를 바라는 마음을 통해 드러난다. 반려자의 눈에 우리가 의무를 부여하는 것이 자신의 뜻을 관철하기 위한 속임수로 비추어진다면 상대는 분노할 것이다. 우리의 노력이 이기심이 아니라 반려자가 더 나은 사람이 되기를 바라는 진심으로 비추어진다면 상대는 고마워하며 의무를 열심히 이행하고자 하는 모습을 보일 것이다.

우리는 화가 났을 때 반려자에게 다른 사람 앞에서나 혹은 관계 개선을 제외한 다른 이유로 의무를 부여해서는 안 된다. 또한 우리 모두가 불완전한 인간이라는 점을 기억해야 한다. 누구든지 기분 좋은 날도 있고 기분 나쁜 날도 있다. 목적을 추구하는 데 있어 에너지가 넘치는 날도 있고 꼭 그렇지 않은 날도 있다. 반려자에게 책임을 부여하기 위해서는 언제 자극을 줄지, 언제 격려를 할지, 언제 질책을 할지, 언제 눈을 감아줄지를 잘 알아야 한다.

우리 모두에게는 책임이 필요하지만 매시간 감시당하는 것을 좋아하는 사람은 없다. 제대로 된 방식으로 반려자에게 책임을 부여한다면 당신은 상대에게 더 큰 사랑과 존경을 받게 될 것이다. 잘못된 방식으로 반려자에게 책임을 부여한다면 분노만 사게 될 것이다. 만약 반려자가 화를 낸다면 그에게 어떤 방식으로 이 상황을 다루었으면 좋겠냐고 물어보는 것이 좋다.

뿌리 깊은 나무는 어떠한 폭풍도 견디어낼 수 있다. 두 사람이 함께 동의한 목적과 강령, 계획은 최초의 뿌리 역할을 한다. 정기적으로 진행 상황을 함께 논의한다면 이 뿌리는 점점 더욱 튼튼해질 것이다.

폭풍이 다가오고 있다. 모건 스콧 펙Mogan. Scott Peck의 유명 저작 『아직도 가야 할 길The Road Less Traveled』에 나오는 첫 구절 "인생은 어렵다."라는 문구는 이제 굉장히 유명한 말이 되었다. 많은 사람은 이 사실을 받아들이지 않기 때문에 발전하는 법을 배우지 못한다. 대신에 인간의 경험에 독이 되는 불만만이 가득 쌓이게 되는데, 이러한 독을 만들어내는 것은 우리의 그릇된 기대다. 우리는 많은 관계에서도 이와 같은 불만과 그릇된 기대를 접한다. 사람들은 관계를 시작하며 앞으로 늘 행복할 것이고 외로움은 영원히 사라질 것이고 항상 새롭고 신 나는 마음을 유지할 수 있으리라고 기대한다. 그리고 이런 사람들은 항상 실망하게 된다.

관계는 어렵다. 관계가 어려운 이유는 우리가 최고 수준의 자아실현을 위해 필요로 하는 기회를 제공하기 때문이다. 인생이 어려운 것도 같은 이유에서다. 모든 상황을 최고 수준의 자아실현을 위한 기회로 인식하는 방법을 배운다면 당신은 사랑하는 기술과 사랑받는 기쁨을 모두 익히게 될 것이다.

머지않아 당신이 맺고 있는 관계는 큰 위기는 만나게 될 것이다. 그 관계가 충분히 오랫동안 지속된다면 큰 위기를 여러 차례 만나게 될 것이다. 이때 위기가 나타났다고 지레 포기해서는 안 된다. 대

뿌리 깊은 나무는
어떠한 폭풍도 견디어낼 수 있다.
두 사람이 함께 동의한
목적과 강령, 계획은 최초의 뿌리 역할을 한다.

신 당신의 목적에 집중하고, 필요하다면 계획을 수정하고 실천으로 옮기기 바란다.

## 10단계: 양질의 코칭을 받아라

코칭을 받는다고 생각해보자. 부부 상담사를 찾아간 적이 없다면 이번에 한번 찾아가기 바란다. 평생 상담을 받을 필요는 없다. 특별히 상담할 만한 문제가 없다면 대화 기술을 향상시키는 방법에 대해 조언을 구하자. 일기장을 가져가서 두 사람이 어떤 노력을 해왔는지 상담사에게 알려주기 바란다.

운전할 때 오디오북이나 강연 CD를 등을 들으면서 훌륭한 코칭을 받을 수도 있다. 앞으로 1년 동안 매달 1일이면 서점에 가서 관계에 대한 오디오북을 하나씩 사도록 하자. 관계에 대해 계속 생각하지 않는다면 그 관계는 더 나아질 수 없다. 오디오북으로 인해 당신은 건강한 관계가 무엇인지 습관처럼 고민하게 될 것이고, 순전히 그러한 관심 덕분에 당신의 관계는 더욱더 나아질 것이다.

1년에 적어도 한 번은 휴가를 따로 내서 관계와 관련된 워크숍이나 세미나를 찾아가자. 바쁜 일상에서 한 발짝 물러나서 일차적인 관계를 개선할 수 있는 새롭고 신 나는 방법을 찾아보는 것만큼 기분 좋은 일도 없다. 더 좋은 방법은 당신과 반려자가 함께 만날 수 있는 롤모델 부부를 찾아보는 것이다. 그 부부가 친구이자 가이드인 동시에 멘토와 코치 역할을 하게 될 것이다. 당신은 그들에게 배운 것을 실상에 적용할 수 있을 것이고, 시간이 흐른 뒤에는 다른 누군가가 당신과 당신의 반려자에게 배우게 될 것이다. 양질의 코칭을 받자. 훌륭한 코치는 모든 것을 바꿀 수 있다.

## 계획을 잘 세워야
## 훌륭한 관계를 맺는다

기업에게 계획이 없다면 무슨 일이 일어날까? 그 기업은 망한다. 축구팀에게 계획에 없다면 무슨 일이 일어날까? 그 팀은 경기에서 패한다. 관계에 계획이 없다면 무슨 일이 일어날까? 그 관계는 정체되고 실패하고 죽어간다. 삶의 거의 모든 영역에서 변화를 만들어내는 것은 바로 계획이다. 특히 관계에서는 이 말이 더욱 잘 들어맞는다. "당신의 계획은 무엇인가?"

나는 종종 독자들에게 책 읽기를 잠시 중단하고 무언가를 쓰라고 말한다. 하지만 실제로 시키는 대로 하는 사람은 10% 미만이다. 90% 이상은 필요가 없다고 생각하거나 나중에 하면 된다고 생각해서, 혹은 그냥 귀찮아서 내 말을 듣지 않는다. 책 읽기를 중단하고 적으라는 내용을 적은 10%는 나중에 인생이 바뀌는 경험을 했다고 말한다. 그것은 내 책에 적힌 내용 때문이 아니라 그들이 직접 적은 내용 때문이었다. 나는 당신도 그 10%에 속하는 사람이기를 바란다. 시간을 내서 이번 장에 나온 질문에 답을 하고 일차적인 관계의 지속적인 성장과 발전을 위한 계획을 세워보자.

미래와 관련해서 사소한 모든 것까지 다 계획하라는 말은 아니다.

그러한 계획은 일정을 잡는 것에 불과하다. 계획이란 꿈을 꾸고 목표를 정함으로써 인생의 목표와 관계의 목표를 달성하는 일에 에너지를 집중하는 것이다.

훌륭한 관계를 맺게 되는 이유는 단순히 운이 좋아서가 아니라 계획을 세우고 잘 실천했기 때문이다. 관계를 개선하기 위해 무작정 노력하는 것으로는 부족하다. 평생 열심히 일하고도 경제적으로 어려움을 겪는 사람이 있다. 어째서일까? 대부분은 재능이나 기회가 부족해서가 아니라 계획을 세우지 않았기 때문이다.

계획에 실패하는 사람은 실패를 계획하게 된다. 대다수의 사람들은 관계에 있어서 실패를 계획하지 않고 단순히 계획을 세우는 데 실패한다. 그 결과 우리는 수많은 관계가 실패로 끝나는 것을 주변에서 목격하게 된다. 누군가에 대한 사랑과 헌신을 보여주는 강력한 방법 중에는 시간을 내어 함께하는 미래를 계획하는 것이 포함된다. 미래에 대해 사소한 부분까지 다 계획할 수 있을까? 그것은 불가능하다. 하지만 꿈을 꾸고 계획을 하는 행위를 통해 두 사람은 의식적으로나 무의식적으로 조금 더 풍요로운 미래를 향해 나아갈 수 있을 것이다.

사랑하는 사람에게 미래를 계획하기 위해 잠시 시간을 내고 싶다고 말하자. 분명히 그 말은 상대방의 마음속에 있던 열정에 다시 불을 붙이게 될 것이다. 이쯤에서 보니 와스먼드Bonnie Wasmund의 말을 되새기고 싶다. "사람들은 당신이 했던 말과 당신이 했던 행동은 잊겠지만 당신이 안겨주었던 기분은 절대 잊지 못할 것이다."

· 관계를 맺을 때 원하는 것이 무엇인지 정확히 아는 것이 중요하다.

· 구체적인 의도가 구체적인 결과를 낳는다. 그러므로 당신이 원하는 궁극의 관계를 최대한 구체적으로 묘사해보자.

· 훌륭한 관계를 디자인하기 위한 10단계는 다음과 같다. 1단계, 공동의 목적을 설정하라. 2단계, 훌륭한 관계를 명확하게 정의하라. 3단계, 훌륭한 관계 구축을 위한 계획에 동의하라. 4단계, 계획이 현실적인지 확인하라. 5단계, 계획을 지킬 수 있다고 믿어라. 6단계, 훌륭한 관계를 절대적으로 필요한 것으로 보라. 7단계, 인내하고 실천하라. 8단계, 목적과 계획에 대해 서로에게 의무를 부여하라. 9단계, 위기를 만났을 때 포기하지 마라. 10단계, 양질의 코칭을 받아라.

# 16

희망만으로는
훌륭한 관계가
오지 않는다

친밀함은 육체적 사랑의 기적보다 더 큰 의미를 지니고 있다. 자칫 육체적 친밀함, 그 중에서도 성적인 친밀함에 집착하기 쉽지만 친밀함의 7단계를 살펴보는 과정에서 친밀함, 사랑, 관계, 타인, 자신, 그리고 삶에 대한 우리의 시야는 확장되었다.

친밀함은 가장 매혹적인 모험으로 기막히게 흥분되는 동시에 무시무시하다. 우리가 다룬 친밀함은 혼자인 경우 자기 자신과 가까워지는 것을 말하고, 누군가와 함께인 경우 타인과 가까워지는 것을 말한다. 친밀함은 우리 자신과 우리가 사랑하는 사람을 알아가고 이해해가는 것을 의미한다. 단순히 알아가고 이해하는 것이 불가능하다면 친밀함은 우리 자신과 다른 사람을 지금의 모습 그대로, 지금 위치한 그 자리에서, 지금 당장 인정하고 받아들이는 것을 말한다.

당신과 나, 우리는 사랑하고 사랑받기 위해 태어났다. 진정한 자기 사랑이 가장 고결하게 드러난 형태는 매 순간 최고 수준의 자아에 도달하기 위해 노력하는 것이다. 다른 사람에 대한 사랑이 가장 훌륭하게 드러난 형태는 모든 방법을 동원해서 상대방이 최고 수준의 자아를 실현하도록 돕는 것이다.

## 그 사람에게
## 온전하게 사랑받기

태초부터 사랑은 인류의 상상력을 자극해왔고 많은 사람들의 마음을 사로잡았다. 아주 오랫동안 연극·소설·미술·음악에서 가장 흔히 등장하는 주제는 사랑이다. 사랑이란 주제에 대한 인간의 집착은 지식과 경험을 향한 욕구보다 훨씬 강하다.

실질적이고 실용적인 방식으로 우리의 삶은 물론 우리 이웃들의 삶에 사랑을 만들어내기 위해 필요한 모든 것은 이미 우리 안에 다 갖추어져 있다. 우리는 개인과 인류에 대해서 아직 모르는 것이 많지만 사랑하는 방법은 잘 알고 있다. 당신에게 질문을 하고 싶다.

- 당신의 반려자에게 온전하게 사랑받는 기분을 느끼게 해주고 싶다면 어떻게 하겠는가?
- 당신은 그 일을 하고 있는가? 그렇지 않다면 이유는 무엇인가?

인간이 가진 가장 위대한 능력은 다른 사람에게 사랑받는 기분을 느끼게 해주는 것이지만 그 능력을 제대로 사용하지 못하는 경우가 많다. 우리는 사랑하는 법을 알고 있고 자신보다 타인을 우선시하는 법을 알고 있고, 타인의 삶에 행복을 가져다주는 법을 알고 있다.
사람을 사랑하는 데 집중할 때 우리에게서는 어떤 빛이 나며 우리
는 우리 자신과 우리의 인생이 한결 나아졌다고 느낀다.

사랑만큼 많은 에너지를 주는 것도 없다. 사랑은 인간에게 활력을
불어넣고 다른 무엇보다 강한 생명력을 준다. 그렇기 때문에 사랑
이야말로 최고의 선善이다. 사랑은 우리가 근본적인 목적을 추구할
수 있도록 다른 무엇보다 강한 힘과 능력을 우리에게 준다.

사랑은 최고의 묘약이다. 사랑에 빠진 사람이 방에 들어오면 곧
바로 그 혹은 그녀가 사랑에 빠져 있음을 알 수 있다. 걸음, 말투,
미소, 반짝이는 눈, 빛나는 얼굴, 자세 등 모든 것이 "나는 사랑에
빠졌어요."라고 말한다. 사랑에 빠진 사람의 모든 것이 "지금 내 인
생에는 멋진 일이 벌어지고 있어요."라고 말한다. 사랑에 빠졌을
때 우리는 삶과 그 안의 미스터리와 경이와 모험을 모두 사랑하게
되지 않는가?

사랑은 부도 염려가 없는 이 세상에서 가장 안전하며 유일하게
통용되는 진정한 통화다. 결국 가장 중요한 것은 사랑이고, 당신이
온전히 소유할 수 있는 것도 사랑이고, 타인이 절대 빼앗을 수 없는
것도 사랑이다.

남편이나 아내에게 온전하게 사랑받는 기분을 느끼게 해주려면
어떻게 해야 할까? 이 질문에 대한 답을 찾으면 더 깊은 친밀감을
맛보는 것은 물론 인간의 모든 경험 중 가장 멋진 경험을 하게 될
것이다.

결국 가장 중요한 것은 사랑이고,
당신이 온전히 소유할 수 있는 것도 사랑이고,
타인이 절대 빼앗을 수 없는 것도
사랑이다

## 영원한 이별 전에
## 그를 더 잘 알았더라면

나의 아버지는 2년 전 암이라는 병마와 오랜 싸움 끝에 숨을 거두었다. 아버지는 대단한 분이었다. 물론 인류 역사의 방향을 바꿀 만한 물건을 만들어낸 발명가는 아니었다. 하지만 아주 일상적인 삶속에서 빛을 발하는 분이었다. 남편이자 아버지로서, 직원이자 친구로서, 지역 사회의 일원이자 한 나라의 시민으로서 훌륭한 삶을 살았다. 아버지가 머물다 가셨기 때문에 이 세상은 조금 더 풍요롭고 조금 더 나은 곳으로 변했다.

나는 매일 아버지를 떠올린다. 내가 처리해야 하는 일과 선택을 아버지라면 어떻게 하셨을까 고민해본다. 아버지와 점심을 먹으며 대화를 나누면 좋겠다고 생각할 때도 있다. 가끔은 이제 아버지가 내 아내나 아이를 만나지 못한다는 생각에 안타깝고 슬플 때도 있다. 또한 아내나 아이들도 아버지를 만날 수 없다는 것이 슬프다. 아직 많이 남아 있는 내 삶을 아버지와 더이상 공유할 수는 없을 것이다.

내 머릿속을 떠나지 않는 기억이 있다. 아버지 장례식을 마친 뒤나는 형제들과 아버지의 관을 교회 밖으로 들고 나왔다. 그 순간 내마음속에 한 가지 생각이 깊이 새겨졌다. '내가 아버지를 더 잘 알았더라면…'이라고 생각했다. 아버지에게 말씀드리고 싶은 일이 많이 남아 있고, 아버지와 내가 둘이 텔레비전 앞에 앉아 있는 장면이 아직도 눈에 선하다.

내 아버지는 훌륭하셨고 아버지와 나의 관계도 훌륭했다. 아버지는 나와 추억을 쌓는 것을 중요시하셨는데, 이제 아버지가 돌아가셨으니 그 추억은 내가 소중히 간직하고 있다. 하지만 아버지는 정말 안 계시고 나는 이제야 아버지의 어린 시절에 대해, 아버지의 부모님에 대해, 아버지가 젊은 시절 자신의 길을 발견한 사연에 대해 더 많이 알았으면 하고 아쉬워한다. 우리가 한 번도 논의한 적이 없는 문제에 대한 아버지의 의견도 궁금하다. 가끔은 내가 가는 길과 내가 살고 있는 인생에 도움이 될 만한 지혜를 아버지가 갖고 계시지는 않았을까 생각하기도 한다.

이것은 그냥 아버지를 그리워하는 한 젊은 남자의 푸념일 뿐이다. 하지만 아버지의 죽음을 통해 한 가지를 배울 수 있었다. 사랑하는 사람을 깊이 알아가기 위해서는 시간을 내야 한다. 그는 영원히 우리 곁에 있는 것이 아니고, 그가 떠났을 때 우리는 그에 대해 더 많이 알지 못한 것을 후회하게 되기 때문이다.


## 희망만으로는 부족하므로
## 스스로 결정하라

피터는 평범한 남자였다. 그는 축구 경기 시청하기, 맥주 마시기, 친구들과 어울리기를 좋아했다. 가끔 혼자 있을 때면 자신의 인생이 어느 방향으로 흘러가고 있는지를 살피기도 했다. 그러다가 관계에 대한 생각이 떠올랐다. 좀더 구체적으로 말하자면 언젠가 진정 훌륭한 관계를 맺을 수 있을지에 대해 생각했다. 그는 항상 그런 날이 꼭 오면 좋겠다고만 생각했다.

피터는 사람 구경을 좋아했는데, 아는 사람은 다 알겠지만 사람 구경에는 공항만 한 장소가 없다. 몇 년 전 그는 샌프란시스코 공항에서 친구를 기다리다가 한 남자를 보고 인생이 바뀌는 경험을 했다. 그런 순간은 전혀 예상하지 못한 장소에서 찾아왔다. 비행기에서 내리는 사람 중에서 친구를 찾으려고 애쓰던 중, 피터는 한 남자가 작은 가방 2개를 들고 나오는 것을 발견했다. 그 남자는 피터 옆에서 기다리고 있던 그의 가족과 상봉했다.

그는 먼저 대여섯 살로 보이는 어린 아들에게 다가가서 가방을 내려놓더니 그 아이를 두 팔로 껴안고 오랫동안 포옹을 나누었다. 남자는 팔을 풀고 아들의 눈을 바라보더니 이렇게 말했다. "얼굴 보니 좋구나, 아들아. 정말 보고 싶었다."

아들은 수줍은 듯 미소를 지으며 말했다. "저도요, 아빠."

남자는 자리에서 일어나서 9살이나 10살 쯤으로 보이는 큰 아들의 눈을 지그시 바라보았고 한 손으로 아들의 볼을 쓰다듬으며 말했다. "이제 어른이 다 되었구나, 정말 사랑한다." 그는 큰 아들을 두 팔로 안고 오랫동안 따뜻한 포옹을 나누었다.

이 일이 벌어지는 동안 어머니의 품에 안긴 아기가 아버지를 바라보며 신 나게 꼼지락대고 있었다. 그 아기는 돌아온 아버지의 멋진 모습에서 한시도 눈을 떼지 못했다. 남자는 아기를 바라보면서 말했다. "안녕, 우리 딸!" 그는 아내의 팔에 안긴 아기를 조심스럽게 받아서 얼굴에 키스를 하고 가슴으로 안아 살살 흔들어주었다. 아기는 아빠의 어깨에 머리를 올려놓고 매우 만족스러운 듯 가만히 있었다.

그렇게 인사를 마친 뒤 남자는 아기를 큰아들에게 넘겨주면서 이렇게 말했다. "제일 좋은 건 마지막으로 남겨두었지." 그는 아내에게 키스를 하고 껴안았다. 긴 포옹을 마치고 두 사람은 서로의 눈을 바라보았다. 그는 오랫동안 아내의 눈을 보다가 속삭이듯 말했다. "정말 사랑해."

피터는 서로의 눈을 지그시 바라보고 미소를 지으며 양손을 맞잡고 있는 그들을 보며 혹시 신혼부부가 아닐까 생각했다. 하지만 아이들의 나이를 고려해보면 두 사람이 신혼부부일 리는 없었다. 피터는 눈앞에서 펼쳐지고 있는 이 무조건적인 사랑의 현장에 자신이 얼마나 몰두하고 있는지를 깨닫고 순간 당황했다. 마치 신성한 현장을 침범한 것처럼 불편한 기분마저 느껴졌다. 그리고 어느새 이런 질문을 하고 있는 자신을 발견하고 깜짝 놀랐다. "두 분은 결혼한 지 얼마나 되셨나요?"

"14년을 함께 살았고 결혼한 지는 12년 됐소." 남자는 사랑스러운 아내의 얼굴에서 눈을 떼지도 않고 답했다.

"얼마나 있다가 돌아오신 건가요?" 피터가 물었다.

남자는 그제야 피터를 바라보더니 웃으며 말했다. "이틀이나 있다가 왔어요."

피터는 매우 놀랐다. 굉장히 반가워하는 모습을 보고 당연히 몇 달까지는 아니라도 몇 주는 떨어져 있다가 다시 만난 것이라고 생각했기 때문이었다. 그제야 민망함을 느낀 피터는 좋은 말을 남기고 이만 떠나야겠다고 생각하며 이렇게 말했다. "저도 결혼 12년차에 두 분처럼 열정적인 사랑을 하면 좋겠어요."

갑자기 그 남자의 얼굴에서 웃음기가 사라졌다. 그는 피터를 바라보며 영혼을 꿰뚫는 듯한 강렬한 눈빛으로 한마디를 했고 그 말은 피터를 완전히 다른 사람으로 만들어놓았다.

"희망만으로는 부족해요. 스스로 결정하세요!"

이 말을 남긴 뒤 그 남자는 가방을 다시 들고 가족과 함께 떠났다.

피터가 멀리 사라지는 그 가족의 모습을 바라보고 있을 때 피터의 친구가 다가와서 말했다. "뭐 보고 있어?" 피터는 미소를 짓더니 한 치의 망설임도 없이 말했다. "나의 미래!"

훌륭한 관계는 그저 훌륭한 관계를 희망하는 사람에게 찾아오지 않는다. 희망은 진정한 노력이 뒤따르지 않는다면 아무런 가치도 없다. 훌륭한 관계는 스스로 노력하고 그 관계를 최우선으로 삼기로 결정하는 사람만이 누릴 수 있다. 희망만으로는 부족하다. 스스로 결정하라!

• 인간이 가진 가장 위대한 능력은 다른 사람에게 사랑받는 기분을 느끼게 해 주는 것이지만 그 능력을 제대로 사용하지 못하는 경우가 많다. 우리는 사랑하는 법을 알고 있고, 자신보다 타인을 우선시하는 법을 알고 있고, 타인의 삶에 행복을 가져다주는 법을 알고 있다.

• 사랑하는 사람을 깊이 알아가기 위해서는 시간을 내야 한다. 그는 영원히 우리 곁에 있는 것이 아니고, 그가 떠났을 때 우리는 그에 대해 더 많이 알지 못한 것을 후회하게 되기 때문이다.

• 훌륭한 관계는 그저 훌륭한 관계를 희망하는 사람에게 찾아오지 않는다. 희망은 진정한 노력이 뒤따르지 않는다면 아무런 가치도 없다.

우리를 행복하고 건강하게 해주는 비합리적인 믿음

## 왜 우리는 미신에 빠져드는가

매슈 허트슨 지음 | 정은아 옮김 | 값 16,000원

이 책에서는 미신에 대한 편견을 뒤엎는 새로운 시각을 제시한다. 이 책의 저자 매슈 허트슨은 수십 년에 걸친 심리학자들의 연구 결과를 샅샅이 뒤져가며, 우리 모두가 본래부터 지니고 있는 미신과 우리가 이러한 미신들을 믿게 된 이유를 찾아냈다. 미신적 행동 이면에는 마술적 사고가 숨겨져 있는데 이 마술적 사고야말로 우리가 미신을 믿는 근본적인 이유다.

도박중독은 결코 불치병이 아니다!

## 왜 우리는 도박에 빠지는 걸까

김한우 지음 | 값 16,000

이 책은 도박중독이라는 늪에 빠져 헤어나지 못하는 도박중독자와 그의 가족들에게 소중한 지침서가 될 것이다. 저자는 도박중독에 대한 사람들의 오해와 편견을 깨뜨리고 도박중독자를 치유의 길로 이르도록 해결 방안을 제시한다. 도박중독에서 벗어나고 싶지만 마음먹은 대로 되지 않거나 혹은 가족 중 누군가가 도박중독으로 힘들어하고 있다면 이 책을 통해 많은 도움을 얻을 수 있다.

문명의 발상지 터키로 떠나는 다크 투어리즘!

## 우리가 미처 몰랐던 터키 역사기행

이종헌 글 · 사진 | 값 19,500원

이 책의 저자는 역사기행이라는 형식을 빌려 연대와 사건이 아닌 인간이 담긴 역사를 흥미롭게 풀어낸다. 특히 극과 극의 이질적인 요소들이 충돌하고 섞인 터키를 직접 보고 발로 뛰며 터키의 어제와 오늘을 기록한다. 인종과 종교가 충돌해 지진대의 '단층선'을 형성하는 곳, 기독교와 이슬람교가 자웅을 겨루던 곳, 결코 섞일 수 없을 것 같았던 문명과 종교가 섞이고 교차하는 곳이 바로 터키다. 대륙 · 문명 · 인종 · 종교 등 여러 분야의 경계 지점이자 그 경계가 허물어진 터키에서 외신기자로 오랫동안 일한 저자의 시선으로 '화해와 공존'의 가치를 바라볼 수 있을 것이다.

눈치를 심하게 보는 당신, 왜 그러는 걸까?

## 왜 나는 늘 눈치를 보는 걸까

박근영 지음 | 값 15,000원

내 몸과 마음에 상처를 주고, 나와 타인의 가치에 해를 입히는 잘못된 눈치는 이제 그만 보자. 불안하고 소모적인 눈치가 아니라 생기 있고 야무지게 건강한 눈치를 보려면 어떻게 해야 할까? 이 책은 말로는 정확하게 표현하기 힘든 눈치의 복잡한 맥락을 원시 인류 시대로 거슬러 올라가 설명한 후 현대의 최신 심리 연구까지 분석하며 눈치의 속성을 속속들이 파헤친다.

### 인생 최고의 힐링은 가족입니다
## 그래도 가족입니다

설기문 지음 | 값 15,000원

21세기는 마음의 시대라 말하는 저자는 상처받은 마음을 보듬어줄 수 있는 존재가 바로 가족이라는 생각에서 이 책을 썼다. 이 책은 가족 문제만을 다루는 일반적인 책과 달리 상처받은 사람들을 위해 그 상처를 보듬어줄 수 있는 연고와 같은 역할을 한다. 또한 가족의 애틋함을 느낄 수 있는 글과 함께 보기만 해도 마음이 따뜻해지는 사진을 실어, 조용하고 여유로운 힐링의 시간을 선사한다.

### 불멸의 명상록, 21세기에 다시 태어나다!
## 아우렐리우스의 명상록

마르쿠스 아우렐리우스 지음 | 이현우 · 이현준 편역 | 값 13,000원

이 책은 또 한 권의 명상록이 아닌, 21세기에 완전히 다시 태어난 고전이다. 아우렐리우스의 인생철학을 보다 명확히 이해할 수 있도록 기존 『명상록』의 12개 테마를 6개 주요 테마로 재분류하고, 77개 칼럼으로 완전히 재정리했다. 딱딱한 철학적 사고에 익숙지 않은 일반인들은 이 책을 통해 철인왕의 위대한 정신에 흠뻑 빠질 수 있도록 해준다.

### 허전하고 외로운 이들을 위한 위로와 공감
## 왜 나는 늘 허전한 걸까

조영은 지음 | 값 15,000원

내면의 허전함이 정신적 상처와 연결될 때 혹은 건강한 충만감을 찾는 방법을 모를 때, 마음속에 자리 잡은 결핍감은 우울증, 열등감 등 마음의 병으로 드러난다. 상담심리가인 저자는 마음의 병을 앓는 사람들을 치유했던 사례를 재구성해 소개한다. 공허한 이들과 진심으로 공감했던 치유과정을 흥미로운 이야기로 전하는 동시에 유용한 정보와 치료방법을 알려준다.

### 권력과 인간의 진실을 해부하다!
## 마키아벨리의 군주론

니콜로 마키아벨리 지음 | 김경준 해제 | 값 13,000원

불멸의 고전인 『군주론』이 리더십의 정수를 꿰뚫는 인문서로 태어났다. 완독과 의미 파악이 쉽지 않았던 원문을 5개의 테마로 나누어 재편집했으며, 딜로이트 컨설팅 김경준 대표가 성실한 해제를 더해 완성도를 높였다. 있는 그대로의 세상을 이해할 자세가 마련되어 있는 사람에게 인간이 살아가는 현실에 대한 귀중한 통찰력을 주고자 한다.

### 인상적인 인상과 풍경을 걷다
## 인상파 그림여행

최상운 지음 | 값 17,000원

인상파 작품이 그려진 프랑스 각지의 매혹적인 장소를 찾아가서 그림을 되짚어보는 낭만 여행을 떠난다. 19세기를 살았던 인상파 화가들이 그린 매혹적인 프랑스 풍경은 지금 어떤 모습을 하고 있을까? 저자는 인상파 문화의 산실이었던 장소를 생생하게 묘사한다. 인상파 화가가 그림을 그렸을 19세기를 상상하며 글을 읽다 보면 마치 프랑스 도시를 직접 다녀온 것 같은 기분 좋은 착각에 빠져들 것이다.

### 남자의 내면을 이해하는 최고의 바이블!
## 그 남자는 도대체 왜 그럴까

런디 밴크로프트 지음 | 정미우 옮김 | 값 19,000원

이 책은 전 세계에서 100만 부 이상 판매되었고 독일, 일본, 중국, 태국 등 30여 개국에서 번역 출간되었다. 이 책은 학대하는 남자들의 내면으로 들어가는 문을 열어주었으며, 가학적인 남녀관계를 벗어날 수 있는 출구를 제시한 기념비적인 저작이다. 17년 동안 가정폭력과 학대하는 남자의 행동을 연구해온 미국 최고의 전문가인 저자는 정신적·육체적으로 여자를 학대하는 남자의 내면세계를 파헤치고 명쾌한 해결책을 제시한다.

### 엄마가 행복해야 아이도 행복하다!
## 엄마의 상처 떠나보내기

재스민 리 코리 지음 | 김세영 옮김 | 값 15,000원

늘 피곤해하고 화만 내는 엄마, 필요할 때 곁에 없는 엄마를 두었는가? 이 책은 어릴 때 충분한 사랑을 받지 못한 어른 아이들과 아이에게 충만한 사랑을 주고 싶은 엄마들을 위한 최고의 심리 지침서다. 저자는 엄마의 자리가 부족했던 사람들이 엄마에게 어떤 영향을 받았으며, 어떻게 해야 상처를 회복할 수 있는지 상세하고 친절하게 해법을 제시한다.

### 마음챙김으로 수줍음과 불안 치유하기
## 더 강해지지 않아도 괜찮아

스티브 플라워즈 지음 | 값 15,000원

적당한 수줍음은 신중함으로 받아들여지지만 지나친 수줍음은 타인과의 친밀한 관계 형성을 가로막기 때문에 문제가 되기도 한다. 미국의 저명한 심리치료사인 저자는 지나친 수줍음의 문제를 극복할 수 있는 마음챙김의 기술과 지혜를 소개한다. 이 책은 열린 마음으로 행복한 인생을 살고자 하는 사람들에게 도움이 되는 메시지와 훈련법들도 가득하다.

### 중독으로부터 회복에 이르는 길
## 어떻게 나쁜 습관을 멈출 수 있을까

프레드릭 올버튼 · 수잔 샤피로 지음 | 값 16,000원

나쁜 습관은 아무리 사소해보이는 것일지라도 삶을 황폐하게 만들 수 있다. 우리는 마약이나 술, 담배뿐만 아니라 쇼핑, 스마트폰, 온라인게임, 운동, 일, 성형, 종교 등 일상에서 즐겨하는 활동에도 중독될 수 있다. 이 책은 당신 삶이 중독으로 인해 서서히 병들어 가는 것을 막고 건강한 삶으로 돌아갈 수 있는 길을 제시한다. 풍부한 사례와 현실적인 조언, 전문적인 지식을 제시하는 해독제와 같은 책이다.

### 우리 문화와 자화상을 있는 그대로 보자!
## 정신분석으로 본 한국인과 한국문화

이병욱 지음 | 값 17,000원

이 책은 인간심리를 이해하는 유용한 도구인 정신분석으로 한국인과 한국문화를 분석한 역작이다. 저자는 우리의 역사 및 사회적 현상과 관련된 내용들을 분석적으로 탐색해 개인적?집단적 현상을 심리적으로 재해석하고, 그것에서 비롯된 다양한 문화적 코드를 읽어내고 있다. 이 책을 통해 왜곡된 우리문화와 자화상을 똑바로 볼 수 있게 될 것이다.

### 외상 후 스트레스 장애(PTSD)에서 벗어나는 법
## 내 인생을 힘들게 하는 트라우마

바빗 로스차일드 지음 | 김좌준 옮김 | 값 16,000원

신체가 외상 사건을 어떻게 처리하고 기억하며 지속시키는지부터 상처를 진실되게 마주하고 기억해내는 상세한 치유 과정에 이르기까지 트라우마 이론과 치유에 관한 모든 것을 담았다. 이론과 치유 현장 사이의 괴리를 좁히며 미국뿐만 아니라 전 세계에서 트라우마 치유의 대표적 베스트셀러로 자리매김한 책이다.

### 자기 자신과의 화해를 위한 철학카운슬링
## 진짜 나로 살 때 행복하다

박은미 지음 | 값 15,000원

인생은 자신이 깊이 빠져 있는 문제에 대해 어떤 태도를 취해야 할지 배우는 영혼의 진화학교다. 이 영혼의 진화학교에서는 자신의 마음을 들여다보고 진정한 마음의 주인이 되어야 비로소 '진짜 나'로 사는 행복을 누릴 수 있다. 이 책에서 저자는 심리학적 설명을 바탕으로 두고 철학적 성찰력을 통해 삶의 방향을 잡도록 조언해주고 있다.

예술감상의 진입장벽을 허물어주는 가장 쉬운 입문서
## 예술감상 초보자가 가장 알고 싶은 67가지

김소영 지음 | 값 18,000원

저자는 단순히 문화예술계를 취재하면서 느낀 여러 단상을 늘어놓기보다는 어떻게 하면 관객이 더 생각의 가지를 뻗어 공연을 즐기도록 할 수 있을까를 고심하며 이 책을 집필했다. 장르별로 전문서적은 넘쳐나지만 예술 전반에 대한 책은 거의 없는 상황에서 이 책은 예술감상 초보자들에게 예술장르를 아우르는 가장 쉽고 재미있는 가이드북 역할을 할 것이다.

새로운 풍경사진의 세계를 상상하고 담는다!
## 춘우 송승진의 풍경사진 잘 찍는 법

송승진 지음 | 값 18,000원

이제 풍경사진은 카메라가 있고, 인터넷으로 출사지를 검색하기만 하면 누구나 찍을 수 있다. 하지만 흔해진 만큼 아주 특별한 사진도, 풍경도 없어졌다. 이 책의 저자는 아름다운 곳을 찾아 찍는 것이 풍경사진이라는 생각에서 벗어나 자신만의 느낌과 개성과 이야기를 담는 노하우를 알려준다. 또한 생각과 상상을 달리하는 법을 알려줘 같은 곳을 찍어도 전혀 다른 사진을 담을 수 있도록 도와준다.

마음을 다스리면 행복은 저절로 온다!
## 내 마음이 도대체 왜 이럴까

이현주 지음 | 값 14,000원

우리는 마음이 편치 않을 때 술을 마시거나 운동을 하지만, 그럼에도 불구하고 여전히 마음이 편치 않을 때가 있다. 이럴 때 이 마음을 어떻게 다스려야 할까? 심리학박사인 저자는 이 책에서 많은 사람들에게 고통을 안겨주는 대인관계, 감정의 다스림, 내면적 갈등, 일과 개인생활의 균형에 대해 아낌없이 조언하고 있다.

좋은 여자 콤플렉스의 굴레에서 벗어나라!
## 내 인생을 힘들게 하는 좋은 여자 콤플렉스

데비 포드 지음 | 최규은 옮김 | 값 14,000원

〈뉴욕타임스〉가 선정한 세계적인 베스트셀러 작가인 데비 포드는 여자 스스로 자신을 얽어매는 자학 패턴 너머의 세상으로 우리를 인도해준다. 두려움을 이기고 자신감 넘치는 인생을 살고 싶은 여성들, 자존감을 높이고 싶은 여성들에게 이 책은 변화의 촉매제가 될 것이다.

온전한 마음의 평화, 그것이 바로 행복이다!
## 내 마음의 평온을 찾다
캘빈 말로네 지음 | 박윤정 옮김 | 값 13,000원

이 책은 불안하고 혼란스러운 현대 사회에서 평온을 구하는 이들에게 전하는 치유의 메시지를 담고 있다. 휴식과 정화가 필요할 때 이 책은 큰 위로가 될 것이다. 집착이나 혐오 등 마음의 그림자에서 벗어나 마음의 자유를 누리는 것이 바로 평온임을, 나아가 마음의 평온과 안식을 얻을 때 진정 행복한 삶을 살 수 있음을 이 책은 말하고 있다.

강박사고와 강박행동을 다룬 세계 최고의 책!
## 더 완벽하지 않아도 괜찮아
그리스틴 퍼든, 데이비드 A. 클라크 지음 | 최가영 옮김 | 값 15,000원

이 책은 강박장애 환자들이 강박사고를 다스리고 정상적인 삶을 되찾기 위해 활용할만한 효과적이면서도 믿을 수 있고 실용적이기까지 한 전략들로 가득하다. 또 강박장애 극복 프로그램을 명료하면서도 체계적으로 설명하고 있다. 자기 의지와 상관없이 떠오르는 혐오스런 생각으로 괴로워하는 사람들이 강박장애를 극복하는 데 획기적인 도움을 제공할 것이다.

나를 사랑하지 못하는 사람들의 심리 처방!
## 더 사랑받지 않아도 괜찮아
파멜라 버틀러 지음 | 박미경 옮김 | 값 15,000원

이 책은 언제나 과도한 걱정과 부정적인 대화로 힘든 시간을 보내고 있거나, 자기 내면에서 나오는 부정적이고 왜곡된 목소리로 인해 고통을 받는 사람들을 위한 책이다. 이 책을 통해 자기 내면의 대화 내용을 인식하고, 현실적이고 긍정적인 방식으로 자기 대화를 바꿔나감으로써 좀더 행복한 삶을 누릴 수 있을 것이다.

스마트폰에서 이 QR코드를 읽으면
**'소울메이트 도서목록'**과 바로 연결됩니다.

# 독자 여러분의
# 소중한 원고를 기다립니다

소울메이트는 독자 여러분의 소중한 원고를 기다리고 있습니다. 집필을 끝냈거나 혹은 집필 중인 원고가 있으신 분은 khg0109@hanmail.net으로 원고의 간단한 기획의도와 개요, 연락처 등과 함께 보내주시면 최대한 빨리 검토한 후에 연락드리겠습니다. 머뭇거리지 마시고 언제라도 소울메이트의 문을 두드리시면 반갑게 맞이하겠습니다.